U0018718

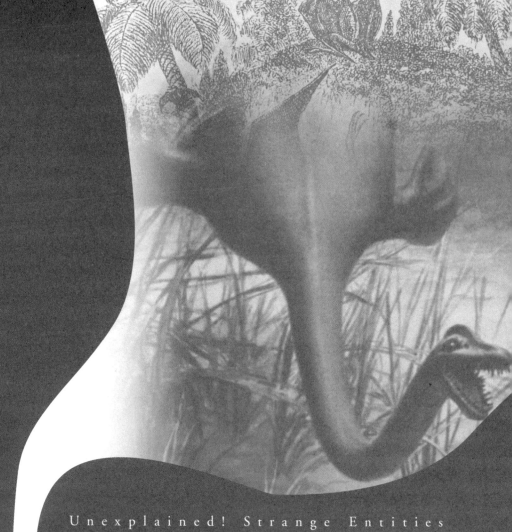

Unexplained! Strange Entities

》神祕怪物大破解

傑若姆‧克拉克◎著

楊瑞賓◎譯

好讀出版

與神祕動物面對面

世間沒有無解之謎

　　人最難說出口的四個字就是：「我不知道。」我們對每則聲明或事件都要求有個說明，而當這個說明提不出來時，就會有人替我們發明一個。

　　於是乎一名新罕布夏州的男子，這位認識他的人都贊許其正直的老經驗戶外生活玩家，說他在大白天碰見了一隻九呎高、外型像猩猩的怪東西；然而一位禁獵區管理員，未經調查也沒有特殊原因，就逕自宣稱那只是隻北美麋鹿。又或者是當一群西德州的駕駛人，在長達數小時的期間，分別指證他們在近距離目擊一個兩百呎長、雞蛋形的高亮度發光體時，美國空軍人員在進行短暫的查訪後，判定這起異象其實是球狀閃電。然而所有目擊者的證詞完全沒有與這項罕見的自然現象絲毫的相似之處，而且空軍所說的產生球狀閃電的那場雷電暴風雨，根據氣象局的說法，根本就不存在於他們的紀錄裡。

　　在這兩則案例中所提出的解答完全站不住腳，讓人不禁要想倒不如臭罵那些目擊者是群恬不知恥的騙子，然後事件就此打住還來得簡單許多。不然就是根據他們顯而易見的幻想，將這群人診斷為具有高度危險性的瘋子，亟需立刻送醫院打上一針鎮定劑。

　　當然，如果這些是那種鮮少有人講述和聽說過的奇聞軼事，通常出自於某些容易激動或上當受騙的人口中，我們大概會這麼

對自己說：「是啊，我猜這是有可能的，久久才發生一次，像是有人把麋鹿誤當成一個九呎高的直立類人猿，或是有人在近距離看過一顆球狀閃電的光球後，原始大小接近籃球或小一點，然後認定它的直徑有二百呎長。」畢竟，就人類的行為而論，任何可能發生的事情就是會在某些時候發生，誰也說不準。

只是這裡所提到的異常知覺崩潰，和絕大多數在新英格蘭州的森林中遭遇長毛巨怪的人會有的正常反應南轅北轍。假設這名新罕布夏州的目擊者看見的是其他東西，好比說一個越獄的逃犯，然後他如此告訴警長。這樣一來我們可以安心地認定後者不會說——至少在未經調查也沒有特殊原因之下——這名目擊者把麋鹿錯看成人了。更有可能的是這位警長和他的副手會火速前往現場，希望能手到擒來逮捕這名逃犯。

然而假使我們讓自己相信（前提是仍然缺乏有效證據）有時候，即便在一般人認為觀看角度良好的狀況下，一頭麋鹿看起來可能會像隻猩猩的話，如果硬是要把這種身分指認套用到全美傳出類似這種「猩猩」出沒、而麋鹿（或是在許多案例中任何比鹿大的野生動物）根本不存在的地方時，這只會讓我們自己陷入裡外不是人的窘境。

可是不分地點——無論是新罕布夏州、印第安納州、賓州、南達科他州、德州、英屬哥倫比亞省、紐芬蘭島，或任何你說得出口的州或省都行——將不誠實的罪名一律不分青紅皂白地全安在所有目擊者頭上，對我們一點幫助也沒有。光看目擊者表現出極端怪異的視覺異常狀態，就不假思索地認定這是種嚴重的精神疾病症狀，只能讓我們得出到目前為止完全沒有頭緒的結論。有時候我們就是非得聽聽目擊者他們是怎麼說的不可。

老妖婆

且讓我們以老妖婆（Old Hag）的傳聞為例。

受害者醒過來時發現自己無法動彈。當他無助地躺著時，聽見緩緩接近的腳步聲，一個恐怖的身影來到他的眼前。一股看不見的力量壓著他的胸口，他認為自己死定了。終於他好不容易擺脫了這股壓制他的麻木，神祕的攻擊也隨之結束。

有可能讀者諸君從未聽說過這樣的事——除非你親身經歷過。又如果這是曾經發生在你身上的真實故事，那你肯定不是特例。有充足的理由指出每六個美國人裡就有一人曾經有過這種經驗；但在我們的文化歷史中關於這種黑暗攻擊的討論是少之又少，當然也就沒有一個正式的名稱。

但是在其他的文化裡，同樣的遭遇可成了民間傳說豐富的題材。例如紐芬蘭人就將它稱為「老妖婆」、「母夜叉」或「疲勞轟炸」。剛開始和這些恐怖經驗連用時，「hag」這個字指的是「女巫」，而遭受這種疲勞轟炸的受害者則是被夢魘或巫術所侵害。事實上，英語中最常用來形容這種經歷的詞語是「漂浮」。更弔詭的是，它的原意是我們全都耳熟能詳的字眼：「夢魘」。根據我們的理解，夢魘只不過是「惡夢」的另一種說法，在過去一度有個特殊的涵義，指的是「出沒於黑夜、用無形的重量壓迫在受害者胸膛上的魔鬼或女妖」。

目擊者的第一手證詞真的可信嗎？

在一九八二年由賓州大學出版社出版的《闇夜驚駭》（*The Terror that Comes in the Night*）中，賓大的民間傳說研究者兼行為科學家大衛・赫佛德用老妖婆來凸顯出這個重要的問題：「那些提供怪異或超自然經驗的目擊者，真的知道他們自己在說些什麼

嗎？」

　　傳統認知主張這些靈異經歷都是感知錯誤、記憶瑕疵、謊言、精神病發作，以及由宣言者身處的文化環境觀念塑造出的幻覺所產生的結果。赫佛德以老妖婆經歷來測試這項假設，除了某幾則蓄意捏造的證詞之外，這是種可以用「相信就看得見」的理論來解釋的現象。這個概念的意思是人們之所以相信他們真的看見了什麼不尋常的怪東西，是因為整個社會不斷灌輸這些印象給他們，才讓他們產生這些幻想。

　　經過在眾所皆知老妖婆現象的文化社會中，以及對它全然陌生的其他文化背景中的深入研究後，赫佛德發現那些宣稱曾有過這種經歷的當事人，他們最主要的感受竟然不分地點的幾乎如出一轍！而這種靈異事件並非不同文化的先入為主偏見所能左右的。「被認定為難以理解的老妖婆攻擊事件，可能也確實發生在缺乏解譯模型的情況下，」赫佛德在書中寫道。

　　接著他又舉出試圖就精神層面找出這種怪異現象根源的心理學家，但反而陷入無可救藥的混亂為例。赫佛德表示其中一則著名的心理分析研究指出：「當事者自己也無法分辨究竟那是真實的鬼壓身經驗，還是他們潛意識想像的具體化演繹。從這裡可以看出躲藏在純理論的偽裝背後，一般大眾的普遍認知中所缺乏的科學縝密性。」心理學家以及其他專業人士間的共同點，是他們始終不願去傾聽那些親身經歷者的態度，導致他們光是忙著肆無忌憚地漫天推測，卻忘了要有以實地觀察為依據的正當理由。對此赫佛德的看法是：「傾向超自然信仰的觀念竟然讓許多人都忘了如何認真嚴肅地做學問。」

　　而老妖婆現象能夠以非靈異的角度加以解釋嗎？從一九六○和七○年代進行的睡眠研究發現中，赫佛德推斷：「會發生這種

鬼壓身經驗的狀態，最有可能的是出現某種入眠幻覺[①]的睡眠麻痺。」也就是說，科學能夠解釋為何有人從睡眠中醒來後卻發現自己動彈不得，而且還有種似夢似真的恐怖感。但科學所無法解釋的事實是這場驚悚體驗的內容，不管發生在誰身上、不管當事者的文化環境為何，全都像重播的恐怖片情節一般。赫佛德認為這仍會繼續是樁無解的神祕事件，因為就目前人類的知識而言，還沒有百分之百的解答。

至於各種光怪陸離、不可思議的目擊宣言，懷疑論者則就事件本身的可能性提出他們的質疑。許多報告都證實如果這些生物或事件都是如假包換的真實個案，勢必撼動整個科學界，有些甚至還會動搖這個共約現實的根基。簡而言之，本書中所提及的怪奇生物皆不可小覷，牽連的範圍和影響之廣簡直無法想像。

詭異程度有別的異象

並非全部，甚至可以說大多數的異常現象都是那麼詭譎多變。在不可思議指數較低的天秤這邊，我們可以發現像球狀閃電、美東的美洲豹、鬼火、大章魚、冰瀑以及倖存的袋狼等其他種種異事和怪象，這些毫無疑問值得深入探討的神祕事件都不帶有任何足以撼動世界的隱喻。物理學家、氣象學家、野生動物專家和海洋生物學家，在不久的將來終有解開這些世紀之謎的一天。報紙、電視和電台會爭先大幅報導，但不出幾天，不管是什麼空前未見的神祕現象都會被讀者觀眾淡忘，偶爾才會出現在有線電視頻道的自然紀錄片中。

但是如果神祕動物學家真的出示一隻大腳或魔克拉姆邊貝（據說殘存在剛果荒僻地區的蜥腳龍）的證據，對人類學、古生物學和進化論等學說必然產生顛覆性的衝擊，因為認為牠們不可能

（不是那種先入為主的不可能）存在的──不只是科學家而是全人類，很難想像會有不興奮或激動的。另一方面，一旦開始認真研究這些生物的生理機能、進食習性和行為模式後，一般大眾原本高昂的興致會跟著衰退，不用多久大腳和魔克拉姆邊貝也會成為自然紀錄片的新題材。同樣的過程也適用在湖怪和其他怪物身上。

神祕動物學的好奇心

　　如同超自然現象一樣，神祕動物學家也會遭遇到乍看簡單明瞭，但因為突然冒出的種種不可思議的怪現象而變得極端複雜的問題。就拿大多數的尼斯湖水怪調查員為例，他們專注在研究可能是真實生物──即使是像蛇頸龍或械齒鯨這種普遍被視為早已絕跡的古生物──的傳聞上（數量還真不少），對於像是水棲駱駝、巨鱷、突變的河馬、大蠑螈，或曾出現過一次的巨無霸青蛙等目擊傳聞（通常發生在陸地上）則是盡可能地加以忽視。在面對後者的傳聞時，它們大多出自於被尼斯湖水怪擁護者推翻、說他們所遭遇的很不像是外來種生物的那些看似神智正常和誠實的目擊者，神祕動物學家只能訴諸於他們用來對抗批評者無情攻擊時孤注一擲的合理化說明。即便是羅依‧麥考，大部分的時間他都是個通情達理的人，也將某一項詭異的陸上目擊案例駁斥為只是碰見一隻他認為在「當地很常見的天生畸形高地牛」。

　　在科學上贊同美國西北部的大腳擁護者，幾乎從不談論或甚至完全不承認來自美東和中西部各州的長毛兩足類生物傳聞。出現在這些地方的這一類生物在生物學或邏輯上完全沒有立足之地。更糟的是，牠們的外觀在某些角度上類似幽靈，甚至還有幾則目擊案例隱含與幽浮間的關係。有越來越多的野生動物學家，

憑藉合理的原因與動機，相信過去一度被認為在密西西比河以東、除了佛羅里達沼澤地公園以外的土地上早已絕跡的美洲豹，在美國東北方的森林中重新建立了一個聚落。他們不知道的是該如何處理來自北美洲各地、成千上百的「黑豹」，以及同樣帶有靈異色彩的其他貓科動物（包括長鬃毛非洲獅）傳聞。

怪事總是會發生

在這本討論人類遭遇的諸多離奇事件的書中，我們會看見目擊者的完整說法。這有何不可？畢竟所有其他的方式都已被證實除了用來稍微遮掩我們的無知以外，對揭露真相一點幫助也沒有。尊重所有應當被尊重的證詞，即使它談論的是最不可能的天方夜譚，這才是完全客觀的方式。目擊者的證詞可能會、也可能不會告訴我們關於這個世界不可思議的真相，但我們確實透過這些人的現身說法，知道在世界各個角落的人類經歷過哪些光怪陸離的現象。

發生的根源，而非現象本身，最終才應當是調查和爭論的重點。認為所有人類經歷過的異常現象勢必可在經過一番論證後找出尋常的原因，這種主張在現在看來一點用處也沒有；然而從這些事件——它們呈現的形式可能與本身隱含的意義完全無關——做出過於廣泛的推斷，除了目擊者的說法之外不參考任何理由而捏造出這些離奇現象的來龍去脈，只為了合理化傳聞中的現象，這實在太不聰明了。

最詭異的異常現象通常遊走在模稜兩可的邊緣地帶。說自己曾經「看過」一件怪事，不見得就表示當它不再短暫地占據你的視線、把你嚇到神智不清之後，它還繼續存活在這世界上去嚇其他人。我們都可能會經歷令人難以置信的事情，但除非這些都是

真實到可以體驗的事物，否則我們從它們得到的經驗完全無助於對它們的了解。你可能會「看見」一隻美人魚或狼人，但不管這是對你而言多麼深刻的經驗，我們這些外人依舊無法就此斷定美人魚和狼人就是「真實」的生物。事實上我們確定牠們絕對不是真的，這是我們可以很肯定的一點，因為我們所做的一切努力都是在無法找出合理的解釋時，將某種解釋（美人魚和狼人存在於世上）從我們的思慮中排除。

站在理性與真實體驗的界線上，我們只能驚訝於自己對某種類型的人類經歷所知太少。在我們終於弄懂它之後，無論任何一種異常現象的成因結果竟然是深奧嚴肅或微不足道，光是經歷這些事件毫無疑問就夠詭異了。同樣確鑿無疑的是它們提醒了我們這個世界就是一個謎團，我們自己更是謎中之謎。

註①： hypnagogic hallucination ，剛進入睡眠狀態時的知覺尚存，與作夢時的影像混合，分不清是睡是醒。

壹 神祕動物

　　根據它的命名者比利時生物學家伯納德・霍伊維爾曼所做的解釋，「神祕動物學」（Cryptozoology）這個字並非意指「不可思議或神祕的動物學」，這個名詞是由希臘文的「隱藏」（kryptos）和「論述」（logos）這兩個字組成，也就是「隱匿動物的科學」之意。霍伊維爾曼本人偏好以「藏匿」來取代「未知」，他認為：「這類型的動物對於牠們出沒當地的居民而言並不陌生——至少足以讓外界間接得知牠們的存在，以及牠們的某部分外貌與習性。將牠們稱為『尚未以科學角度詮釋過』的動物似乎較恰當些。」

　　在一九八二年於史密森尼國家自然歷史博物館舉辦的「國際神祕動物學協會」（ISC）的成立大會上，關於神祕動物學的熱烈討論更為它下了新的定義。與會者皆同意所謂的「神祕動物學」應包括已知動物可能存在於一般人不預期會看見牠們出現的地方（不論現在或過去），以及那些被認為已絕跡的動物直到現在或最近不為人知的存在。該協會表示：「某種動物之所以會成為神祕動物學的一部分，是因為牠的存在出乎預料之外。」

　　對我們大多數人而言，存活在剛果的恐龍或湖裡的長頸「巨獸」，當然夠資格稱得上是「預料之外」的動物，只有極少數的動物學家認為牠們終有被發現的一天。早在一八一二年，偉大的法國自然科學家、被尊稱為古生物學之父的拜倫・喬治・庫維葉就已經宣稱：「要發現新種大型四足動物的希望微乎其微。」庫維葉甚至在這門學科出現之前就不相信所謂的神祕動物學之說，但他的懷疑是錯的。外來種的動物不斷在其他地方被發現，牠們不

但沒有凶猛的外貌，而且那些外型似人的恐怖人猿，也在一八四七年被正式認定為我們所熟知的金剛猩猩；其他動物還包括大王魷（傳說中的挪威海怪）以及大熊貓。

甚至從二十世紀開始，以前的文獻中未記載過的動物持續被大量地發現。三項最重要的發現是山地金剛猩猩（一九〇三）、歐卡皮鹿（一九〇〇），以及腔棘魚（一九三八）。科普作家如威利·雷伊和魯伯特·古德開啟對未知動物的研究，但直到霍伊維爾曼所著的《追蹤未知動物》（*On the Track of Unknown Animals*，一九五五年以法文出版，三年後英文版面市）出現後才讓神祕動物學正式定型。後續著作已經等身的霍伊維爾曼至今依舊相當活躍，而其他學院派的動物學家如美國的羅依·麥考、英國的卡爾·退克爾等人則承接了霍伊維爾曼草創時期的努力成果，並將之發揚光大。

遺憾的是，神祕動物學家們最引人注目的尋覓行動，那些讓他們緊抓不放這些空前未有的獵物（大腳野人、雪怪、大海蛇、尼斯湖水怪和其他神祕動物）蹤跡的追獵任務，到目前為止尚未傳出過任何成功的消息。保守派的科學家對其合理性提出質疑，而較激進的理論家則推測這些生物本身可能遠比牠們的外觀來得更詭異。在此同時，對這星球上最神祕、最難以捉摸的生物的搜尋行動依舊在持續中。

1-1 阿馬斯

在蒙古語中阿馬斯（Almas）代表「野人」之意。這些不可思議的生物有著半人半猿的外觀，據說棲息於蒙古西部的阿爾泰山以及鄰近的中國新疆省天山山脈中。與野人相關的歐亞傳說，例如據傳曾出現在黑海與裏海間的高加索山地區，將在本章中陸

續出現。

　　目前已知最早提到過阿馬斯的印刷文獻來自於巴伐利亞貴族漢斯‧希爾特貝格的日記。一四二○年時，他在蒙古人俘虜下跨越過天山山脈。他在日記上寫著：「這群野人在深山裡自成聚落，與其他人類毫無共通之處，他們渾身上下都被毛皮覆蓋著，只有手掌和臉孔沒有長毛。他們像動物一樣在山間來回奔跑，撿拾樹葉、草皮以及任何找得到的東西作為食物。」希爾特貝格本人就看過兩個阿馬斯，一男一女，牠們是被當地的軍閥捕獲，作為送給巴伐利亞俘虜者的禮物。

　　在一份十八世紀後期關於自然歷史的蒙古手稿中出現了一幅野人的畫像，底下標注著藏語、中文和蒙語的標題，全都將畫中主角稱之為「人獸」。在這本書中的其他所有插圖畫的都是毫無疑問的真實動物，這表示阿馬斯並不是當作某種超自然生物。事實上，阿馬斯並不屬於蒙古民間傳說中的一部分；牠們被視為有血有肉的一般生物。

　　賽賓‧策木楚拉納教授進行了對阿馬斯首次有計畫的科學研究，他收集的傳聞絕大多數都來自遊牧者，以及據說有阿馬斯出沒的其他偏遠地區中的居民之口──包括大人和小孩。他在地圖上標出目擊事件發生的地點，每次訪問目擊者的實地考察他都會帶位畫家和他同行。不幸的是，當一九三○年策木楚拉納住在列寧格勒時，他成為史達林恐怖統治的受害者（由於他對蒙古民間傳說的興趣，因而被視為『中產階級國家主義者』），在一九四○年左右死於獄中。

　　但是他的同事多德吉‧梅仁卻證實，他們的資料指出阿馬斯目擊事件的次數在十九世紀後期明顯驟降。很顯然阿馬斯大量地消失在南外蒙古以及內蒙古區，或許這暗示著牠們向西遷移是要

躲避那些侵入牠們生存空間的文明。另一位早期的研究者，解剖學家卡哈卡夫，也在一九一三年將他的阿馬斯研究結果提交給了俄羅斯帝國科學研究院。這些報告似乎也已經不復存在了。

一九三六年，羅森菲爾在著作《阿馬斯深谷》（*The Ravine of the Almases*）中，將這群神祕生物寫入不同於一般冒險小說的情節。羅森菲爾在一九二〇年代到蒙古旅行時聽說當地有這種生物的存在，當時另一位蒙古學者凌臣正在進行他個人的研究，而到了一九五〇年代，在世人對喜馬拉雅雪人的興趣漸起的風潮推動之下，蘇維埃科學研究院便成立了一個委員會，研究雪人的相關問題。此一委員會的首要人物波利斯·波斯可尼夫（他後來寫了一本討論阿馬斯專書）慫恿凌臣發表一部分他的研究結果。凌臣做出的結論和他的前輩如出一轍，認為阿馬斯的數量正在下降，而且有逐漸消失的跡象。之後也有其他蘇聯和蒙古學者根據從目擊者的證詞和文學作品中收集而來的點滴資料發表了關於阿馬斯的報告。

策木楚拉納的同事梅仁宣稱，他在蒙古南戈壁區的某間佛教寺廟中，親眼看到一張阿馬斯的毛皮在儀式中被當作地毯使用。這隻生物被人從脊椎一刀將皮給剝了下來，因此牠的臉部特徵被完整的保存下來。這具屍首上有著火紅的捲髮，看得見頭部的毛髮相當長，但是臉上除了眉毛之外沒有其他毛髮，腳趾和手指頭根部的指甲在外觀上和人類相同。

成年的阿馬斯被描述為五呎或稍高一點、多毛、易受驚嚇、眉間骨高起、下巴後縮而頷部突出。他們靠小型哺乳動物和野生植物為生，使用簡易的工具，但是沒有語言。根據英國人類學家邁拉·沙克利表示，牠們「極簡易的生活型態和牠們的外觀特性強烈暗示著阿馬斯可能代表一種存活的史前生活方式，甚至可能

是人類的早期型態。最有可能的人選毫無疑問就是尼安德塔人。」

另一位英國人類學家克里斯・史淳各，儘管對阿馬斯是否存在的問題抱持著開放的態度，但他對這項結論提出質疑。他指出那些「提及彎曲的膝蓋、異常的步伐、內八的腳掌（其中一例有六根腳趾頭）、長手臂、前臂、手掌與手指、小而扁平的鼻子、『蒙古人』的顴骨、沒有語言、文化、食肉和生火的報告，這些特性沒有一項能夠符合現今我們對尼安德塔人的了解。」

1-2 埃克斯穆獸

一九八三年的春天，當英國德文郡南莫頓的艾瑞克・李伊家中的母羊被某隻掠食動物殺害之後，開始出現了「埃克斯穆獸」（Beast of Exmoor）這個稱號。在接下來的兩個半月中艾瑞克共損失了一百頭綿羊，兇手並不像狗或狐狸攻擊牠的獵物後腿和臀部等處，而是撕裂牠們的喉嚨。

埃克斯穆獸被許多宣稱看過牠的目擊者形容為一隻體色黑亮的大貓，從鼻尖到尾巴大約八呎長。至於其他目擊者——大約有五分之一——則說那是隻棕褐色或淡黃褐色、類似美洲豹的貓科動物。有好幾樁案例是兩隻大型的貓科動物，一黑一棕褐色，被目睹結伴出現；另外一小部分目擊者描述他們看見的是外型像罕見的狗一般的大型動物。

目睹「埃克斯穆獸」出現的紀錄至少可以回溯到一九七○年代初期，但當時牠們並沒有給一般人留下太深刻的印象，直到發生李伊農場的掠奪事件為止。英國皇家陸戰隊在五月初進駐到南莫頓，倫敦的《每日快報》還提供了一千英鎊的短期懸賞獎金。陸戰隊的狙擊手分別躲在附近的小山上，其中甚至有幾個人說他們看到一隻黑色且威猛的動物，但就是沒辦法看清楚牠的全貌。

這隻或這群野獸多半行跡隱密，但是當陸戰隊員紛紛撤退後，攻擊事件又再度展開。

一位目擊者，同時也是當地自然科學家的崔佛・比爾表示，一九八四年夏天當他在某地賞鳥時，發現了一大群鹿的屍體。「我看見一隻大型動物的頭和肩膀由樹叢間冒出，」他寫道，「牠是黑色的，很像是水獺。我永遠記得看到牠的第一印象是牠寬闊而光滑的頭部，還有細小的耳朵。這隻野獸的眼睛是清澈的黃綠色……當牠回瞪著我時，我可以清楚地看見牠厚實的頸部、看起來非常強健的前腳和深厚的胸膛。接著牠沒有發出半點聲響，轉身快速地穿越樹林離去。我很確定牠的毛皮是亮黑色的，身體和尾巴都很長。我猜牠的體長大概有四呎半，肩膀大約兩呎寬。」

比爾追著牠到森林的邊緣。他回憶當時的情景：「牠跑步的樣子像隻灰狗，兩條前腿朝後腿中間蹬使身體往前，而且在牠疾速狂奔時後腿簡直都伸到整顆圓滾滾的頭顱前去了，接著當前腿伸向前往地面撐時兩條後腿就收了回去。當下我立刻聯想到的是一隻美麗的大黑豹。」

一九八八年，一位當地的農夫說他看到一隻不可思議的貓以要命的速度狂奔，牠每動一下你都可以看到在牠的肋骨間閃爍的光澤。還有一次他看見一隻大貓跳到離地面十五呎高的樹籬上，嘴裡還啣著一隻中等體型大小的羊。在一九九一年十二月的某個深夜，一戶鄉下人家看見一隻類似黑豹的大型動物在他們家附近徘徊了好幾分鐘。幾個禮拜前他們十三歲的兒子也看過牠或是一樣的動物爬到樹上。

一九九二年一月倫敦《每日電訊報》的一篇文章上刊載出這樣的報導，表示到目前為止已經有眾多居住在英格蘭西南部這個偏僻郊區的民眾自稱他們親眼目睹一隻或一群埃克斯穆獸出現。

關於這群野獸的各種理論從誤判（這些大貓其實是狗）到超自然現象（這些入侵的生物來自於另一個現實空間）都有。權威人士一度同意第一個觀點，但除了他們之外也鮮有其他人持相同的看法，而這項說法也被大多數人否決掉了。最受認同的保守解釋是那些目擊者都過度高估了那些動物的體型，牠們只是逃脫的家貓罷了。其他理論家的看法是原本由某些人養來當寵物的幾隻美洲豹，被他們野放之後繁殖了一些後代，就這麼占據在西英格蘭偏僻的鄉間。另一個更極端的假設是由山貓研究者迪・法蘭西斯所提出來的，但幾乎遭到全球的動物學家一致否定。他認為這些大型貓科動物從史前時代起就已經祕密地潛藏在英國，一直生存至今。

這幾隻大貓的相關報導傳遍了整個大不列顛群島後，讓事實變得更加模糊和複雜，唯一被官方認可的非家貓的貓科動物只有蘇格蘭亞種野貓（felis silvestris grampia），這種小型野貓生活在北英格蘭和蘇格蘭崎嶇不平的山區中。

1-3 吉瓦登神祕獸

一七六四年的六月某天，在法國中南部吉瓦登山區的某個樹林中，一名正在照顧牛隻的年輕女子不經意地抬起頭來，只見一隻可怕的野獸將她撲倒在地。這隻不明生物約和母牛或驢子一般大，像極了一隻體型巨大的狼。她帶來的幾隻狗夾著尾巴嚇跑了，但是牛群們合力用角驅離了野獸。女子逃過一劫，證實她比起其他遭遇這隻被稱為「吉瓦登神祕獸」的目擊者來說可是幸運太多了。

不久之後據說附近整個區域四處可見牧羊男女，特別是小孩血肉模糊的屍塊，在七月發現的第一位受害者似乎是位小女孩，

她的心臟被撕裂開來。連續謀殺案一直持續到八月下旬或九月初，而且很快地這隻野獸已經敢大膽地攻擊人群。嚇破膽的農民很肯定他們的土地上來了隻狼人，就在有越來越多人說他們朝野獸開槍或用刀猛刺牠、但牠似乎對人類的武器沒有任何反應時，這些謠言的可信度日漸升高。就在十月八日，兩名獵人在隔著十步之遠的距離（約二十五呎）賞了牠好幾發來福槍的子彈，野獸於是一跛一跛地逃離了現場。當這事件傳開時，大家都相信野獸是躲到隱密的地方等死去了，然而這短暫的信念在不到兩天後又出現新受害者時不攻自破。

《巴黎公報》（*Paris Gazette*）總結了所有目擊者對野獸的敘述：「牠比野狼高得多、腳掌上長著利爪、鮮紅色的毛髮、頭型碩大，口鼻部的形狀與灰狗類似。牠的耳朵小而直立、寬闊的胸部長了灰色的毛、背上的黑毛成長條狀，血盆大口長滿了尖銳的獸牙。」在一七六五年六月六日，當時英國的一本期刊《聖詹姆士年代記》（*St. James' Chronicle*）做出這樣的評論：「牠看起來既不是狼或虎，也不是土狼，但有可能是後兩者雜交產生的混種野獸，之後便依照慣例自成一種新的生物。」

就在連大人用乾草叉和刀子朝怪獸猛砍，都阻止不了牠活生生地當眾將兩名兒童撕成碎片的恐怖攻擊事件發生之後，凡爾賽宮收到了一封聲淚俱下的請願書，於是法王路易十五便派遣了一隊輕騎兵，由杜哈梅爾上尉帶領前往當地了解狀況。杜哈梅爾假定女性對野獸特別有吸引力，就命令他的幾位手下穿上女裝。埋伏在一旁的獵人好幾次看見野獸出現時都對準牠開槍，但牠總是有辦法順利逃脫。最後，因為沒有出現其他受害者，整個事件似乎已經結束，杜哈梅爾也認定野獸已經負傷死亡了，但就在他和他的騎兵們離開之後，謀殺案又開始了。

獵殺這隻血腥野獸的大筆懸賞獎金將全國各地的職業獵人和軍人吸引到當地。他們一共殺了一百多隻狼，但是神祕獸為所欲為的屠殺依舊沒有終止。幾個獵人，包括一位法王專程派來的職業野狼追捕者，都說他們讓野獸受了重傷，但一切似乎阻止不了牠的殺戮。一七六五年的夏天，孩童遭到集體殺害的情況更是格外嚴重。

　　一個月跟著一個月的過去，當地村落都一個個成人煙罕見的死城，因為村民們言之鑿鑿地說看見那隻野獸就在窗戶外面直盯著他們。那些大膽冒險上街的民眾都遭到攻擊，很多農民甚至害怕到連牠像個活靶動也不動地出現時都不敢開槍。

　　野獸殺人事件在一七六七年的六月達到最高潮，住在吉瓦登西部的馬可斯·達普歇帶來了數百位獵人和捕獵者，以小隊方式在當地展開地毯式搜索。六月十九日傍晚，野獸突然向其中某支隊伍發動攻擊，事前假設這頭野獸是狼人而裝上銀子彈作為預防措施的尚·夏士德朝牠開了兩槍。第二發子彈直接命中心臟，野獸當場死亡。事後眾人解剖牠的內臟時，在胃裡發現了一塊年輕女孩的鎖骨。在牠死亡之前，野獸一共奪走了六十條左右的生

法國的吉瓦登神祕獸畫像。© Fortean
Picture Library

命。法國政府花了超過二萬九千鎊——這在當時可是一筆大數目——好不容易才阻止了吉瓦登獸繼續殺人。

接下來的兩個禮拜野獸的屍體都在吉瓦登區遊街展覽，之後就打包送到凡爾賽宮去。這時屍體已經開始腐爛，等到抵達皇宮時強烈的腐臭味更是令人無法忍受。法王命令夏士德把屍塊處理掉，之後他們將野獸的殘骸埋在法國某個不知名的鄉間，從此再也沒人發現過。

儘管這整個故事聽起來像是恐怖電影的情節，但毫無疑問的這是場千真萬確的歷史事件。許多野生動物權威都認為那些據說是野狼攻擊人的事件（如果那隻野獸真的是匹狼——雖然牠比大多數的狼大得多又凶狠得多——正如現在的編年史家所假設的一樣）有充分的理由讓人存疑，就像作家羅傑・卡拉斯所說的：「大多是可以置之不理的謠傳。」儘管這聽起來像是神話故事和誇張不實的說法，民間依舊廣為流傳著乍聽之下可信度相當高的攻擊性野狼的傳聞，特別是在火器發明前的時代。動物學家比爾和克萊兒・羅素夫婦在研究關於攻擊人的野狼所收集的報告以及狼人傳說間的關係後，兩人表示：「現代的狼血液裡已經累積了好幾個世代與槍砲交手後留下的經驗，比起牠們的祖先應該會來得小心謹慎許多才是。」而在十八世紀中的法國只有少數的農民手上有槍。

就某種層面而言，在動物行為紀錄史上這是樁相當不可思議的事件。但就另一方面來看，有些人認為光是憑這隻野獸的體型就足以讓牠歸類為神祕動物學的研究範圍之一。這整起事件引發的諸多疑問在超過兩百年後的今天依舊無法得到正確的解答，但是，如果我們把各種民間傳說和紙上談兵的猜測放在一邊——這頭野獸曾被「指認」為狼人、土狼、披著狼皮的人或是一個瘋子

養來專門殺人的混種怪獸等等——對牠的真實身分將沒有任何疑慮，牠確實是匹狼。一九六○年一位專家在研究過公證人根據兩位外科醫師對野獸屍體的檢驗結果所做出的報告之後，他從牙齒的排列方式判定這隻神祕生物只有可能是匹狼。

1-4 黑豹和其他異常的貓科動物

當時比爾・錢伯斯正開車行經他位於伊利諾州香檳郡的農場，看到那隻動物在距離他約三百碼遠的田裡，時間是一九六三年六月二日太陽快下山前。牠絲毫沒有察覺到比爾把車開進附近的小路，然後沿著斜坡滑下來，前進到和牠距離不到一百九十碼內的地方。事後比爾向動物畫家羅倫・柯曼描述接下來的畫面：

「我有一組平常用來當作射擊坐墊的沙包，所以我把它們放在卡車車頂上，弄出一個穩固的射擊位置……透過望遠鏡看得見牠的頭，但是很少靜下來到可以射擊的地步。而且要射一隻貓，頭部絕對不是首要選擇的位置。

那隻貓躲在一大塊矮樹叢旁邊好幾分鐘，只露出一部分身體，接著突然往紅苜蓿堆裡的某個東西跳過去。這時我放下步槍，拿起八倍雙筒望遠鏡仔細觀察，牠的尾巴看得一清二楚。

一會之後，牠面對著我的方向坐起身來。從我背後落下的夕陽餘暉中看過去，所有東西都籠罩在一片金黃色的陽光中，我看得見牠除了從下顎延伸到脖子有兩條二到三吋的黃褐色線條之外，全身漆黑發亮。在我來得及抓起步槍重新瞄準牠之前，牠就退回苜蓿堆裡了。在接下來的十到十五分鐘之內，我有三次已經都準備好、幾乎要開槍射擊了，但是那隻貓總是動個不停，讓我沒機會扣下扳機。

隔天，我從停下卡車的地方走到那叢雜草堆，一共走了一百

八十七步。那團苜蓿叢平均大約十二吋高，所以牠的肩膀大約有十五吋高，但是從我俯瞰牠的位置來看，實際上的肩膀高度有可能是十四吋。加上尾巴的話，我猜牠身長介於四呎半到五呎之間，或許比較接近四呎半的長度。我在軟溼地上唯一發現的幾個腳印量起來是二又八分之五吋長，而且看不到像狗的爪子抓出的痕跡。」

一九四五年十一月的某天，大約凌晨二點鐘左右，溫姐・迪拉德開車在南路易斯安那州富蘭克林市和摩根市之間的九十號公路，在她轉到一條狹窄的雙線道時，突然注意到在她右前方的路面和樹林交接處有對發著紅光的眼睛。害怕這隻動物會突然衝到路中央來，溫姐把速度慢了下來。她回憶起接下來發生的事情：

「就在我踩煞車時，這隻大黑貓離開了樹林，從車燈正前方橫跨過去，走下左邊的堤防。牠真是隻好美的動物，當我好不容易將車迴轉後，我沿著原路回去想再看牠一眼，儘管我認為到時牠應該至少已經走到下一個郡去了。但是呢，你看！牠就在那裡，那對紅眼睛和漆黑的身軀就蹲伏在樹林邊緣，一副準備好要撲到下一個經過的駕駛人身上的樣子。

因為路上沒有其他車，我邊開邊讓車子稍微轉向右邊，然後緊急煞車，停下來看著牠。牠似乎早就習慣車燈的強光，只是像一般的老家貓那樣坐了下來，開始整理身上的毛。我一點也沒有害怕牠的感覺……我看著牠至少有十分鐘，或許更久一點，然後我必須開走，因為後方有來車接近……

這隻貓全身黑得發亮，光滑的毛色下看得出來相當結實，當牠坐下來時長長的黑尾巴纏繞在身上。牠的眼睛發出一種酒紅色的光，而當牠轉頭清理身上時，那對眼睛變得更像對彩虹——閃爍出其他顏色。因為之前看過野生和被關在籠子裡的美洲獅和山

貓，從外觀和動作上來看，我認為這隻黑豹比較可能是隻美洲獅，不過毛色更光滑、姿態更優雅了些。在體型上牠比美洲獅略小些，但是比山貓大得多，整張臉看起來更有威嚴，耳朵也不是尖的。」

一般人所知道的美洲獅，不論是稱為 panther、mountain lion、cougar 或 puma，甚至學名上的 Felis concolor，從十九世紀後半起在洛磯山以東的北美地區就幾乎已經徹底滅絕，除了一小群在佛羅里達沼澤地國家公園以外。此外，從以前到現在，這種動物都沒有黑化的傾向，這是一種由於黑色素過多造成的症狀，讓哺乳動物身上出現黑色毛髮。由於可知，上述這兩個案例潛藏著比外表看來更不尋常的因素。

而讓這兩個事件更引人注目的是在一些從來沒有出現過美洲獅或任何其他大型貓科動物蹤跡的地方，傳出的上百、甚至達上千則報導中的黑豹數量，例如不列顛群島和澳洲。而且有時候黑豹會現身在傳出有其他異常貓科動物，包括長鬃毛的「非洲獅」出現過的同一地點。然而儘管在部分目擊事件中——像上述那兩例——黑豹的樣子相當清楚，而目擊者的描述也鉅細靡遺到不太可能會是誤判，卻從來沒人拿出過任何毛皮或甚至屍體等的證據，連一張清楚明白的照片都不曾存在過。有種說法流傳著說黑豹和牠們那些同樣虛幻如影子般的表親們都是「動物界的幽浮」。

美洲豹傳染的流行病

反覆不斷傳出的報導，包括多則宣稱的殺人事件（儘管至今尚未被列入紀錄），讓許多野生動物專家推斷出，至少暫時性地，有少部分的美洲獅棲息在北美東部和加拿大地區。如果沒有出現其他佐證，關於目擊者所看見的究竟是大貓、被誤認的大型狗或

是野放家貓等論點已經沒有太多爭議；只有少數人不相信這些大貓真的存在。爭論的焦點在於牠們從何而來，以及繁殖族群的可能性。懷疑者主張可能是寵物飼主將美洲豹當作小貓買回家養，當牠們長大到難以控制時，就祕密地將牠們放生。

儘管引起注目，這起爭議和異常現象研究者所關心的題材只有些許關聯，但是調查過美東美洲豹的生物學家都看過這些黑豹的報告，除了少數人之外全都對無法控制的這種說法提出反駁。為「美國漁業及野生動物局」針對黑豹問題進行研究的羅伯·道尼陳述的是傳統的觀點：「有些黑色的動物，例如拉布拉多犬，經常成為這些報導事件中的黑豹，因為民間傳說認為那就是美洲豹的顏色（亞洲的『黑豹』其實是黑化的花豹）。」事實上，關於這類告誡的話語還可以加上些備註，許多被歸類為黑豹的足跡其實都是狗的腳印。

儘管如此，這位對美東美洲豹展開首次認真科學研究的調查員還是相信，部分關於黑豹的紀錄值得加以重視。加拿大新伯倫瑞克大學東北美洲野生動物研究所的生物學家布魯斯·萊特認為目擊者看見的只是一般的美洲豹，剛好牠們的毛皮潮濕，才會顯出較暗沉的黑色來，然而一項在溫哥華島上對一隻剛死亡不久的美洲豹所進行的實驗使他確信自己這項假設的不足之處。在他的研究過程中，萊特收集了二十份他視為可信的黑豹報告，全都發生在光天化日之下，而且是近距離的接觸。

其中一起布魯斯認為可信度極高的案例更是讓人咋舌，根據目擊者表示，它發生在新伯倫瑞克的皇后郡，時間是一九五一年的十一月二十二日：

「當時是六點左右，我正在回家的路上。我走到一片圍籬邊，在跨過去之前先用手上的斧頭敲了敲……不到幾秒鐘我聽見樹林

裡傳出五聲響亮的吼叫。我往前走了約一百碼，又聽見四聲還是五聲的叫聲。我回過頭，看見牠跳躍著向我接近。我才跑了一小段路就被牠趕上，不得不停下來面對牠。當我停下腳步牠也跟著停止，然後用後腳站了起來，張大嘴發出嘶吼聲，前腳掌還不斷在空中揮舞向我進攻。我用斧頭往牠砍過去，但是牠往後跳躲開了我的攻擊，於是我趨前追趕牠，一邊高聲喊叫。牠跳進樹林裡，我就跟著追了過去，但跑沒幾步我又看見牠朝我衝過來，所以我又停了下來，再次揮動手上的斧頭。這次牠往旁邊跳開，我再追過去，牠又逃進樹林裡……同樣的狀況來回重複了五、六次，直到我來到一處看得見民宅燈光的原野，然後這次牠跳進樹林後就再也沒回來過了。

那隻動物的毛色是黑色或暗灰色，尾巴超過二呎半，身長至少在六呎以上。」

這個案例含有三項驚人的要素：（1）黑色；（2）直立；（3）無懼地攻擊人類。真正的美洲獅在歷經各種慘痛的教訓後，早已學會要盡可能遠離這個幾乎將牠們全族消滅殆盡的致命天敵。也就是說，牠們除了對人類有侵略性之外，什麼都有可能。

儘管新伯倫瑞克的這場遭遇可能不是件真實案例，然而另外一起發生在距離半個美洲大陸之遙、相隔近二十年後的事件竟然和它的前例有著這三個同樣詭異的元素。事情發生在伊利諾州的橄欖枝鎮南方一英里處，在一條沿著遼闊的岬尼國家森林邊緣幾近荒廢的陰暗小路上。住在開羅鎮的麥克·巴斯比在經過這條路去接老婆時車子突然拋錨，當他掀開引擎蓋時聽見某個聲響，於是他轉過頭往左邊看。就在他轉過去一探究竟時，他被一雙微微張開、形狀像兩顆杏核、還閃爍著綠光瞪著他的眼睛嚇了一大跳。

突然間那具怪異的形體站了起來，大約六呎高的黑色身影用兩隻肉趾的前腳往他的臉上招呼過來。巴斯比被打倒在地，這隻動物接著跳到他身上，當他們在地上扭打成一團時，他的襯衫被咬成碎片，左手臂、胸部和腹部都被不太銳利的兩吋長爪子抓出一道道的傷口。麥克設法讓牠張開的嘴與自己保持一隻手臂的距離，不讓牠那泛黃的貓科動物長利牙靠近他的喉嚨。雖然他始終沒有看清楚這頭野獸的樣貌，事後他表示他覺得在牠的嘴邊似乎有看到幾根鬍鬚。牠發出的低沉微弱叫聲是麥克以前從沒聽過的聲音，牠的體毛又短又硬——「就像鋼絲絨，」他告訴羅倫‧柯曼——而且儘管摸起來乾乾的，卻有種濕濕的氣味。

在路過的柴油卡車車燈照射下，野獸的毛色看起來像光滑的亮黑色，這也是巴斯比第一次看見「尾巴的影子」。強光顯然讓牠受到驚嚇，牠跨出「沉重的腳步聲」大步跳躍過馬路，消失在森林裡。

一時無法恢復判斷力再加上又受了傷，這位年輕人勉強爬回自己的車上，所幸這次車子順利地發動，讓他鬆了口氣。在橄欖枝鎮上麥克碰到了卡車司機約翰‧哈斯渥斯，他說他看見巴斯比在對抗一隻像是「大貓」的動物。他聲明當時自己沒辦法踩煞車，不然一定會停下車幫忙。當晚巴斯比到開羅鎮上的聖瑪麗醫院打破傷風和止痛針。他的哥哥唐向羅倫‧柯曼表示，之後連續好幾天麥克一直感到暈眩，連走路都需要人攙扶。

黑貓和其他美洲神祕貓科動物

巴斯比所碰上的是發生在伊利諾州和鄰近各州一長串的異常貓科動物事件中，唯一一件最具戲劇性的案例。在四年前的一九六六年四月二十日，當天的《開羅晚報》向讀者提出了一個問

題：「亞歷山大郡上和岫尼國家森林裡真的有黑豹存在嗎？」文中還附上一則傳聞：「多年前一列馬戲團的火車或貨車在當地失事，有幾隻黑豹趁機逃到山裡，之後再也沒人發現過牠們。」

似乎是為了替這些異常野獸的傳聞做出解釋，幾乎每次只要有人說他看見了一隻美洲獅、袋鼠或長毛的兩足動物時，這個好幾年前一列馬戲團火車失事後有好幾隻危險或外來種的動物逃脫的民間說法就會被搬了出來。不管多少次調查考證後的結果都一成不變地指出，既沒有任何這項謠傳確實發生過的具體事證，更不是被相當程度地修飾過的其他真實事件版本。

而中西部關於美洲獅的傳說更是特別多。黑豹在其中算是著名的角色，但是其他種類的大貓也不遑多讓，包括像常見的山貓和長鬃毛的「非洲獅」（關於後者，羅倫・柯曼在收集了來自各州的無數報導後寫道：「除了群居性之外，這些神祕的長鬃毛獅子似乎更具有直接面對挑戰的性格，比起黑豹牠們較慢退縮，但是攻擊頻率同樣也不高。」）其中一則早期的美洲獅恐慌發生在一九一七年七月的伊利諾州中部，讓地方維安民團遍尋不著的是眾多目擊者宣稱他們親眼目睹的一公一母兩隻非洲獅。根據一位在蒙提薩羅的莊園擔任管家的目擊者表示，當他在花園工作時其中一隻野獸突然用爪子攻擊他，之後在同一個月也傳出有兩戶迪卡多市的人家某天夜裡開在郡鄉公路上時，有隻獅子朝著他們的車撲了過來的傳聞。

這兩隻大貓如牠們出現時一樣突然間銷聲匿跡，但是其他同樣神祕的貓科動物傳聞卻從未消失。一九四八年一隻發出尖銳刺耳叫聲的「生物」開始在印第安納州東部屠殺牲畜。前去搜捕牠的農夫、獵人和執法警員說他們看見的不是隻非洲獅就是隻黑豹，而目擊者說至少有一次他們還看見兩隻動物一起出現。某個

釣魚俱樂部的幾位會員宣稱，有天晚上他們在鹿角瀑布區釣魚時突然被一隻「非州獅」攻擊。

在一九五五年十月二十五日，禁獵區管理員保羅·邁爾斯在伊利諾州迪卡多市附近開槍擊中一隻黑豹。他確定自己讓牠受了傷，但還是被牠逃脫，而且之後也沒有發現任何屍體。一九六二年六月，一頭被拿來和非洲母獅做對照的棕褐色大貓，用牠的大爪子抓傷了印第安納州紀念碑市的農夫艾德·摩爾曼的臉。幾天後某個東西殺死了他的十頭豬，牠們的肚子被撕裂開來，心臟和肝臟都被啃得一乾二淨。陸續還有其他目擊事件傳出，而最後一批目擊者則是一群武裝獵人，包括兩位來自印第安納波里斯市的記者。

諸如此類的傳聞並不只局限於中西部，全美國各地也都發生類似的事件。例如在一九六〇年代中期德州拉瑪郡的德瑞可小鎮裡，居民表示他們在鎮外親眼目睹一隻像是大型美洲獅的動物留下像貓一樣的足跡，但是上面卻出現了清楚的爪印。這則古怪的細節出現在許多異常貓科動物傳聞中；而「真正的」美洲獅有一對可回折的爪子，是不會出現在腳印上的。至少有好幾起案例目擊者將狗或熊留下的蹤跡誤判為大貓的腳印，但即使被目擊的生物和這些足跡間有密切的關聯性，關於爪印的傳聞依舊不曾中斷過。

英國的外來種貓

根據傳統說法，在不列顛群島上有一種本土種的野貓——蘇格蘭亞種野貓——或是兩種，如果把逃脫家貓也算進去的話。蘇格蘭亞種野貓是種小型貓，過去在不列顛群島上幾乎處處可見牠的身影，但現在據說只有在蘇格蘭以及北英格蘭的幾個偏遠地區

才找得到牠的蹤跡。一九八○年代中期在蘇格蘭東北部的某個高地發現了四隻剛死亡不久的野貓，牠們的身分讓動物學家困惑不已，直到仔細解剖過後才證實牠們是蘇格蘭亞種野貓和野放的家貓雜交後的產物。

即使這幾隻貓碰巧剛好全都是黑色的，卻沒有人認為這幾隻動物就是所有或大部分的英國神祕黑貓的解答。牠們也激起了諸多爭辯和各種理論，關於從一九六○年代早期起就在南英格蘭鄉間漫遊的「蘇利美洲獅」的傳言。

在一九六二年的夏末，一種被形容為「像隻幼獅──絕對不是狐狸或狗」的生物被目擊在漢普郡某個公園裡的水池附近出沒，之後也有其他民眾看過牠出現，但只引起地方上的注意與議論，而這一切在一九六三年的七月十八日完全改觀。當天清早一位卡車司機在行經倫敦射手山區的奧瑟里斯森林時，被一隻跳躍過馬路、跑進另一邊樹林中的「美洲豹」嚇了一跳。當天稍晚四名警察甚至有更近距離的接觸：一隻「大型的金色動物」躍過他們的巡邏車頂，然後消失在森林裡。之後一場包括數十位警察、士兵和警犬的大規模搜捕行動，只發現了像貓的動物所留下的大腳印。

其他目擊事件接著出現在英格蘭東南部。即使目擊者堅稱那幾隻貓在外觀上與大型美洲獅或豹高度相似，許多使人聯想到是有爪子的動物所留下的足跡依舊被認為來自於「淡金褐色」或「黑色」的貓科動物。在陸續被發現遭屠殺的鹿、綿羊和牛的屍體上，側腹部都留下巨大的爪印。一位婦女宣稱有天當她徒步經過漢普郡的森林區時，一隻「美洲豹」突然出現，用兩隻前腳攻擊她的臉。

對野生動物生物學家而言，所有這些傳聞聽起來都是不可能

發生的事。莫利斯·波頓在檢視過這些早期的報導之後寫道：

「從一九六四年九月起到一九六六年八月爲止，在官方紀錄上共有三百六十二次目擊事件；其實不只這幾件，可能另外還有同樣多的事件，只是流於口傳而沒有正式紀錄而已。也就是說這種美國的專家學者宣稱『極罕見』的動物『美洲獅』，在這兩年期間平均每天會出現一次。警方認定在這三百六十二起案例中有四十七起是『眞正的』目擊事件。即便如此，這也代表了這種以其高度隱匿天性著稱的生物，在這兩年間大約每兩個星期就會現身一次。在兩年內報導牠出現過的地點中，有像克倫威爾和諾福克相隔如此遙遠的兩地，整整跨越了大約一萬平方英里大的南英格蘭。甚至還有人在同一天的同一時間同時看見牠出現在相距數百英里遠的兩個地點。其中有個禮拜牠應該特別感到不勝其擾，因爲有多達三、四天分別在十個不同地方都傳出牠出現的消息。」

另一位野生動物權威維克特·海德表示，單一隻美洲豹每年必須吃掉二百五十隻英國麕鹿才能存活；但是在鹿群的數量方面並沒有符合這項事證的減少現象。

自從那幾年傳出異常貓科動物——以及相關的神祕腳印和遭殺害的牲口——的蹤影遍布在整個英國境內以來，那些試圖將目擊事件解釋爲誤判、幻覺和騙局以除去民眾恐慌和疑慮的人不但耐心盡失，可信度也跟著消失殆盡，然而其中有幾樁事件讓他們又振作了起來。例如在一九八三年八月，一位白金漢郡的婦女看見一隻類似美洲獅的大黑貓「戴著一個釘飾項圈」，當然這表示在牠被野放之前曾經被人飼養過，而事實上在一九七五年八月，就有一名曼徹斯特的男子抓到一隻戴著項圈的小花豹。在一九八〇年蘇格蘭的因弗尼斯，有隻母美洲豹被陷阱捕獲，驗屍報告指出牠的大半輩子都是隻寵物。而在一九八八年的七月二十六日，漢

普郡海陵島一名肇事逃逸的駕駛撞死了一隻大貓，另一位目睹整個事件過程的司機找出了屍體，後來被證實是一隻母的北非沼澤貓。

不過，如果有人覺得很難相信在英國的荒野中竟然有大貓橫行，那他一定也不會輕信這些都是逃家的寵物或馬戲團動物的說法，而根據長久以來的經驗，牠們因為對野外生活極度適應不良，在牠們被野放或脫逃後不久通常不是餓死、再被捕獲，就是被殺。如果真的有野生化的大貓存在，那麼被找回來的數量的確是相當稀少。

可惜的是，另一種由《貓的國度》（Cat Country， 一九八三年出版）作者迪‧法蘭西斯提出的假設指出，自從更新世①以來，不列顛群島上會有類似美洲豹的大型貓存活實在難以置信。評論家雷納‧波特利爾針對找不出證據這點提出質疑：「在近一千多年以來連塊毛皮都沒有？當同個島上的小型貓數量降低到如同被趕盡殺絕時，連一點傳聞都沒出現？那麼這些大型貓，假設牠們的體型和美洲獅一樣大，牠們毫無疑問不會和小型的野貓一樣偏好某幾種獵物，這麼大型的生物肯定每兩到三天就必須獵捕到比野貓需要的兔子、野雞或小羊等來得更大的食物，否則如何能繼續繁衍生存下去呢？包括雄鹿在內的大型牲畜可能被掠奪的危機，會讓十幾個世紀以來的農民和獵場看守人沮喪到一蹶不振，而警覺性最高的英國鄉民總是時時刻刻注意到掠奪性肉食動物的出現。」

這些問題讓某些堅定的擁護者轉向超自然理論，例如瞬間隔空移動。如果真是如此，那我們必須要相信的是這些大貓是從牠們原始的棲息地，在一瞬間就移動到異國土地上的真實動物；在某地居住了幾天到幾個月之後，牠們就回家了，而且想必是以和

牠們出現當時同樣的一眨眼時間完成。其中一個可能的故鄉是非洲，因爲某些目擊者宣稱他們看見的是「獅子」、「印度豹」或「花豹」（儘管仔細閱讀過這些目擊事件報告的人都知道不應該將這些字眼以字面上的意義加以解讀，目擊者的描述看來幾乎都和豹有關）。

另一項超自然的「解釋」著重在超現實假設，認爲這些生物是實體化的心靈投射作用或來自平行世界的入侵者。就算這類假設比起瞬間隔空移動的可能性來得高（目前尙無法證實），這些方式都忽略目擊事件報告中缺少了超自然元素的事實。關於這類目擊事件唯一的詭異之處，在於這些大貓竟然會在牠們不應該會出現的地方現身，但是如果沒有人對美洲獅（其中部分是黑豹）的存在提出質疑的話，那麼發生在蘇利郡、諾丁罕郡（「諾丁罕獅」的故鄉）、德文郡（埃克斯穆獸）或蘇格蘭的事件將是完美而無懈可擊的目擊事件。

只有一個案例，甚至還是很模糊地指出與靈異的關聯性，而且版本會因個人對靈異現象的見解不同而異。在此特地將它提出來供讀者參考。一九六四年，《飛碟月刊》（*Flying Saucer Review*）的查爾斯・包溫訪問了蘇利郡高達明鎭一位名爲艾德華・布蘭克的農夫，請教他關於在兩年內多次重複目擊一隻「咆哮」美洲豹的心得。包溫表示，在訪問當時他並沒有向布蘭克提起自己對幽浮的愛好：

「布蘭克先生每天的例行工作中，有一部分是每天晚上就寢前都要巡視過他的農場一遍。有兩次他突然發現在農舍的屋頂上出現一道神祕的光線，這道光從一個屋頂移動到下一個，但他就是看不清楚發出光線的來源。可以肯定的是，這絕對不是來自歐迪漢路上的汽車大燈，當地的地形排除了這項可能性。布蘭克先生

無法查出光線的來源,他對這個現象感到疑惑不解而憂心,因為每次那隻神祕的美洲獅都會跟著這道光隨後出現!」

歐陸貓

西歐的美洲獅和其他異常貓科動物的目擊事件從一九七〇年代起開始引起世人注意。就像在英國以及北美一樣,至少都有幾件看似可信度極高的傳聞,同樣來自可靠的目擊者、在良好的視覺環境中觀察這些動物後所發出的言論,相較之下其他報導就淪為同情性質的姑且一聽罷了。例如像後者的其中一則案例,有名德國男子堅稱自己遭到美洲獅攻擊,他還拿出牠掉落的獸毛當作證據,只是在經過分析之後證明那其實是兔毛。

就另一方面而言,一起特別讓人印象深刻的目擊事件發生在一九七七年的春天,好幾位法籍的目擊者,包括一位帶著雙筒望遠鏡的政治人物,在大約二百碼的距離外看見了兩隻大型黑豹。在法國和義大利,農夫所養的牲口都被這類動物所殺害,當局把這幾起事件歸類為狼群和野狗肆虐,但是這種官方說法被目擊者嚴厲駁斥。德國神祕動物學家尤瑞奇·馬欽收集了所有當時已知從動物園、馬戲團或運輸工具中逃脫的大型貓科動物報導,他發現「這類動物通常都在脫逃後的幾小時內就被抓回去,最多也不會超過幾天。」

澳洲貓和偽裝貓

在官方紀錄中除了家貓以及牠們野化後的同類之外,澳洲沒有其他種類的貓。那據稱已滅絕的袋狼,是種外觀上像是老虎和狗雜交後的有袋動物,從前和現在偶爾會有人稱牠做「塔斯馬尼亞虎」。袋鼬類儘管被稱為「虎貓」或「袋鼬」,牠們也屬於有袋

動物。這些猛獸都不太像老虎，都有紅色帶斑點的皮毛，而且最大不會超過四呎長。

　　儘管上述的一切事實，黑豹對澳洲版圖並不陌生。多數目擊傳聞都來自新南威爾斯的南部海岸一帶，但研究神祕動物學長達二十年的保羅・克魯博卻也收集到其他來自「彼此相隔甚遠的地方，例如維多利亞的丹迪農、新南威爾斯的新英格蘭區以及西澳中部的小麥帶」等地的報導。

　　與其他發生在世界各個角落的目擊事件比起來，在澳洲有些事件發生在大白天，而且是在相當近距離的範圍內；目擊事件的主角動物都和牲畜遭屠殺有關（在一九五六到一九五七年間，新南威爾斯烏拉拉的一名農夫被一頭大黑豹殺死了他三百四十隻綿羊，牠還成功地躲過了個別以及集體獵人的追捕）；以及足跡上通常都有爪印出現。還有一點與其他傳聞相同的是，從來沒有任何一隻大貓被捉到或獵殺過。有次保羅・克魯博親自到坎培瓦拉山脈調查一起發生在一九七七年十一月的死亡事件，在見到屍體的毛皮時，他發現那「只有可能是來自大型的野化家貓」而已。

　　如果能夠將所有目擊事件都依樣做出相同解釋聽起來很不錯，但是來自最精采的報導的敘述和其他細節可不會輕易接受這種假設。據說這起事件發生在一九七五年中，地點在新南威爾斯南部高地上的諾拉。保羅・克魯博是這麼寫的：

　　「一名農夫和他兒子大約在五點左右外出餵豬，當時他抬起頭，看見一隻黑色的大型動物不疾不徐地沿著籬笆漫步，經過他們的磨坊外時大約走了有兩百碼的距離。父子倆在距離三百碼的地方看著這一切至少有四或五分鐘，他估計這隻野獸約有四到五百磅重，站立時地面到肩膀的高度是二呎六吋，外觀上看起來活脫脫就是頭黑豹。就在他們的注視下，野獸縱身一躍跳過了九呎

寬的溪流，接著消失在樹叢裡，在溪邊的軟泥地上留下一對完美的腳印。」

農夫告訴一位鄰居這件事，才知道這位鄰居連同他的孫女之前各看過一次那隻野獸出現。這兩位農夫帶著其他幾位夥伴到另一端的溪邊去，量製這隻生物所留下來最完整足跡的模子。這是對巨大的腳印：有四吋寬、五吋長。

知名度較高的是俗稱的昆士蘭虎，不過牠出現的報導最遠只記載到澳洲東南海岸的維多利亞。「倫敦動物協會」的祕書菲利普‧拉利‧司克特，在收到幾則來自昆士蘭卡德威灣區附近的報導後，將牠稱為「體型接近澳洲犬，未曾被記述過的動物……目前尚未取得過任何標本」，此為昆士蘭虎首次列入動物學文獻的紀錄。而底下這封信則來自布林斯萊‧薛利登這位治安法庭法官：

「有天晚上在沿著洛金漢灣岸邊的小路上散步時，我兒子帶去作伴的小狗嗅到靠近海邊的矮灌木叢上有某種氣味，接著牠開始朝著向西蜿蜒的海岸山脈狂吠。我兒子（才十三歲，但已經是個經驗老到的樹叢族，他對森林裡的一切瞭若指掌到連專家都要臉紅）跟了上去，在距離剛開始聞到那股氣味約半英里的長草堆中發現了那隻動物。他自己是這麼形容的：『牠躺在長草堆裡休息，體型和土狗（澳洲犬）差不多大；臉和貓一樣圓，尾巴很長，身體從肋骨到肚子有黃黑相間的條紋。我的狗朝著牠衝過去，但是牠竟然能夠把狗摔倒在地。然後牠爬到一棵傾斜的樹上，狗只能在底下對著牠吠。接下來牠像生了氣一樣，先是衝向樹下的狗，接著朝我撲了過來，我嚇得趕快跑回家。』」

之後陸續有好幾位目擊者都遭遇到同樣的動物，包括自然科學家喬治‧夏普在內，二十世紀初期他在黃昏時分的塔利河源頭沿岸看到一隻極相似的生物。他說這隻野獸「體型比塔斯馬尼亞

虎大、毛色又較深，身上的條紋顯得格外清楚。」不久之後牠就因爲攻擊一位農夫的羊而被主人打傷，喬治沿著牠在樹叢間留下的足跡找到了牠的屍體。當時野豬已經吃掉了牠的頭和身體，不過剩下來的部分剛好夠讓喬治判定牠的身長約有五呎。可惜的是，當時他並沒有攜帶任何可以保存這些殘骸的工具，只能眼睜睜看著它腐爛。

長居約克角半島的伊恩·伊德里斯有次看見一頭「老虎」啃光一隻成年的袋鼠，另一次則是在愛麗絲河旁發現了一具屍體。伊恩帶去的獵犬咬死了牠，自己卻也死在一旁。伊德里斯說這隻「虎貓」體型和肌肉發達的中型犬差不多，身體既柔軟又光滑，毛皮上的黑灰色條紋非常美。牠的腳掌上長著矛狀的利爪，看來撕裂力道相當強。耳朵尖而豎立，頭顱的形狀像隻老虎。

一九二六年勒·蘇夫和布瑞爾在他們合著的《大洋洲野生動物集》（*The Wild Animals of Australasia*）中，將一種「被巧妙地形容爲『剛好變大成老虎的貓』的大型條紋動物」列入北澳洲的動物群相之一。書裡還提到這種動物「生活在人煙罕至的鄉間……牠的巢穴似乎位於山頂上崎嶇的岩區，隱藏在厚密的森林中。」

儘管屈指可數，目擊事件至今依舊存在。如果關於那幾隻死亡標本的傳聞爲眞，而且也找不出特別的理由提出質疑的話，我們或許可以假定牠們是眞實的動物，而非詭異、行蹤難以捉摸的黑豹。對澳洲動物學家而言，黑豹依舊是和幽微（yowie）——澳洲版的大腳——同類型的生物，但昆士蘭虎卻被視爲至少可以討論的對象。正如某位編年史家所說的一樣，牠的地位是「接近科學可辨識的對象」——不是以大貓的身分，而是以有袋動物或有袋目中的袋獅身分，後者常見於化石紀錄中，據信已在約一萬年前絕跡。可以確定的是，在目擊者的證詞中這隻動物出現的頻率

高得驚人，包括牠那突出的利牙。如果眞是如此，活體或屍體標本落入動物學家手中可能就只是時間的問題而已，當然前提是這群動物可不能在最近幾年內全數滅絕才行。

1-5 山普倫湖水怪

　　根據目擊者表示，山普是尼斯湖水怪的山普倫湖版：一隻整體外型極度類似蛇頸龍的長頸動物；後者是一種水生的爬行類動物，一般認爲牠在六千五百萬年前便已滅絕，然而在山普的目擊者繪聲繪影的陳述之下，似乎又增添一些神祕的色彩。深入研究山普並著書討論的喬瑟夫・薩辛斯基表示，目前光是有列入紀錄的山普目擊事件就超過三百多起。

　　山普倫湖是在距今大約一萬年前由溶化的冰河所形成，是個相當深的冷水湖，湖長一百零九英里。山普倫湖是僅次於北美五大湖的第六大淡水湖，有多達八十種不同的魚類棲息其中──要餵飽一整個家族的水怪掠食者肯定不成問題，如果牠們眞的存在的話。

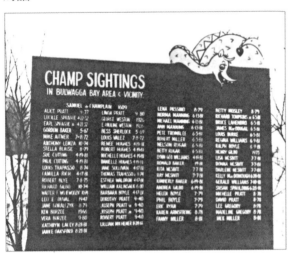

這塊立於紐約州亨利港的告示牌記錄布瓦甲灣附近的山普目擊事件次數。

根據民間傳說（可回溯到瑪裘麗·波特在一九七○年夏天發行的《佛蒙特生活誌》中的文章），第一個看見山普的白人叫做山繆·迪·山普倫，此湖即因他而得名。據說山普倫在一六○九年探索過聖羅倫斯河與其他支流後，將他的所見所聞寫在當年的年代記中，當然也提到了湖裡的水怪山普。然而這項消息來源在經過幾位作家直接查閱過典籍之後，發現裡面只有提到山普倫看見了大魚，而從他的敘述來看似乎指的是長嘴硬鱗魚，至今依舊繼續存活在山普倫湖中，毫無疑問。

　　（作者註：用單數來形容「山普」或「水怪」時，並非暗示這類生物只有一隻。很顯然，如果山普是隻真實存在的動物，牠肯定來自於某個族群。的確，有不少傳言提到過出現兩、三隻水怪，其他的傳聞還包括一隻「小山普」。因此「山普」或「水怪」在這裡指的是某種集合性的概念，代表其整體現象。）

　　山普傳說正式出現的時間大約是在一八七三年，然而讓牠成為神祕水怪的資格卻讓後來的許多擁護者感到難以理解：亦即早期的水怪和牠的現代版似乎不是同一隻生物。前者總是被形容為巨大無比的水蛇，而不是蛇頸龍。

　　目前所知最早提到山普倫湖水怪的新聞報導（一八七三年七月九日出刊的《白廳時報》）敘述的是一群鐵路工人的歷險故事。當時他們在紐約州德勒斯登附近的湖邊鋪設鐵軌，看見一條如巨蛇般的頭和脖子從湖水中冒了出來，向他們逼近。工人們一開始被嚇得動彈不得，全身僵硬地呆站了好一陣子才回過神來作鳥獸散。水怪於是轉身游向開闊的水域。《白廳時報》的這篇報導提到：

　　「當牠快速地游走時，身上某些像長了亮銀色魚鱗的部位在太陽底下閃閃發光，彷彿擦得錚亮的金屬品。偶爾牠從鼻孔噴出的

水柱還超過牠的頭，大概有二十呎高。牠的頭又圓又扁，頭上的肉冠像水手經常戴的、還有個披肩防止水流到脖子的那種橡皮帽，長在整個後腦勺上。牠的眼睛小但眼神銳利，還齜牙咧嘴地向目擊者展示寬嘴裡的兩排牙齒。當牠以大約時速十英里的速度前進時，上半身露出水面，像魚一樣的尾巴經常甩濺出水花。目擊者表示牠的頭直徑大約有二十吋，接著牠在離岸邊四分之一英里處突然沉入湖水中，消失了蹤影。」

除了最後一項關於沉入水中而不是潛水的敘述外，整篇報導幾乎都和二十世紀的傳言內容不同。例如，這裡完全沒提到後來大部分目擊者都會談到的隆起的背部，而且「魚鱗」這部分也與早期的後續傳聞所描述的不一致（根據一八八○年二月二十四日佛蒙特的《新港快報》，當地一群在二月時目擊山普的佛蒙特居民表示，牠身上長滿了魚鱗，在陽光中像稀有金屬一樣閃耀著光芒）。

在德勒斯登的目擊事件過後不到幾天，附近的農夫向警方投訴他們少了好幾頭牲口，從留在地上的痕跡看得出來有東西把牠們拖進湖裡。當地居民宣稱在湖邊的洞穴裡，偶爾在黑暗的湖水中看得見「明亮而讓人不寒而慄的眼睛」。幾天後，一位年輕農夫在湖邊的沼澤中看見這隻大水蛇，嘴裡還咬著一隻像龜的生物。他朝著水怪開槍，但是牠一溜煙就跳進湖裡消失了。

其他目擊事件陸續傳出，牲口也不斷死亡，大批投入搜尋水怪的隊伍徘徊在湖岸線與鄰近的農場間尋找可能的蛛絲馬跡。同年八月初，一艘名為「艾迪號」的小輪船撞上了大水蛇，還差點翻覆，船上的乘客更目擊水怪的頭和脖子伸出水面游了將近一百英尺遠。八月九日「莫利紐斯號」的船員相信水怪被困在阿斯赫夫灣濃密的雜草叢裡，儘管沒人確實看見牠，他們還是決定朝灌

木叢開槍，然後靜觀其變。根據八月十三日的《白廳時報》報導：

「指令一下，前三發子彈同時發射，槍口冒出的硝煙隨著子彈穿越樹林發出的窸窣聲冉冉上升。當接下來的另外三發子彈在德勒斯登的懸崖峭壁間發出巨大的回音時，一陣可怕的爆裂聲和鳴笛聲吸引了我們的注意。這聲響很像一部巨型引擎的活塞推進蒸汽室時噴出大量蒸氣的聲音。一開始是低沉、悶住的低音汽笛聲，然後聲音的強度和音調越來越高，那是我們聽過最恐怖的聲音……當大水蛇的頭穿越過糾結的藤蔓逐漸逼近時，貝爾頓船長下令立刻離開現場。牠頭上灰色的肉冠像大象被飼主處罰時一對巨耳來回拍動的樣子。湖面上浮現的巨大銀色背脊隨著波浪上下起伏，像擦得亮晃晃的戰士頭盔，襯著陽光發出耀眼的光芒。水怪扁平的尾巴在離湖面上方約六英尺的空中來回擺動，兩眼有如燒紅的煤炭，隨著怒氣的上升幾乎要噴出火花來。牠張嘴露出整排恐怖的長牙，儘管如同珍珠一樣潔白，這不懷好意的舉動卻使我們感受到一股無以名狀的恐懼，永生難忘。

水怪的身體大概有十八到二十呎厚、三十六到四十呎長，前後的頭和尾巴都是越來越細……我們的船開始朝下游移動，同時對著一波波不斷前進的巨大銀浪開火。水怪往頭頂上噴出兩道水柱，順著風打濕了船上所有人……船員持續朝著水怪開槍，當牠像魚的尾巴不斷拍打著水面、寬大扁平的頭部間歇性地劇烈抽動和搖晃著時，我們確定子彈對牠有效……我們和盛怒中的水怪只隔了二十五英尺，可敬的查爾斯・休斯和貝瑞特將軍各對著牠開了一槍，這時我們看見牠的頭猛力轉動，龐大的身軀開始彎曲扭動……牠的頭噴出大量腥紅的血水……興奮的船員們看著水怪厚長的身體做出最後一次抽動，扭轉身體將頭靠近尾巴形成一個圓

圈，最後這隻在湖區附近掀起巨大騷動的大水蛇消失在一灘血海底下，再也沒有靠自己浮出過水面。」

儘管搜索者企圖從巴紐曼手中得到五萬美元的賞金——他發電報給《白廳時報》，表達他強烈的興趣讓「山普倫大水蛇的祕密登上我的『世界博覽會』節目」，這些試圖打撈屍體的努力依舊全都以失敗收場。

這幾起或真實或宣稱的事件都發生在位於山普倫湖西南邊緣處的德勒斯登地區，幾年後水怪或牠的近親又再度出現，這次牠往北移動到山普倫湖西北方的普拉茨堡附近。

一八八三年七月三十一日，《普拉茨堡晨報》刊載克林頓郡的警長納森・慕尼目擊一隻「巨大水蛇……有二十五到三十五呎長」的事件報導。從一八八六年夏天起，幾乎每天都有人通報水怪目擊事件，地點則遍及山普倫湖的每個角落。一名在普拉茨堡附近釣魚的男子宣稱自己釣起了一開始他認為是條大魚的東西，但是當牠的頭冒出水面時，男子和其他三位目擊者看見的是隻「恐怖的生物」。接著釣魚線啪的一聲斷裂，這尾不受歡迎的獵物隨即消失在湖水裡。

大約在這段時間前後，一名在密西西比河沿岸獵鴨的佛蒙特男子桑特・奧班斯，表示他碰上了一隻「碩大無比的水蛇，身體盤成一圈圈地睡在沼澤地上，約和人的大腿一樣粗大。」當他掉頭回去拿槍時，才發出一點聲音就吵醒了這隻怪獸，一眨眼牠就躲進到矮樹叢底下，牠「發出巨大的叫聲……像隻大型獵犬。」

到隔年為止，一直都還有目擊事件傳出，例如在一八八七年五月某一天的凌晨二點，一位農場男孩在家裡聽見奇怪的聲響後，走到岸邊一探究竟。他看見在離湖邊約一英里遠的水中有隻大水蛇正發出汽船般的噪音。在好幾起個案中目擊者都宣稱水怪

的行為具有攻擊性，還不懷好意地朝他們游過來，迫使他們倉促逃離現場。一群來自佛蒙特州夏洛特的市民有幸目睹山普最引人注目的事蹟，就在他們起了個大早到山普倫湖附近野餐的一個七月天。牠以七十五呎長、如酒桶般粗大的身軀漸漸逼近這群野餐客，直到在場的幾位女士失聲尖叫，牠才轉過身去逕自游走。

《普拉茨堡晨報》很快就做出這起事件的報導：

「這大海蛇……離開了湖中，上岸後一路往紐約州喬治湖的方向而去。前天凌晨約五點鐘左右，牠被一名載著整車的乾草要往穀倉去的農夫看見。農夫冒著危險偷偷跟在牠身後觀察牠，和牠距離不到三十碼……他看見水怪像蛇一樣地滑行前進，頭抬高離地約有四英尺，這是隻體長介於二十五到七十五英尺的巨獸，長在側邊的灰黑色條紋幾乎和身體一樣長，身上滿滿都是魚鱗。」

一八八九年九月，一群漁夫在山普倫湖上追逐水怪。從牠暴露在水面上的那十五呎，漁夫們清楚地看見了牠身上不像蛇的部分：他們說牠有「很多大鰭」（節錄自九月二十六日的《艾薩克士郡共和報》）。到了一八九九年的夏天，一位身分不詳、只知道是「富有的紐約客」的目擊者表示他看見一隻三十五呎長的大蛇，牠的背部隆起、頭像個「上下顛倒的大圓盤」，寬扁的尾巴露出水面幾英寸（節錄自八月五日的《普拉茨堡共和報》）。這最後一項敘述指出這隻生物——暫且假設這起傳聞不是惡作劇或一場騙局——是隻哺乳類動物，而不是爬蟲類。或許就像某些人所認定的牠是隻槭齒鯨，一種外型像蛇的鯨魚，據說已在二千萬年前便消失在地球上。

進入二十世紀後的水怪

如果山普真的存在，那麼有關牠的真實身分在我們的世紀中

則變得更加撲朔迷離。像蛇頸龍的山普以「典型的」水怪之姿出現的時間只在一九七〇年代，就我們目前所知，還沒有一項在牠出現當時紀錄的目擊案例中提到過一條細長的脖子長在一個巨大的爬蟲類動物身上的敘述。關於這隻水怪的早期幾篇報導，都是來自於事件發生幾年後由目擊者回憶得來的證詞，就像有則紀錄是來自於一位老婦人在至少四十年後的口述內容。她表示大約在一九二〇或一九三〇年代，她和哥哥都看見了這隻背脊突起像長了三個駝峰、頭部像巨蚺的水怪突然冒出水面。懷疑者先合理推論如果這則傳聞中沒有絲毫事實根據的話，那麼關於這些事件的回顧記憶極有可能受到近來捏造的怪物形象影響而嚴重偏離現實。

事實上許多一九七〇年代以前的報導大都缺乏詳細的敘述，讓人很難理解這些目擊者認為他們看見的究竟是什麼東西。而在那些描述得差強人意的個案中，湖中生物經常被形容成看起來像隻大水蛇，和十九世紀的傳聞如出一轍。有些案例則提到魚鱗，但是蛇可沒有這東西。有些目擊事件的主角很顯然是大魚，可能是鱘魚；而在幾樁極少數的案例中，水怪的外觀特徵竟然和鯨魚以及鰻魚連在一起。

二十世紀還出現一次極罕見的陸上目擊事件，在一九六一年的春天開車行經此處的湯瑪斯・摩斯表示他看見「一隻怪異的鰻魚，露出整排向後排列的潔白牙齒」，當時牠正躺在位於紐約州西港的山普倫湖西北灣岸上休息。

另一起在一九七〇年夏天傳出的目擊案例之所以特別引人注目有兩個原因：一是不僅有多位目擊者，而且彼此之間沒有任何關係，串供的可能性極低；二來它告訴我們在這群人的想像之下，一隻原本像蛇的水怪是如何轉變成像尼斯湖水怪的蛇頸龍，

只因爲他們想讓這兩隻水怪都是同一種生物。一九七八年八月九日的《普拉茨堡峽谷報》上刊載了兩則水怪的報導，出自於兩位從八年前共同目擊山普出現過後就沒有再交談過的當事人之筆。其中一位是理查・史畢爾，他說當時他和十三歲的女兒蘇珊正坐在前往艾薩克士郡的渡輪甲板上，當他們行駛到湖心時一起看見了這隻水怪。

史畢爾寫到水怪離岸邊約有九十碼左右、呈「暗棕橄欖色」，牠的「體型和形狀像縱切面的酒桶，一眼就能清楚地看見牠身上那兩顆『腫塊』，每塊都高聳出水面三呎左右，長度和間距大約都是四呎。」蘇珊從他手中接過望遠鏡，她說水怪的頭部看起來像個馬頭。當史畢爾轉過頭再看一眼時，水怪已經消失在湖面上了。

一頭熱的理論家可以很輕鬆地將「腫塊」視爲「隆起的背脊」，還會正確地指出許多尼斯湖的目擊者都說那邊的水怪也有個像馬一樣的頭。但是渡輪上的另一位目擊者哈琶・馬許，卻在同份報紙（報載她在一九六五或一九六六年就看過同一隻水怪）針對同一個問題發表了不同聲明，她說：「牠是隻像蛇的巨大生物，游泳時和蛇一樣頭高抬在水面上，身體後面盤成一圈。我不太會判斷體型，但我可以說牠的體長介於十八到二十呎之間。牠是隻全身漆黑，游得很慢的水怪。牠的頭大約有三呎長，像葡萄乾一樣皺巴巴，底部還長了個小背脊，一路延伸到棕黑色的蛇背上。」

這項更詳細的說明對問題的解答幾乎完全沒有貢獻。馬許女士從記憶中喚醒的生物其特徵大致上都來自巨蛇、鰻魚以及槭齒鯨，但牠卻是三者皆非。無論如何，這絕對不是隻蛇頸龍或其他類似的生物。

在評論喬瑟夫・薩辛斯基所著的《真實水怪——山普》（一九八四年出版）時，研究尼斯湖水怪的領導學術權威亨利・鮑爾不滿作者試圖將兩者連在一起的行為，因為這樣做只有「微乎其微的具體正當性，登記有案的目擊報導中對水怪做出『像蛇一樣』敘述的個案不在少數，但從來沒人這樣形容過尼西（尼斯湖水怪的暱稱）；傳言又說山普的皮膚光滑，而尼西的表皮則是粗糙多疣；眼睛被特別提起過幾次，還有鰭和鬃毛，但這些在尼斯湖水怪的傳言中幾乎全都聽說過。」

儘管如此，還是有清楚而明確的類似尼斯湖水怪的目擊傳言存在。奧維爾・威爾斯根據他宣稱在一九七六年山普倫湖的崔德威爾灣親眼目睹而畫的「史前巨獸」素描，可以一眼就看出畫中主角和尼斯湖水怪的關係。有幾位目擊者斬釘截鐵地表示他們看見的是一隻像「恐龍」的生物。如果不是有著名的曼西照片這件事實——山普這隻神祕生物真實存在最強有力的實質證據——或許我們大可就這麼對這幾樁案例做出草率的解釋，或將之一語帶過。

曼西照片

一九七七年七月初一對來自康乃狄克州的夫妻，安東尼和珊卓・曼西，到佛蒙特來探望珊卓的親戚。就在剛通過聖艾賓灣後，他們在靠近加拿大邊境的某處（他們怎麼都回想不起準確的地點）停了下來，好讓珊卓與前夫生的兩個小孩可以到湖邊玩水。

他們停好車後，走了一百到二百呎的距離，越過一片空地，然後下到約六呎深的岸邊。當孩子們在湖邊的淺水區嬉戲時，安東尼回到車上去拿他的太陽眼鏡和相機。

過了一會兒，珊卓注意到在大約一百五十呎遠的前方「湖水出現某種波動」，接著一隻小頭、長頸、背脊隆起的巨獸快速地浮出水面。當牠的頭——距離湖面約八英尺高——由右至左緩緩轉動時，曼西太太的第一直覺是牠像極了某種史前生物。

這時安東尼回到湖邊，他看見這隻巨獸時也是同樣又驚又懼，兩夫婦連忙叫回孩子們（他們完全不曉得背後的湖水發生了什麼事，根本沒看見水怪）。「他扶著我回到岸上，」珊卓說道，「當時我跪坐在地上，轉過身去看見水怪顯得極度焦躁不安的樣子……我拿起相機拍了一張照片。」

她拍完這張照片後，巨獸就沉入水中，但牠並沒有潛水離去，只是待在水底下，很顯然是受到幾分鐘後出現的快艇驚嚇。珊卓估計整起目擊事件持續大約六到七分鐘。

由於害怕受到嘲笑，曼西夫婦並沒有對外公布他們的遭遇，反而將洗出來的照片（拍得相當清楚）收藏在家庭相簿裡，至於底片則被弄丟了。最後曼西太太還是將照片拿到她工作的地方給朋友們看，到了一九八〇年，某個看過照片的人通知了喬瑟夫・

「山普倫湖現象調查協會」會長喬瑟夫・W・薩平斯基，在結束他潛進山普倫湖尋找山普的搜尋後將氧氣桶放回他的車上。
© Fortean Picture Library

神祕動物 壹

薩辛斯基，當時他在紐約威爾頓中學教社會科。薩辛斯基聯絡上曼西夫婦後著手展開調查。

他將照片出示給好幾位專家檢查，包括史密森尼國家自然歷史博物館脊椎動物學部的喬治・楚格。楚格說牠完全不像任何在山普倫湖中以及其他地方的已知生物。連生物學家兼國際神祕動物學協會副主席羅依・麥考也看過這張照片，不久後洛依・富里頓在亞利桑那大學光電中心對它進行了縝密的分析。

富里頓教授判定這不是張拼貼照片，也就是說它不是被人拿山普的影像貼在湖景照片上合成。從據稱是山普的物體周圍的波浪形狀來看，垂直擾動的程度大於水平擾動，這代表了「這個物體」是從水面下冒出來，而非沿著水面移動、像用繩子拉動的人造裝置。

但富里頓教授無法判斷出牠的大小，因為照片中沒有提供清楚的參考點。例如照片並沒有準確地顯示出湖岸線的起始位置，好讓研究人員可以測定出這個物體的尺寸以及它與觀察者之間的距離。但是溫哥華的英屬哥倫比亞大學的海洋學家保羅・勒伯朗發現了另外一項至少可以判定出約略大小的方法：測量物體周圍的波浪長度。藉由一套將風速和風吹過的開闊水域距離與波浪特性建立關聯的公式，保羅估計這些波浪的長度約在十六到三十九呎之間。當他將那「未知物體」與它周圍的波浪一比較，發現它佔了一個半到兩個波長。因此他推論，這物體露出水面上的部分至少有二十四到七十八英尺之間的長度。也就是說，這是個無比巨大的傢伙。

如果這是場騙局，那它肯定是場精彩絕倫，同時也是場極其昂貴的騙局。但如果真是如此，為什麼曼西太太要等到三年多後才將它公諸於世？她又為什麼只拍了一張照片？過了十多年後，

支持這個騙局假設的證據依舊沒有出現，當然這並不表示永遠都找不到佐證的線索。不過到目前為止，以任何標準來看，曼西照片依舊是個謎，也是讓任何企圖將山普現象歸納為世俗成因的努力均宣告失敗的障礙。

曼西照片還增添了同樣備受爭議的「尼西／山普關係」的可信度。國際神祕動物學協會的祕書理查‧格倫威爾指出了在那張著名的外科醫生的照片（拍攝於一九三四年四月的尼斯湖）與曼西照片間驚人的相似處。仔細比較這兩張照片，可以發現兩者的頸部／頭部比例「高度接近」，僅有的幾處相異點很有可能是「角度與姿勢的不同」造成的結果，而非「生物分類上的不同」。

調查仍在持續中

在一九七○年代，喬瑟夫‧薩辛斯基成立了「山普倫湖現象調查協會」（LCPI）。該協會訪問過無數的目擊者，並進行文獻研究以找出山普的歷史，並對整個湖泊展開一連串密集的調查──視覺和電子雙管齊下，然而至今僅有極少數的成果。調查活動的更新資訊定期刊登在國際神祕動物學協會通訊和刊物《神祕動物學》上。薩辛斯基也對國會進行遊說，偶爾會有珊卓‧曼西陪同，爭取立法保護山普。

然而，「山普水怪」也有可能從未存在過。如果這不是一椿以騙局和錯覺建立起的虛構神祕事件──從目前所有的證據來推論，如果不是一定要壓倒性地令人信服的話，這種說法自然有其可能性──山普或許是個通用於各式各樣生物間的萬用代稱，包括部分已知但已不復存在、部分常見以及一兩種真正未知的生物。因為山普倫湖與海洋相連，有種論點說這些生物可能隨意來去湖海之間，唉，這種說法錯得一塌糊塗（這不是喬瑟夫‧薩辛

斯基的看法，他認為湖裡有一小群的繁殖群）。這裡有兩座水壩和無數的急湍，沿著連接到聖羅倫斯河的黎塞留河上還有多道水門，最後聖羅倫斯河成為山普倫湖到大西洋的出海口，這重重障礙讓水怪無法來去自如。

直到或除非出現更充分證據的那一天，否則目前我們對於山普倫湖這隻傳說中水怪的任何言論，幾乎只能算是純粹推測與憑空想像罷了。

1-6 大章魚

一九八六年十一月三十日的晚上，兩名來自聖奧古斯汀鎮的年輕人赫伯特‧柯爾斯和鄧翰‧柯立特，在故鄉佛羅里達州安納塔西亞島上的南行腳踏車之旅途中，遭遇了在海洋生物學史上被認為最不足信的一項發現，一起原本引起廣大的動物學家興趣但旋即被駁倒、置之不理，並在嘲弄與指責中被遺忘的事件。

開啟這場混亂的是一具巨大的屍體，龐大的體重讓牠深深地沉入沙裡，讓路過的柯爾斯和柯立特差點沒注意到牠，緊急煞車才及時停下。兩人並沒有進行任何測量的動作，但是他們一眼就曉得這東西肯定比他們以前聽說過的任何生物都大得多。

隔天一位醫生，同時也是「聖奧古斯汀歷史協會與科學院」創辦人的狄威特‧韋伯帶著幾名同事來到現場。這群人初步判斷這隻明顯是幾天前才上岸的生物，體重大約在五百噸左右。肉眼可見的部分經過測量長度為二十三英尺、高四英尺，背後最寬的部位量起來有十八英尺寬。表皮呈淡粉紅色、接近全白，還發出一種銀色的光澤。韋伯醫師認定牠不是鯨魚，只有可能是某種章魚，一隻史無前例的巨大章魚。

接下來的幾天，韋伯醫師和他的助理按照預定計畫回到這片

海灘，並在天氣許可的情況下拍了幾張這具已腐爛、支離破碎的屍體相片。一位助理在單獨前往沙灘時，傳聞他在屍體附近挖掘時發現章魚手臂的碎片。根據一八九七年四月號的《美國自然科學家》雜誌裡的一篇文章：「一隻手臂躺在屍體西邊，有二十三英尺長；另一截也在西邊的手臂約有四英尺長；還有三隻手臂在屍體南邊，從外觀上看來都連接到同一隻最長、量起來超過三十二英尺的手臂，其他兩隻則短了三到五英尺左右。」顯然牠曾經遭到攻擊，在屍體被沖上岸之前就已經被部分肢解了。

不久後一場嚴重的暴風雨侵襲當地，屍體漂流到海上，之後才在南方兩英里處重新浮出水面，已經遠離了顯然只有那位助理看過的那幾隻手臂。

韋伯醫師開始寫信給他認為會對大章魚感興趣的科學家，其中一封日期標註一八九六年十二月八日的信送到了愛迪生・艾莫瑞・維里爾的手中，這位耶魯大學動物學教授最著名的事蹟為他開啟研究一度是傳奇生物、但如今眾所周知的大王魷（即北歐傳說的挪威海怪）的先例。維里爾教授反對韋伯醫師認為那具屍體是隻大章魚的看法；在傳統認知上主張最大的章魚標本不會超過二十五呎。在一八九七年一月號的《美國科學期刊》（*American Journal of Science*）上的一則短評中，維里爾教授提到在安納塔西亞海灘上發現的大王魷殘骸，然而在獲得進一步的資訊後，他也認同了那是隻大章魚的說法。將這些手臂碎片的大小和已知的章魚標本做過比較後，維里爾教授得出一個驚人的估計數值：這隻生物的手臂全長肯定至少有七十五英尺，這代表牠是隻貨真價實的巨獸──徹徹底底的巨無霸生物。儘管韋伯醫師已經完成了所有必要的作業，維里爾教授還是用他自己的名字將這隻新生物取名為「巨章維里爾」。

在此同時，狂風暴雨的天候狀況又再度移動了章魚屍體，當牠總算在第三個地點安定下來後，卻脫落了更多肢體和部位。儘管如此，至少在某段時間內牠還是巨大到讓任何想搬移或抬起牠的人所做的努力均宣告失敗。一八九七年一月十七日，在寫給華盛頓特區國立博物館軟體動物科館長威廉・希利・達爾的信中，韋伯醫師報告他的成功：

「昨天我帶了四匹馬、六個人、三台滑車、一堆厚木板，和一位在現場操作索具的工人，成功地將這隻無脊椎動物從坑裡抬了起來，將牠放在比沙灘這個原本牠躺著的地方高出四十吋、用厚木板釘成的地板上……攤平之後測量牠的寬度是二十一吋，而非十八吋……身體較細長的部位裡面完全沒有器官，而且殘骸裡剩餘的器官都不大，看不太出來牠已經死亡多時，肌肉層似乎全都還在，厚度大約從二、三吋到六吋左右。外皮層的纖維是縱向的，內層則是橫向……看不到尾鰭或任何曾經存在過的痕跡……沒有嘴、頭或眼睛的遺骸，也沒有發現筆或任何類似骨架的跡象。」

韋伯醫師這裡提到的「筆」指的是所有魷魚身上都有的鵝毛筆形狀軟骨組織。沒有骨頭這點照理應該要排除掉任何這具遺骸是隻鯨魚的推測，但我們接下來會發現鯨魚的假設並非完全不可能。

儘管韋伯醫師的大力鼓吹，達爾館長和維里爾教授都沒有親自到現場來檢查這具屍體，他們反而對韋伯醫師上起課來，真的把他當作自己的僕役，要他繼續努力，然後再提供研究資料給他們。但實情很快就明朗化，如果他們沒有決心要成為卓越的科學家，他們會毫不猶豫地漠視這些資料。達爾館長持續將那隻生物稱為「烏賊」（一種類似魷魚以及章魚的頭足綱軟體動物，但是有

十隻觸手和鈣化的內硬殼）。

二月二十三日，在他收到屍體樣本的同一天，維里爾教授擬了兩封撤回聲明的信給《科學》雜誌和《紐約前鋒報》。他表示這具屍體很有可能來自「抹香鯨上半部的頭部和鼻子」。國立博物館的福德瑞克・奧古斯特斯・盧卡斯教授在檢驗過後表示，這些樣本「只是鯨魚的脂肪，不會是別的」，他還強烈抨擊「那些訓練成效普普的檢驗者充滿幻想的眼界」。韋伯醫師在回信中激動地抗議這番言論，但始終沒有收到盧卡斯教授的回應。在他自己這部分，韋伯醫師對這種毫無可能性的解釋則是靜靜地表達出他的懷疑，如同其他幾位頭足綱動物專家一樣，但他們選擇在公眾媒體上發表他們的反對意見。

甚至連維里爾教授都出面駁斥這項鯨魚脂肪的身分確認，不過他倒是從未在公開場合承認過這項言論。就像艾菲斯・海亞・維里爾在一九五二年發表的文章中提到：

「當我父親在研究這些標本時，真的是徹底迷失了方向。上面的肉和任何已知生物完全不像，因為牠既沒有纖維也沒有肌肉組織、神經、血管、肌腱或骨頭……他甚至連猜牠是什麼東西都沒辦法，不過他認為『牠』毫無疑問是某種全然未知的海洋生物身上某一部分。」

在各種說法與歧見對抗不休的同時，巨章維里爾的殘骸逐漸腐爛殆盡，而這場短暫的爭論就這麼被遺忘了六十年。

巨怪爭議再現

一九五七年，佛羅里達海洋世界研究實驗室的館長小佛瑞斯特・伍德無意中發現了一紙關於巨章事件的泛黃剪報。儘管身為章魚研究的權威，他自己卻連聽都沒聽說過這件事。

在好奇心驅使下，伍德展開了一項在不久之後揭露出原來在史密森尼國家自然歷史博物館還保存著這些標本的調查行動。隨後的檢驗工作由佛羅里達大學的章魚專家小喬瑟夫・吉納羅教授著手進行，他的結論是這些樣本「顯示出確切的證據指出這隻聖奧古斯汀海怪確實是隻章魚」。

但是當這兩位教授將他們的發現寫成一系列三篇文章，刊登在一九七一年三月號的《自然歷史》雜誌上後，卻被該雜誌的編輯群評為異想天開，使部分讀者認為這只是一場精心設計的騙局罷了。《華爾街日報》上一篇針對這起事件的回應文章中提到那幾位編輯會這麼做並不意外。怒不可遏的伍德寫了封投訴信到雜誌社，卻被拒絕刊登。而《海洋引證期刊索引》更進一步羞辱，以不正確但明顯蓄意的摘要報導，指出伍德和吉納羅都認為這隻巨怪是隻大王魷。

到了一九八〇年代中期，一項由芝加哥大學生物學家羅依・麥考進行的獨立分析指出：「屍體上的切片組織在本質上是一大塊膠原蛋白，而不是鯨魚的脂肪。我將這些分析結果視為支持，且與狄威特醫師和愛迪生教授對這副巨屍的身分確認一致的象徵，那是隻巨大的頭足綱動物，可能是隻章魚，一隻和目前任何已知物種都無法找出關聯的大章魚。」

幾年後一篇刊登在一九九五年《生物期刊》（*Biological Bulletin*）上的研究文章對吉納羅和羅依的發現提出質疑。從對聖奧古斯汀和百慕達殘骸所做的胺基酸分析中，四位科學家相信他們證明了「沒有任何一具屍體是大章魚或任何無脊椎動物」。聖奧古斯汀的這隻生物，根據他們的判斷，可能是「鯨魚屍體的殘骸，最有可能是整片皮膚」。雖然目前沒有任何已知的方法，不管是自然還是人為，能讓整片皮膚從一隻鯨魚身上完整取下，而百

慕達的屍體組織切片則被判斷是來自其他魚類或鯊魚。即便像對神祕動物學爭議事件通常都抱持著懷疑態度的理查・艾利斯這麼小心謹慎的觀察者，都覺得這種說法叫他難以相信：

「鯊魚或其他魚皮是由鱗片和小齒所組成，而且沒有任何鯊魚或別的魚皮有三英寸的結實厚度。儘管那幾位作者在『破壞了一項廣受喜愛的傳說時』表達出他們『深刻的哀傷』，我們必須斷言這樁謎團仍舊尚未解開，傳說依然還是傳說。」

法國神祕動物學家麥克・雷諾則同時抨擊以團體和個人立場發表的研究言論。對所有出版品而言，《生物期刊》的錯誤多到無法令人認真看待它的內容，而這起事件的決定性解答還有待更深入、更徹底的研究才得以揭曉。

大型神祕海洋生物屍體之謎

一具於一九六〇年八月在塔斯馬尼亞西北方一處偏僻的海灘上發現的屍體，讓人聯想到牠可能和在佛羅里達發現的屍體是同類型的生物，但在這裡的調查工作比起在聖奧古斯汀的生物所受到的待遇明顯笨拙且粗糙了許多，後者的標本沒有被任何一位資格不符的科學家以個人名義進行檢驗。就塔斯馬尼亞的這隻「大型神祕海洋生物」（globaster，由動物學家及超自然現象研究家伊凡・桑德遜命名）而言，是有好幾位科學家去到現場調查，但問題是他們之間的看法互相矛盾，而且在意見上的差異解決之前，或甚至在開始討論之前，所有相關人等都拋下了這項調查各自離去。

農場主人和兩名他雇來趕牲口到市集出售的幫手（牛仔）發現巨怪屍體的傳聞，始終都沒有傳到塔斯馬尼亞州的首府荷伯特，直到幾個月後商人兼業餘自然科學家克朗普贊助一項空中搜

尋屍體的消息曝光為止。搜尋計畫一完成籌備後，一組由四位科學家組成、澳洲聯邦科學暨工業研究院（CSIRO）的動物學家布魯斯‧莫利森率領的團隊，在一九六二年三月初大膽前進到事發現場。之後布魯斯做了這樣的描述：「人總是在尋找某種答案，而你會嘗試著加油添醋，但這一次大可不勞任何人費心了。」

這具屍體確實是夠特別的了：沒有眼睛、看不出來可識別的頭部，也沒有骨頭，牠身上那一層外皮看起來像「奶油般光滑」，摸起來像「彈性十足的橡膠」，而且還「毛茸茸的」。

接下來的一個半星期，全球各大報都以頭版報導這隻塔斯馬尼亞的大型神祕海洋生物，澳洲政府更是被如洪水般湧入的問題所淹沒，甚至連國會都討論起這件事。在面對各界要求答案的巨大壓力下，澳洲政府火速派遣一支動物學家團隊從荷伯特飛到事發現場，展開大規模調查；可是這群人在第二天就打道回府了。

之後官方的調查報告很快就出爐了，一開頭便闡明由於從屍體擱淺在岸上到這次檢驗中間經過了一段不算短的時間：「因此到目前為止我們的研究工作無法明確地辨識出牠的身分，但這次的研究結果讓我們相信這隻所謂的巨怪是從一隻大型海洋生物身上分解下來的部位。牠和鯨魚脂肪並沒有不一致的地方。」澳洲總理老約翰‧高頓在接到這份報告的同一天，立刻通知平面媒體：「你們所說的巨怪是一堆從鯨魚身上脫落的腐爛脂肪。」

但莫利森對這項結論並不表贊同，而發現這隻大型神祕海洋生物的其中一位牛仔傑克‧布提也持相同的看法。他說：「他們必須說那並不是什麼特別的生物，好掩蓋他們以前從沒接觸過這種東西的事實……他們到得太晚、動作太慢了，等他們到達現場時，那東西早就腐爛了。在我看來那東西可不是鯨魚或鯨魚身上的某個部位。」莫利森表示他採集到的樣本在分析之後「依舊無

法辨識」，而塔斯馬尼亞大學的動物學家克拉克則認為這生物可能是隻「大魟魚」，他還聲明：「那顯然不是隻鯨魚。」

可惜的是，沒有任何一項實驗室分析，包括那些據說支持鯨魚假設以及反對這項說法的實驗結果，曾經公開發表在任何媒體上，整起事件就在相互駁斥的爭論以及含糊不清的說法下落幕。

或許這些爭議可以在一九七〇年獲得一個圓滿的解決，當時又有另一隻大型神祕海洋生物被沖上塔斯馬尼亞島西北方大致相同的海灘上。諷刺的是，這次發現牠的又是那位發現第一具屍體的農場主人——班·芬頓。對於十年前自己被當作冷嘲熱諷的笑柄這件不堪回首的往事，他記得太清楚了，班對他又發現的這種東西感到極度不悅。他對一位當地報社的記者說：「你最好小心點，別說是我把牠叫作巨怪。我不知道牠是什麼東西，我也沒有妄加猜測——經過上次之後我才不這麼幹。」

這次非但沒有蜂擁而至的科學家，連猶豫躊躇、姍姍來遲的調查員也沒有。

一九六五年三月，一隻大型神祕海洋生物出現在紐西蘭北島東海岸的穆里懷海灘上。根據報紙的描述，牠有三十七英尺長、八英尺高，還毛茸茸的。報上更引用了奧克蘭大學動物學家摩頓的話：「我想像不到任何和牠相似的生物。」除此之外，在大眾媒體或科學刊物上就再也沒有出現過進一步的詳細報導。一九八八年五月又有另一隻大型神祕海洋生物被沖上百慕達紅樹林灣的沙灘上。這次採集到的樣本被送到實驗室，但分析結果也始終未曾公開過。發現這隻生物的男子，漁夫兼尋寶獵人，泰迪·塔克形容牠：「身體有二到三英尺厚……很白而且呈纖維狀……有五或六隻手臂，身上沒有骨頭或軟骨組織，但是牠的肉卻極度堅硬，連用鋒利的小刀都很難切開。」塔克估計牠大約有一噸重。

國際神祕動物學協會的理查‧格倫威爾在檢視這幾起案例時觀察到，那些描述——包括照片——在所有案例中都極為類似。所有屍體都被形容為堅硬而極難切割、通常都是無臭無味，而且非常「多纖維」，這點經常被形容成「毛茸茸」。而且讓人好奇的是，似乎所有屍體多少都有專家會認為它們無法辨識。

其他傳出被沖刷上岸的大型神祕海洋生物地點則遠達俄羅斯、南非和蘇格蘭等地。例如在蘇格蘭的這一例，發生在一九九二年某個假日的蘇格蘭西島上，年輕女子蘭妮‧路薏絲‧惠茲還站在這具她發現的巨獸屍體上合照。但隔天當她再回到現場時，這具屍體已經消失了，很顯然潮汐已經把牠帶回大海去了。

最近一次的大型神祕海洋生物事件發生在一九九七年末塔斯馬尼亞島的「四哩海灘」，根據《倫敦每日郵報》（一九九八年一月九日）的報導，科學家對這隻生物進行了 DNA 測試，但直到目前為止檢驗結果始終沒有公布。

直到出現更多事證與真相，否則我們無法斷言這些大型神祕海洋生物和聖奧古斯汀巨怪都代表了同一種生物，或是說這隻生物就是隻巨章。無論如何，至少這點可能性是存在的。

1-7 挪威海怪

一八六一年十一月三十日，法國砲艇「艾克頓」號在巡航至北非外海的加納利群島附近時，意外遭遇一隻巨大無比的海怪。水兵們試圖將牠活捉，但海怪迅速游離現場，連步槍和砲彈都阻擋不了牠。在一陣緊追不捨的努力下，船艦總算靠近到足以向海怪身上投擲魚叉的距離。接下來由船上拋下的絞繩圍繞在巨怪四周，但繩索一直滑落，好不容易才綁在背鰭上。當船員們奮力想把牠拉上船時，海怪的身體突然掙脫束縛。除了一小塊尾巴上了

這張插圖描繪的是法國砲艇「艾克頓」號上的船員在 1861 年 11 月 30 日試圖活捉大王魷的景象。
© Fortean Picture Library

船以外，海怪遁入水中消失無蹤。

一登上西班牙的特內里費島後，「艾克頓」號船長立即向法國領事通報，向他展示那塊尾巴的樣本。船長同時提出的那份正式報告還在十二月三十日的法國國家科學院會議上被當眾朗讀，其中一位院士亞瑟‧曼京代表院方發布一致性的回應。他注意到沒有「智者」（特別是科學工作者）會「同意將那些提到像是大海蛇和大王魷等異常生物的故事歸入某種類別，這些生物的存在會是……一種與對生命萬物以及無生命的物質界具有至高統治權的和諧與平衡的偉大法則相牴觸的說法。」

簡單說就是這些船員不是在說謊，就是出現幻覺。當然，這種指控並不會讓人太驚訝；這是對那些聲稱親眼目睹無法為世人接受的異常現象的目擊者的標準指控。可是，在這起案例中，這些目擊者遭遇這隻詭異又真實的生物時的不愉快經驗卻持續了好幾年，直到牠的存在普遍為世人接受為止。他們看見的是隻大王魷──而且是隻體型相當標準的大王魷，從牠的尾巴尖端量到八隻觸手尾端大約有二十四英尺長（魷魚也有兩隻比觸手都還長的觸角，但「艾克頓」號遇上的這隻並沒有發現觸手，可能是因為牠之前受過傷。當船員們對牠展開攻擊時，牠可能已經快死了）。

比這隻還大上許多的魷魚存在是已知的事實，但是那些更大上好幾倍的品種是否存在就讓人懷疑了。

北海的傳奇海怪——挪威海怪（Kraken），首見於畢爾根主教艾力克・彭托皮丹的經典動物學著作《挪威自然史》（一七五二／一七五三）中。彭托皮丹將牠的尺寸膨脹到相當誇張的地步（周邊大約長一英里半，有人說還不只這個數字），並宣稱牠的觸手可以拉下「最大艘的戰艦……直接拖到海底」，但在其他方面他對於大王魷的描述則是相當正確。或許他將證明大王魷存在事實的文字，放在與為人魚的真實性辯護的同一章中的舉動，對在科學知識分子之間提升牠的名聲並沒有任何好處。

有個問題是遭遇大王魷的事件在傳入受過教育的聽眾耳中之前，都是透過民間語言流傳而有憑空想像之嫌，而大多數這些精英聽眾並不會想到這些傳言是來自不同經歷的各種民間說法。因此，當一六七三年十月傳出有隻擱淺在愛爾蘭丁格爾灣的大王魷遭到屠殺的報導刊登在當時的單面大型報紙上時，並沒有吸引太多人的注意：

「不久之前一隻自願擱淺在海灘上的怪魚或是巨獸的不可思議生物，被當時獨自在丁格爾灣港口附近騎馬的詹姆斯・史都華所宰殺。這隻生物據說有兩顆頭和十隻角，在其中八隻角上有大約八百顆鈕釦，就像那些皇冠上的裝飾品一樣。每隻角上都有一副牙齒，據說牠的身體比一匹馬還大，角有十九英尺長，較大的那顆頭上有兩隻巨大的眼睛和底下連接著的這十隻角，較小的那顆頭帶有一張怪異的嘴，裡面還有兩根舌頭。」

當然，魷魚都只有一個頭。那顆「小頭」是虹管，將水一抽一排讓魷魚前進的器官。那些「角」是八隻觸手和二隻觸角，而那些「鈕釦」則是觸手上的齒狀吸盤。

十九世紀時丹麥籍的喬漢‧賈佩圖斯‧史汀楚普是第一位對挪威海怪展開系統性研究的動物學家，他從文獻研究中發現了早在一六三九年，在冰島海灘上就有巨魷擱淺的紀錄。他也收集了好幾件標本的實體證據，還以此爲主題在一八四七年的斯堪地納維亞自然科學家協會開了一門課。他的努力在當時沒有產生太大作用，但是在六年之後史汀楚普收到了來自一隻剛被衝上丹麥日德蘭半島海灘上的生物身上的咽部和喙部；牠的其他部位已經依照當地漁夫的習慣被切成碎片，當作魚餌使用。史汀楚普在一八五七年發表了一篇文章，爲這類生物定名，也就是至今眾所皆知的大王魷（學名 Architeuthis）。

然而他的研究工作持續遭受忽視，而當時的科學家之間對他的懷疑根深柢固到甚至連「艾克頓」號船員的集體見證都被嗤之爲無稽之談。動物學教科書也無視史汀楚普發現的新生物，直到一八七〇年起在加拿大的紐芬蘭及拉布拉多省多處海灘上發現了一連串的擱淺生物後，吸引了一群持開放態度的科學家，包括《美國自然科學家》的編輯帕卡德到當地進行深入調查。到了一八七三年十月，泰奧菲‧皮卡特這名漁夫和他兒子在紐芬蘭省靠近聖約翰市的大貝爾島海邊解開一隻他們發現被觸角纏住的大王魷。事後皮卡特向加拿大地理委員會的研究人員亞歷山大‧莫瑞表示，那隻被切斷的觸角有十英尺長，這表示原始長度可能長達三十五英尺。皮卡特宣稱這是一隻巨大無比的海怪：約有六十英尺長，五到十英尺寬。

最龐大的生物？

此後的幾十年來，關於大王魷的爭議焦點早已不集中在那些關於牠們眞實存在的問與答上。然而有許多問題至今仍舊沒有答

案——例如關於牠們吃些什麼、棲息地何在，以及如何繁殖等一些根本性的問題等，只有極少數人提得出他們的見解。此外，不知為何始終都沒有人捕獲過任何活標本供長期科學觀察之用，但在這些未解之謎中最讓人感興趣的是，大王魷究竟可以長到多巨大？

在本節的討論中，讀者必需知道抹香鯨是大王魷的天敵。在法蘭克・布倫的《抹香鯨寰宇記》（*The Cruise of the Cachalot*，一九二四年出版）中，提到了一場這兩種海洋巨無霸間罕見的對抗。根據書中的記載，這場戰役發生在一八七五年的某個夜裡，地點在麻六甲海峽的入海口：

「就在皎潔月光照射下最明亮的那片海上，我感覺到有種猛烈的騷動……我拿起掛在一旁隨時備用的夜間望遠鏡，從客艙的舷窗口向外望去，看見一隻巨型抹香鯨正陷入和一隻幾乎和牠一樣巨大的烏賊或魷魚的纏鬥中，後者身上那無法想像長度的觸角纏繞住抹香鯨的整個龐大身軀。尤其是鯨魚的頭部看起來更像爬滿盤根錯節觸手的毛線球——我想，這是當然的，因為抹香鯨咬在嘴裡的正是那隻軟體動物的尾巴一角，牠正用一種專業、有條不紊的方式要鋸穿牠的身體。巨無霸魷魚的頭出現在鯨魚黑色圓柱般頭部旁邊，那恐怖的模樣活像任何人心中最深層的恐懼活了過來似的。在盡可能地仔細觀察後，我判斷巨魷的頭至少和容量多達三百五十加侖、最大的酒桶一樣大；但事實上很有可能的是，牠比這『小』酒桶來得大多了。漆黑的巨眼相當顯著，和蒼白的頭部形成了強烈對比，再加上牠的眼睛直徑至少有一英尺，這些都讓巨魷的外觀和妖精般詭異的眼神更顯得怵目驚心。」

即使沒有如此驚人的目擊證詞（必須要提到的一點是有些人不相信這項說詞；海洋學家理查・艾利斯將布倫形容為：「挺不

賴的……在捏造虛構故事這方面」），還是可以從以下的兩項發現中推斷出魷魚和鯨魚間的爭戰不止：出現在鯨魚胃裡和嘔吐物中的魷魚殘骸，以及鯨魚身上的吸盤傷痕。而這兩項證據都指出魷魚的體型大到我們無法想像的地步。

科學上記載的最大型標本發現於一八八○年的紐西蘭海灘上，測量長度約有六十五英尺。「在這驚人的長度上最值得注意的一段，大約有十到十二公尺，是由觸角所組成，在這隻已死亡的魷魚身上還保有明顯的彈性，可以輕易拉長，」兩名保守派的科學界權威寫道：「一般人認爲從所有其他魷魚身上的觸角量出來的長度總是不精準。」但是假如我們將這隻紐西蘭魷魚看成目前已知的最大尺寸，還是有許多目擊八十到九十英尺長巨魷的傳言出現。

儘管這些巨無霸魷魚的目擊事件極爲稀少，而且文獻上的紀錄也頗不起眼，卻有爲數眾多的捕鯨者作證說他們在抹香鯨垂死掙扎時所吐出的穢物中，看過一些頗不可思議的東西。例如布倫就宣稱他親眼看過「烏賊的大片屍塊──像是觸角或觸手──和一名壯漢的身體一樣厚，上面還有六到七個吸盤。它們全都跟餐盤一樣大，在內側的邊緣上長滿了鉤或爪之類的物體，不但像針一樣尖銳，連形狀和大小幾乎都和老虎身上的一模一樣。」

如果布倫的故事千眞萬確，那頭巨魷肯定大到無法想像的地步。神祕動物學的建立者伯納德‧霍伊維爾曼強調「最大的吸盤直徑是身體加上頭部長度的百分之一」，而且差異在百分之十以內。很顯然在這一點上，布倫和霍伊維爾其中有人的說法是錯誤的。

但或者也有可能誰都沒弄錯，而這又使我們必須檢視第二項爭議點：鯨魚身上的吸盤傷痕。沒有人對這些大王魷在牠們英勇

但注定失敗的對抗中，留在要吞掉牠們的鯨魚身上的瘢疤提出質疑，這些傷口一直讓科學家找不出個令人滿意的解釋，直到他們確認了挪威海怪的真實身分為止。然而有部分直徑長達十八英寸、也有僅僅二到三英寸長的傷疤的事實，不但在尺寸上產生顯著的矛盾，更是讓人丈二金剛摸不著頭腦。

保守的頭足綱動物專家——專研魷魚、烏賊和章魚的動物專家——克萊德·羅伯和肯尼斯·博斯主張：「因為傷疤會隨著鯨魚的成長而變大，用來當作判定魷魚大小的證據是不可靠的，除非能證明那是最近留下的傷口。」而近代的激進動物學作家，包括伯納德·霍伊維爾曼、威利·雷伊和伊凡·桑德遜都反對這項說法。霍伊維爾曼引鯨魚研究為證指出：「在母鯨身上幾乎沒看過這種傷疤……幼鯨會受到保護而不遭到這種巨無霸的攻擊，而且牠們一旦受到攻擊，幾乎都沒有存活的機會。」這也就是說，挪威海怪只會攻擊成年的公抹香鯨。

無論如何，關於在鯨魚胃裡發現異常魷魚殘骸的證詞始終不曾匱乏，包括一位船長發現的一隻四十五英尺長、二英寸半厚的觸角或觸手，而其他多數人所提到的則多半介於二十五到三十五英尺之間。儘管一般人認為這些報導的消息來源可信度極高，但是在發現樣本並送進實驗室之前，爭議將不會有結束的一天。

只在極少數的情況下出現過的大王魷魚，很顯然都躲在中到深海域裡度過牠短暫的大半輩子（那些擱淺事件明顯是生病的魷魚死亡後浮上水面，再被海浪沖刷到岸上）。對海洋深處的系統化科學勘測才剛起步不久——根據某項非正式的估計指出，目前只研究到其中的千分之一——至今就已發現許多異常和預料之外的動物，還有更多同樣離奇的生物在等著被發現。其中幾位參與這項研究的科學家特別希望能看見挪威海怪的蹤影。他們還認為，

就像《紐約時報》的文章中提到的：「還有其他甚至比巨大的『大王魷』更大、更詭異的生物。」這些生物存在於深海底不只是可能，而且還是會成為事實的可能。

1-8 各地湖怪傳說

一八九二年七月二十二日，當兩名男孩在日內瓦湖[2]南岸附近以拉餌釣鱸魚時，一隻類似蛇的奇怪生物從距離他們二十到三十碼遠的水中緩緩浮起牠的頭，讓他們嚇了一大跳。怪獸張開大嘴，露出好幾排尖銳、倒勾般的利牙，惡狠狠地直瞪著那兩個被嚇壞的男孩。之後牠開始朝他們游過去，這兩個真的被嚇到雙腿發麻的男孩連動也動不了。

幸運的是水怪在距離他們只剩幾英尺的時候，突然轉身離開。當牠往湖心游去時，兩人這才可以看到牠至少有一百英尺長、三英尺寬的體型。「最近一次被目擊出現時，」《芝加哥論壇報》在兩天後報導了這則消息，「大水蛇還是先讓頭部浮出水面，然後緩緩地游往凱葉公園方向的湖區。」

一九六八年二月二十二日晚上七點鐘，農夫史蒂芬．柯伊尼到納胡因湖——沿著康尼馬拉區的幾個小湖群之一——附近的乾沼澤地去，和他同行的是他八歲的兒子和他們家的狗。剛走到沼澤地時，柯伊尼注意到水裡有個黑影，還以為那是他們的狗。但是當他吹口哨示意牠過來時，狗竟然從別的地方跑了出來。牠一看到水裡的黑影就停了下來，開始瞪著它。

結果那個黑影原來是隻長了顆竹竿頭（看不見眼睛）的怪異生物，細長頭部底下的脖子直徑約有一英尺。牠在水中漫無方向地游著，偶爾還把頭和脖子伸進水底。牠每做一次這個動作，背上兩塊隆起的背脊便映入眼簾，有時還看得見牠扁平的尾巴。有

一次看見尾巴出現在頭部附近，這表示水怪的身體又長又柔韌。牠的表皮是黑色的，光滑而無毛，看起來至少有十二英尺長。

有一度牠似乎被狗吠聲激怒了，齜牙咧嘴地朝岸上那家人游過去。史蒂芬趨前保護他們的狗，水怪見狀便退了回去，恢復先前牠那一派輕鬆、漫無目標的水中動作。不久後這對父子有了柯伊尼家其他五位成員趕來作伴，水怪的一舉一動依舊清楚可見，有時候和他們近到只有五、六碼的距離。當黑夜降臨時水怪依舊沒有離開，反而是柯伊尼一家人決定先行回家。

這兩則故事，第一則來自威斯康辛州，第二則發生在愛爾蘭的戈爾韋郡，都與湖怪傳聞有關，不脫俗套的騙人把戲和出人意料的高可信度兼具。日內瓦湖的那則故事，很顯然是一起十九世紀的報紙所捏造的騙局；儘管《芝加哥論壇報》的報導以極興奮的語氣提到「超過上千人……湧向日內瓦湖岸邊」，但對於當代其他傳出同樣事件的消息來源卻隻字不提。看過十九世紀美國報紙的讀者都會認得這種不可思議，但卻因為本身的性質而沒有事實證明的報導。

至於柯伊尼家族的目擊物，不管牠可能是哪種生物，就不是報紙開的玩笑。這起事件傳出後不久，就有一組資深的神祕動物學調查員，包括芝加哥大學的生物學家羅依‧麥考，前來訪問這一大一小兩位目擊者，這對父子的真誠讓調查員覺得他們沒有說謊的可能。幾個月後，當調查隊試圖在這座小湖（長一百碼、寬八十碼）以打撈方式來捕獲這隻生物卻屢屢宣告失敗之後，他們遇見了一位當地居民湯馬斯‧康奈利。他也在九月看過同一隻或類似的生物，當時牠正從岸上往水裡跳。調查隊還打聽到在西愛爾蘭的這塊偏遠地區的其他湖泊也有類似的傳聞。

在類似這幾起的案例中，例如柯伊尼家族宣稱他們看見的那

隻生物，幾乎不可能是誤認和錯判的情形。即使到了現代，關於湖怪的傳聞依舊甚囂塵上，而許多目擊事件不是模糊難辨、沒有說服力，就是看似有理、實則穿鑿附會的傳言。其中有幾則描述得最詳盡的報導（還附有照片），則是眾人皆知或被懷疑的虛構故事。不過，也不見得全都是假造的就是了。

魔法世界和共約現實中的怪物

對任何想從神話故事和民間傳說中擷取一些動物學蛛絲馬跡的現代研究員而言，這些歷史悠久且普遍存在於世界各地的大型淡水「怪獸」傳說是一點用處也沒有。如果我們相信當代的說法，我們的祖先所生活的是一個不但最不可思議、最詭異的生物可能存在，甚至還常被「看見」的魔法世界，當然只有最魯莽的人才會這麼想。中古世紀和更早期的湖怪有各種各樣的稱號——大蛇怪、龍、水馬③，以及其他不勝枚舉的別名——和其他超自然實體一起共同生活在水中和陸地上。

如果今天有人看見湖怪的話，想必在以前也會有人看過牠們。但是除非有人自願沉溺於中古世紀的迷信觀念，就像二十世紀尼斯湖水怪獵人兼編年史家哈勒戴一樣（他直到死前始終宣稱這些生物其實是最具傳說色彩的龍，一股宇宙間最深奧的邪惡力量），否則大多數人都被迫將他／她的注意力局限在較接近現代的目擊事件——至少在前兩個世紀內。

然而現代作家在談到湖怪此一議題時，總是禁不住將現代的傳聞，特別是蘇格蘭和愛爾蘭那些水怪出沒頻繁的大小湖泊，與早期的「水馬」傳說聯想在一起。隨著湖怪的爭議不休，這些超自然的觀點，讀過那些典籍後會發現它們實為無稽之談，掩蓋了這些真實而不尋常的水生動物的存在事實，但是這種聯想完全無

法獲得證實。

湖怪的報導和水馬傳說間的交集（沒有交集的例外極罕見，例如底下提到的杜瓦湖傳聞）主要有兩點：兩者都與淡水有關，以及前者常被指為有個像馬一樣的頭。除了這兩點以外，水馬（在蘇格蘭高地則被稱為「凱爾派」④）則是另一個全然不同的實體：這種危險的變形精靈不是以男子的模樣出現，從黑暗中跳到落單旅人的背後，讓他們驚嚇——像是開一種特別的黑色幽默玩笑——或攻擊至死，就是變成一匹駿馬，先鬆懈旅人的戒心、讓他們騎到自己背上後，再衝進最近的湖泊溺死他們。

儘管水馬的故事在民間傳說中廣為流傳，基於牠們的外觀和習性容易被視為謠言和民間故事，一般人很難目擊牠們的存在。來自蘇格蘭西蘇瑟蘭區阿克尼斯郡的瑪莉・福克納經歷了這則極罕見的目擊事件，時間是一九三八年的某個夏日午後。當時她和一位友人在賈傑畢格湖附近散步，發現湖邊有十三隻小馬正在吃草。手上提了滿滿一袋野味的瑪莉認為其中一匹看起來像是她鄰居家裡養的白馬，於是她決定借牠一用，幫她負載手上的重物走完回到萊康尼克的路。

但是她靠近牠們之後，瑪莉發現牠太高大了，不像是她朋友家的馬。當她看到幾根水草糾結在牠的鬃毛時，她立刻就知道牠是匹水馬。就在這時牠和其他十二個同伴快速衝向湖中，沉入水底消失了蹤影。根據民間傳說研究者麥當勞・羅伯森表示：「她的友人證實她的故事句句為真。」

難道認為水馬確實存在的想法是基於像這一起的「目擊事件」嗎？因為，正如本書所提到的，人們「看見」過各式各樣不可能存在的生物，這既不是個無關緊要的小問題，也和另一個問題無關：現代那些更「科學」的湖怪影像與現今的「目擊事件」間有

何關聯？談論到這項關係時，另一位民間傳說研究者麥克‧穆爾格寫出了湖怪在文明上的進化史：「最早的神話怪獸身分已經逐漸被僞裝的事實性以意識形態的外殼所遮蓋，這層堅硬的外殼抗拒了所有批判性的調查，因爲在歐洲人（理性主義者）的心中早已有新一代的怪獸取代了牠們。」

對異常生物如湖怪等的科學研究才剛起步不久，而這門不太受到敬重的事業現在甚至更苦於傳說中的異常生物不配稱爲參考資料的問題。只有極少數科學家甘冒敗壞名譽和生涯的風險，將自己貼上「怪物獵人」的封號，而且不管他們獲頒多少證書的殊榮，持異端邪說者通常都和科學研究所需的基金來源無緣。因此可以肯定的是，關於湖怪的消息是少之又少。由於這問題本身就被視爲不合邏輯，能提供我們一個肯定答案的資訊更不可得。

如此一來，我們所知的一切關於這些生物的早期普遍觀念全都來自民間傳說研究者之口，而他們卻沒有義務去收集各種傳聞的證據並評估它們的可信度，再將它們列入紀錄保存。民間傳說研究者只是將故事，即使是那些被當作第一人稱的證詞，都當作故事來紀錄，一旦完成後便闔上筆記本，不再動筆。他們大多數也都含蓄地排斥超自然甚至只是異於尋常的證據。正如這類抱持「懷疑傳統」態度的學院派評論家大衛‧哈佛德所寫過的一樣，因爲一般人認爲「超自然信仰的起源以及支持力量來自於各形各色的錯誤……研究計劃一開始的問題便是：『爲什麼有人以及他們是如何讓自己相信那些顯然是虛構的事？』……這類觀點自有其用處，但……在最根本的意涵上這是一種種族優越感。這需要相當程度的知識，而且他們認爲那只是『事情應有的樣子』，而不是一種文化產物。這句話總是一再被重複：『我知道的就是我知道的，而你知道的只是你相信的而已。』」

從一位民間傳說研究者口中，而不是科學（亦非神祕動物或異常心理學）研究員，所得知的關於瑪莉這起遭遇的紀錄中，我們只被告知她有位匿名友人作伴，而這位友人「證實她的故事句句為真」。對任何想知道當天下午如果真的發生了些什麼事的人而言，這句平淡無奇的陳述完全無法滿足。而且當羅伯森又接著提到「瑪莉・福克納在當地是著名的『預言家』」時，這是否又意味著瑪莉能夠預先宣告令人驚奇的超自然現象，或者她只是表現出自己高度的想像力而已？

會讓人更好奇的是這起發生在一八九七年六月五日，由艾倫・麥當勞神父，這位跨越十八和十九世紀的民間傳說研究者，從某位蘇格蘭高地居民口中得知的傳聞。麥當勞寫道：

「年約五十、住在艾瑞斯凱山谷布納穆林村的史凱族人尤恩・麥克米蘭，告訴我在四年前的五月底或是六月初的某個晚上，他在九點或十點左右出門去找他的一對母馬和小馬。他走到杜瓦湖（在艾瑞斯凱山谷）去找牠們，當晚湖區附近籠罩著一層薄霧。他經過西邊時看見同村的約翰・坎貝爾以及鄧肯・畢格・麥金尼斯家養的兩匹馬也在那邊。然後他走到湖的北邊時看見前面一匹他認為是自家的母馬，便走上前去。因為霧的關係，儘管尤恩來到只有二十碼的距離，還是看不清楚牠的毛色，但是從體型判斷牠和一般的艾瑞斯凱馬沒有兩樣。當他再走近時，牠突然發出一陣恐怖的鬼叫聲……不只嚇壞了麥克米蘭，連在湖西吃草的馬群也受到驚嚇而拔腿狂奔。麥克米蘭連同那幾匹馬一路跑回家才停了下來，而這些馬除了偶爾出於自願以外，向來都沒有回家的習性。」

這隻「野獸」甚至有可能是隻海豹，不過這在夜霧瀰漫下匆匆一瞥而過的黑暗身影，所現出的令人惶恐不安的奇獸影像，會

讓人引發諸多想像以及無法滿足的好奇心。當然，這類型的事件都和水馬傳說，也至少和某些湖怪「目擊事件」脫不了關係，而尤恩・麥克米蘭的故事則是相當少數和兩者都沾上邊的案例。在這起事件中水馬和湖怪合而為一，即使目擊事件的主角可能兩者皆非。

然而，儘管關於這些身分不明的巨型生物（而不是稱為超自然界的怪獸）的報導在十九世紀時被提出來認真地討論，卻沒有引起任何人注意。一八五六年三月，《倫敦時報》重新刊登了底下這則《因弗尼斯報》（一個位於尼斯湖北邊的蘇格蘭城市）的報導：

「出現在高地的大海蛇──位於路易斯島（蘇格蘭西北方外的赫布里底群島之一）上的湖區附近的盧爾伯斯村──成為當地目前流傳的異常現象。從牠的外觀上來看，根據牠巨大的體型，島上的自然科學家一眼就看出牠不屬於一種內陸的淡水湖生物。有人推測牠是神話中的凱爾派，也有其他人認為牠是縮小版的『大海蛇』，一種三不五時會重新出現在報紙版面上的生物。最近這兩個禮拜以來已經有無數群眾多次看見牠的出現，其他還包括許多專程從各個偏遠地區趕來目睹此一罕見奇觀的好奇民眾。有人形容怪獸的外觀和體型像『一堆龐大的泥炭』，其他人則宣稱在牠偶爾出現的巨鰭（背脊？）之間的身軀大約是艘『六槳大船』這麼大。不過所有目擊者都同意的一點是它的外型就像隻鰻魚；而根據本報獲得的一項可靠消息來源指出，牠的體長大約有四十英尺。很有可能這隻巨怪只是隻海鰻，這種生物曾經在高地的湖泊中被捕獲過，而且長得頗為龐大。根據最新傳聞牠吞下了一條牧羊女童無意間留在湖邊的毯子，而一位喜好打獵的民眾則帶著來福槍躲在湖邊一整天，希望能捕到這隻獵物，然而他卻以未發一

槍作收。」

一八九八年，彼得‧歐爾森這位對海洋生物特別感興趣的高中生物老師，對在瑞典中部的史托索湖傳出的異常動物傳聞展開調查。在他收集的目擊傳聞中最早可以回溯到一八二〇年，然而讓人印象最深刻的卻是最近的一則。一八九三年十月的某個早上，兩位分別為二十一歲和十八歲的年輕女子到湖邊洗衣服時，看見一個物體從湖中快速向她們游近。接下來的一個半小時，她們就這麼看著牠持續升起後又降入水中。

她們說這隻生物有著閃亮的灰色皮膚，身上還有黑斑，肩膀附近的鰭比在身體後面的還小一點。又大又圓的頭長寬各為三英尺，上面有圓大的眼睛和看起來像修剪過的小耳朵，舌頭以一定的間隔從寬大的嘴中彈出。牠的頸部有八、九英尺長，連接著的身體約莫有十四英尺長。

一八九四年，一位富有的婦人出資成立一間公司來捉捕這隻生物，據說連國王奧斯卡二世都曾贊助過狩獵行動，但是徒勞無功。一隊挪威捕鯨者在史托索湖花了一年的時間卻什麼也沒發現，很快地這間公司便宣告破產而倒閉。

不過當地民眾卻陸續傳出目擊這隻生物的傳聞，一八九八年更是目擊事件的高峰。彼得‧歐爾森最後提出的結論是：這隻生物是隻巨型的長頸海豹。

而這並不是棲息在史托索湖的神祕生物（群）的最後一員，牠（們）的近親依舊偶爾在世人面前露臉，不過最近幾十年來大多都發生在瑞典另一個湖泊塞約斯瓦騰湖，「海馬」出現的傳聞至少從一七五〇年開始以來就沒間斷過。

轉型中的湖怪

如果有可信的目擊事件和透過器材取得的有力以及相片證據的話，主張大型未知生物可能生活在世界各地的淡水水域將是普遍可被接受的論點。但是二十世紀廣爲流傳的湖怪形象卻是像蛇頸龍的長頸生物，而十九世紀關於這些生物的傳聞只存在於垂垂老矣的目擊者，而且通常都是幾十年後回顧這段經歷時的證詞。（值得注意的是，在十九世紀熱烈討論過大海蛇身分的部分人士都認爲這些目擊事件的主角生物最有可能是蛇頸龍。而伯納德‧霍伊維爾曼卻指出了重要的差異處：比起那些大海蛇傳言中所描述的生物特徵，蛇頸龍的脖子較短，尾巴則較長。換句話說就是，可以想像得到在這幾千萬年間的陸續進化之後，蛇頸龍的外觀可能有所改變。）

近代以前的淡水水怪通常都是大水蛇，棲息地不但不完全都在水中，而且經常都相當危險。例如，根據一六三六年一位挪威神職人員尼可拉斯‧葛拉米斯所做的紀錄：「在上次的洪水期間，有條大水蛇從河裡游進海洋；之前牠一直棲息在莫袞斯和布蘭斯河裡。牠從後者的岸上游出，橫越過田野。目擊民眾看見牠像根長桅桿一樣地移動，所有行進路線上的東西都被牠撞翻，甚至包括樹木和小屋。」

挪威人相信水怪會待在湖裡，直到牠們長大到無法繼續在那裡生存爲止；然後移到大海。認爲這些生物是巨鰻的說法並非完全不可能，因爲鰻魚據知會經由陸地遷移長達二十英里的距離。

除了在生物習性上或多或少的合理性描述、以及少部分足供辨識的這些報導外，大多數早期傳聞中的湖怪似乎純屬神話中的想像生物，可信度比起在天上飛的龍的傳說沒高出多少。

在較接近現代、例如發生在一八九〇年代的威斯康辛州幾起

目擊事件中，水怪被描述成十到二十英尺長的蛇狀生物，而上下起伏的移動方式則是蛇類所不能的。這些傳聞多半來自那段時期在當地報紙上只提到隻字片語的報導，卻都有種如假包換的真實性光環（或許它們喚起了人們對於開啟這類議題、但鮮少人相信的日內瓦湖奇談的記憶），也和羅依以及其他在神祕動物學領域上有所開創的科學家所做的假設一致：多數湖怪都是一種身體細長如蛇的遠古鯨類，械齒鯨。

另一方面，神話中想像的淡水龍浮出水面的時間最晚可追溯到一九四六年十月八日，地點在加拿大亞伯達省洛磯山屋（國家歷史保留區）附近的清水河。農夫羅伯特‧佛畢斯宣稱他看見一隻全身長滿鱗片的巨獸，露出火紅的雙眼和閃亮的長利牙，頭上還長了根角。怪獸從水中冒出，龐大的體型足夠一口吞下一隻剛好在河邊吃草的小牛。

二十世紀的湖怪

而且，全加拿大的湖怪和河怪——最著名的就是奧哥波哥，來自英屬哥倫比亞的奧肯諾根湖——特徵都讓人詫異，而且與械齒鯨相似的程度高到讓人咋舌。偶爾針對傳出湖怪事件的特定湖泊所進行的科學探索，通常都以對目擊者的證詞做出正面評價作收，這些證據明顯不夠強力，但永遠無法輕易排除它們。加拿大境內的大小河流最終匯流在海岸線的出海口，或許是這些假設上的大型海生動物的絕佳出入口。

海市蜃樓、巨魚、巨龜、海豹與海獅、浮木和荒誕不經的故事等等，提供了北美洲其他目擊事件的合理解釋。當代記錄最翔實、可信度最高的北美湖怪是山普倫湖的山普，對牠的嚴肅認真的科學調查不但依舊持續中，也有相當清楚而且可能為真的照片

佐證，照片中的生物在外型上比較接近蛇頸龍，而不像械齒鯨。

　　然而將山普視爲蛇頸龍的說法顯然是二十世紀才有的觀念，十九世紀的報紙經常引用蛇頸龍作爲證據指出山普不是新品種的生物，與現在的看法完全相反；多數目擊傳聞都帶有想像色彩，然而所有的描述都會提到巨蛇般的野獸，有時候還有哺乳動物的特徵出現。就這僅僅是全然想像的結果，或是一種將許多不同類型的生物都歸納爲單一尼斯湖水怪型的蛇頸龍的失敗企圖來看，很顯然山普是有點虛構成分。

　　目擊湖怪的傳聞全世界都有，但只有零星幾則事件被列入紀

有種說法是山普倫湖和尼斯湖的水怪都是如此圖所繪的蛇頸龍。© Fortean Picture Library

錄。一張列出地球上據稱有水怪蹤跡的湖泊清單——約莫三百座——出現在一九七九年春天出刊的《寰宇探索》（*Pursuit*）雜誌上，可想而知的是實際數字會比這還來得多些。在加上許多列在清單上的湖泊之所以能上榜，應該要歸功於十九世紀的報紙上那些含糊其詞的報導以及開先例的荒謬故事；因此這個數字值得懷疑。

除了北美洲和大不列顛群島之外，大多數的嚴肅調查行動都集中在斯堪地納維亞半島，特別是挪威境內的湖泊上。而儘管部分目擊者的證詞看似可信且讓人印象深刻，但這些調查都以不確定的結果告終。就透過器材取得的證據而言，大多發源於在尼斯湖從一九三〇年持續至今的研究調查，影片、照片和聲納追蹤讓尼西聲名大噪，進而證實了在這座蘇格蘭最著名的湖泊中的確有某種異常生物存在的事實。不過就像山普一樣，尼西在外界高度關注下被模糊了焦點。部分報導完全不合邏輯而且與動物學相悖，比較接近妖精世界再現，而非我們的共約現實世界。這點特別適用於那些極稀少的陸上目擊事件，非但不比水中目擊事件的真實度高多少，偶爾還牽涉到超自然現象的要素。

事實、幻想以及兩者之間的模糊地帶

如果至少在少數幾座湖泊中，存在著真實且至今尚未編目的大型生物——哺乳類、爬蟲類、兩棲類或魚類——的話，牠們終有被找到的一天。如果不是因為圍繞著這議題的奚落嘲弄打消了大多數能勝任的探索者深入研究的意圖，牠們可能早就被發現了。也就是說，至今仍未捕捉到任何湖怪的這項事實，並不一定表示絕對沒有真的存在的湖怪可以捕捉。這可能只意味著合適的資源尚未完全到位，包括購買用來記錄或甚至捕捉這些生物所需

的複雜而昂貴的設備資金。如果有任何地方能突破這點，那肯定會是在尼斯湖。

很難相信每個目擊者都錯認對象，而且所有人的證詞都沒有任何意義，同時如果尼西或山普、以及其他湖怪的歷史在經過這個世紀後能夠追溯到一個更肯定的地步，應該會讓更多人感到安心。在尼斯湖與山普倫湖的地質與生態歷史上，找不出任何事證足以解釋這些長脖子的蛇頸龍是如何只有到我們的時代才找到通往這兩處湖泊的路。

而這讓人好奇的一點，在連思考最縝密的神祕動物學作家的著作中從未受到任何關注，或只被含糊帶過，留給根深柢固的懷疑者和肆無忌憚的信徒一個抨擊的大好機會。懷疑者可以主張水怪的形貌改變表示牠只是一種文化建構的產物，而不是生物學上的動物。信徒則可以推論就像民間傳說中的超自然生物水馬一樣，牠是種會改變型態的實體，不是生物學上的動物。當然，謹慎而善意的判斷力迫使我們偏向懷疑者這一方。儘管如此，在這個神志明顯正常且誠實的個人能夠「看見」各種不太可能存在的野生動物的世界裡，讓人不禁要懷疑我們究竟離我們祖先的魔法世界有多遠，那個大水蛇優游於湖泊和河流中、巨龍漫天飛舞的世界。

1-9 活恐龍

恐龍還存活在世上嗎？這問題聽起來可能很荒唐，畢竟在傳統認知上，這些大型爬蟲類生物在約莫六千五百萬年前就已經絕跡。儘管如此，偶爾從地球上的偏遠地區傳出的目擊傳聞始終不曾讓這個問題被世人遺忘，特別是對那些八卦小報的讀者，以及少數試圖理解這些報導背後的事實，甚至在有可能的情況下調查

真相的科學家、冒險家和自然作家而言。

這些調查大多集中在一般被稱為魔克拉姆邊貝的這頭傳說中的生物上，牠被形容為長頸、小頭、粗尾且體形龐大的蜥腳類生物。第一則關於可能是這隻野獸所留下的巨大圓盤形腳印的報導，出現在一位法國傳教士的一七七六年中西非經歷裡。在接下來的兩個世紀裡，傳教士、殖民者、獵人、探險家和當地土著對於可能是這類腳印主人的動物，都做出令人側目的一致性敘述。最近幾年傳出目擊事件的地點都局限在位於剛果偏遠的利康阿拉區中的沼澤地。

在一九八〇和一九八一年，芝加哥大學生物學家羅依・麥考兩度率領遠征隊前進當地考察。第一次同行的還包括爬蟲學家小詹姆斯・包威爾，他在西非研究鱷魚時聽說了魔克拉姆邊貝的傳聞。而這兩次考察雖然什麼都沒見到，麥考和他的同伴的收穫就只有收集當地目擊者的證詞。這些引起廣大恐慌的生物據說棲息在剛果河流域的沼澤裡，還有人說在一九五九年左右有一群矮人族在塔列湖附近殺死了一隻類似魔克拉姆邊貝的生物。

雖然麥考的遠征隊無法進入塔列湖，但另一支由美國工程師赫曼・瑞古斯特率領的競爭隊伍卻成功地到達這座幾乎進不去的神祕湖泊。在那二到三個禮拜的考察期間，瑞古斯特和妻子琪雅・凡・杜森宣稱，他們在河水中以及湖邊的沼澤地都看到過好幾次這些長頸的巨獸出現。參與過羅依第二次考察隊的剛果政府生物學家馬塞林・亞蓋格納，在一九八二年的春天進入塔列湖，他也有一次目擊的紀錄。瑞古斯特和亞蓋格納都表示因為相機發生問題，讓他們無法為這些難以置信的景象拍下幾張照片當證據。後續共有三次遠征隊，一支英國隊伍和二支日本隊伍前來一探究竟，但是都沒有任何目擊事例。

如果真的有活恐龍這種東西的話，那一定非魔克拉姆邊貝莫屬。其他據稱有可能的候選生物加起來連邊都沾不上。沒有任何預先原因指出恐龍無法在剛果盆地存活：這裡的氣候與地質從爬蟲類時代之後就沒有改變過。這時期的已知動物包括像鱷魚這類的遠古動物，牠們和恐龍共存，之後的數千萬年間外形也都維持不變。當然，缺乏皮、肉或骨頭等殘骸證據，魔克拉姆邊貝的存在將一直無法證實為真──往好處想這是一種有趣的可能性，往壞處想的話只是一則誇張而荒謬的傳說。

塞拉西之謎

　　大約在西元前六百年尼布甲尼撒王的時代，著名的伊希達城門其巨型拱門以及引道高牆的磚塊上，有位巴比倫藝術家精心製作的淺浮雕圖形。這些淺浮雕上面有三種動物，每排磚塊展示出其中一種動物的千姿百態。在一排排交替間隔的浮雕上，有的是獅子，有的是里米（牛的巴比倫名），還有一種就是塞拉西（龍）。

巴比倫伊希達城門上的浮雕作品塞拉西。
© Fortean Picture Library

神祕動物
壹

78
79

儘管已經在美索不達米亞絕跡，里米卻是隻眞實存在的生物。來自歐亞大陸的標本讓世人記得這些野牛曾經在那裡生存直到一六二七年。至於龍，當然是純粹想像中的生物──或者其實並非如此？

　　威利·雷伊認爲塞拉西是「不可思議範疇動物學之謎」，這位科學作家對牠的描述是：

　　「細長的身體和尾巴上布滿鱗片，同樣瘦長多鱗的脖子上長了顆蛇頭。儘管嘴閉得很緊，還是看得見向外伸出的長叉舌。後腦勺飄著幾片下垂的皮膚，一根筆直的獸角裝飾性地長在頭頂上。」

　　外典的《彼勒與大龍書》⑤記載了一則相當有趣的故事：在世界之王尼布甲尼撒最敬愛的神比勒的廟裡，祭司飼養了一隻「全巴比倫人尊之爲神的巨龍或蛇類生物」。尼布甲尼撒王命令對那些沒有生命的黃銅神像極盡嘲諷的猶大先知但以理和這位神祇好好談一談。王說：「彼生、食、飲，顧汝不可妄言彼非活神仙；汝應敬拜彼爲神。」爲了解救自己脫離這樣的困境，但以理便毒死了這頭獸。

　　儘管完成的時間比伊希達城門早了約一百到一千三百年的時間，在舊約聖經的《約伯記》第四十章裡可能用其他名稱來稱呼這隻塞拉西：

　　「你且觀看河馬……牠吃草與牛一樣；牠的氣力在腰間，能力在肚腹的筋上。牠搖動尾巴如香柏樹；牠大腿的筋互相連結。牠的骨頭好像銅管；牠的肢體彷彿鐵棍……牠伏在蓮葉之下，臥在蘆葦隱密處和水窪裡。蓮葉的綠蔭遮蔽牠；溪旁的柳樹環繞牠……誰能禁錮牠、刺穿牠的鼻子呢？」

　　這隻巨獸⑥的身分已經困擾了聖經學者數千年，即使在已知的動物中似乎沒有存在著合乎條件的候選人，他們也從未懷疑過

《約伯記》寫的不是頭眞實的生物。羅依針對這點提供他的看法：「巨獸的尾巴被比成松柏，這暗示牠是蜥腳類生物。還有其他因素增強這則身分確認的可信度。除了巨獸的肉身特徵外，還有牠的習性以及對食物的偏好都與蜥腳龍相符。這兩種生物都棲息在有樹和蘆葦的沼澤地。」

發現伊希達城門的德國建築師羅伯特・柯德威也認眞思考過塞拉西或許是隻眞實動物的可能性。他表示不像其他在巴比倫藝術作品中想像出來的野獸，塞拉西的形象歷經了幾世紀卻始終維持不變。這些描述最讓羅伯特驚訝不已的是它們對於「塞拉西的生理學觀念上的一致性。」

柯德威說塞拉西比起任何其他動物都更像蘇利安（蜥蜴形的動物）。他接著寫到，這類生物從未與人類共存過，而巴比倫人也不是古生物學家，不可能使蘇利安從修復過的化石遺跡中再現；但是舊約聖經卻明白地指出塞拉西是眞實的生物。將這所有因素考量歸納後，柯德威的推測是巴比倫祭司祕密在暗無天日的神廟中藏了「某種爬蟲類動物」，再讓不疑有他的信眾相信牠是隻活生生的塞拉西。

巴比倫人的勢力一度深入到赤道非洲，也是魔克拉姆邊貝的家鄉，而威利、霍伊維爾曼和麥考都表示在他們這趟深入的長途旅程中曾聽說過，或許也目擊過這些生物，甚至還帶了一隻標本回去。如果我們假設魔克拉姆邊貝確實存在的話，這並非不合理的假設。

另一方面，部分現代學者，例如神祕動物學家艾德里安娜・梅約，不同意古代人不知道或對史前生物不感興趣的這種假設。艾德里安娜寫道：「可靠的古代文獻中記載著如果在古蹟中發現化石，古人會特別小心地運送它們、辨識身分後再妥善保存。偶

爾還會成為以物易物的主角。在希臘和羅馬都曾展出過重建後的模型，或是『未知』生物的標本。」她補充提到在這些古代文獻中似乎提到「在古蹟中發現的神祕動物，部分呈現方式和說明都是根據活體或已絕跡的動物復原的骨骼。」但是，如果塞拉西是這麼來的話，那麼這些化石遺跡肯定來自他處，因為美索不達米亞從未出現過恐龍化石。

其他非洲恐龍

在塔列湖的那段期間，赫曼·瑞古斯特表示他與同伴聽說了一則不尋常的故事。一九八一年二月當地人告訴他們，幾個月前在湖中發現了三具成年雄象的屍體。每隻象的死因似乎都是腹部的兩個大穿刺傷口所導致，這些不是彈孔，而且所有象牙都還完整無缺，表示牠們不是被偷獵者所殺。當地原住民認為是一頭住在附近森林的神祕有角生物殺死了這些大象。

這頭獸被稱為「大象殺手」（emela ntouka）。所有傳言對牠的描述都一致——體型和象一樣或稍大點，四隻粗壯的腳（像鱷魚

可能存在於剛果的活恐龍之一「象殺手」的畫像。
© Fortean Picture Library

一樣長在體側）支撐著龐大的身軀，還有條又長又粗的尾巴。目擊者說牠的臉整體上像犀牛，頭顱正前方有隻凸出的角。牠的習性是半水生、嗜吃樹葉，頭上的巨角是牠屠殺象或水牛的凶器。

在《恐龍還存在嗎？》（*A Living Dinosaur?* 一九八七）一書中，麥考指出如果這類動物真的存在，牠們很有可能是某種史前犀牛或和三角龍同類的有角恐龍。如果是前者，那牠就是隻哺乳類動物。

麥考還收集了少數關於「mbielu mbielu mbielu」的含糊證詞，這種「個性溫和、草食性、背上長出骨板」的動物據說外形接近劍龍。更引人注目的是「nguma monene」這隻野獸，據目擊者表示這是一隻巨大的蛇狀爬蟲類生物，背上有一排鋸齒狀背脊，四條腿分別長在身體兩側。其中一位目擊者是美國傳教士喬瑟夫・艾利斯，他在一九七一年十一月看見一隻這樣的生物從馬塔巴河出現，然後消失在高草叢中。儘管距離牠只有二百英尺，而且足足觀察了有兩分鐘，艾利斯還是沒有看清楚牠全身的樣貌。他始終沒有觀察到巨獸的頭部和頸部，不過從露出水面上的身體比例來看，他判斷牠至少超過三十英尺長。

以他對剛果動物誌熟悉的程度，麥考判斷這隻生物不可能是鱷魚。從土著的目擊證詞提到一顆明顯的頭部和長尾巴來看，讓麥考認為「這可能是種介於蜥蜴和蛇之間的活體……」，或許是種「蜥蜴類生物……從一種稱為長頭蜥（dolichosaur）的半水生原始生物所演化而來的」。

一九三二年生物學家伊凡・桑德遜和動物收藏家羅素，在西喀麥隆的曼雨河流域、一處名為漫非池的地方經歷一場詭異而驚悚的奇遇。兩人在土著嚮導帶領下分乘兩艘小船，沿著高聳峭壁間的河岸緩緩行駛時，突然聽見兩旁的洞穴中傳出一聲聲震耳欲

聲的吼叫，彷彿在某個洞穴裡有爭鬥中的巨獸。

漩渦把兩艘船都帶到發出聲響的洞口外，桑德遜回憶起：「就在這時又傳來一聲響亮的吼叫，接著一個龐然大物從水中冒出，周圍的水變成雪莉酒色的泡沫，然後牠又叫了一聲就潛回水底了。這亮黑色的『東西』是某個東西的頭，形狀像海豹但是上下較扁平，大小約和成年河馬相同──我是指那顆頭。」

桑德遜兩人選擇不要繼續逗留在那，以免又看見什麼怪東西。他們在上游發現了一些不可能是河馬留下的大腳印，因為那一區不是河馬的棲息地。土著說這是因為那些神祕生物把河馬全殺光了，但牠們卻不是食肉動物，沿著曼雨河生長的藤類植物果實才是牠們的主食。根據桑德遜的音譯，土著把這些生物稱為「m`kuoo m`kuoo」。

然而，如果那隻野獸被目擊的身體部位真的是牠的頭，那牠肯定不是像蜥腳龍的魔克拉姆邊貝，蜥腳龍顧名思義就是小頭的生物。在相隔五十年之後的兩次考察之旅中，羅依發現某些當地原住民慣用「魔克拉姆邊貝」作為對任何生活在溪河、湖泊或沼澤地的大型危險動物──包括那些上述的生物──的屬名稱呼。

1-10 尼斯湖水怪

根據那些主張確有此類生物存在人士的說法，這頭世界最著名的水怪其歷史始於一萬多年前。在最後一次冰河期時，重達千萬噸的冰河向下挖掘出了世界最大的淡水湖（超過二十英里長、一英里半寬，部分地方還深達一千英尺），就在今天被稱為蘇格蘭的地方。當冰河開始融化時，流進的海水填滿了冰河切割出的峽灣。在冰河完全退去之後，地殼緩緩上升，峽灣最後形成了今天的尼斯湖。隨著時間過去，淡水取代了海水。在尼斯湖還是個與

海相連的海灣時就游進湖裡的動物，牠們的後代繼續待在這個變了樣的新環境裡。

在西元五六五年，一名在尼斯河（從尼斯湖北邊出海的河流）游泳的男子離奇死亡。聖可倫坡在這起事件後很快就來到現場，碰巧遇見正在搬運屍體的一群人，他們說男子是被一隻野獸所殺。聖可倫坡便派了一位夥伴進到湖裡、試圖吸引野獸的注意。不一會兒神祕獸從湖底升起，不懷好意地朝著水中的泳者而去。就在岸上一群陷入恐慌的旁觀者面前，聖可倫坡在胸前畫了個十字架，以上帝之名命令野獸離開。一個世紀後，在由愛爾蘭基督教修道院院長聖亞達南所編譯的拉丁版本上記載了這段文字：「野獸，在一聽見聖者的聲音後，驚恐萬分地逃回水中，動作比出現時還更快。」

儘管這段文字並沒有對「野獸」的外貌作任何描述，而且將牠歸類成與現代尼斯湖水怪完全無關、會主動攻擊人類的生物，大多數的史學家還是認為這是「尼西」目前已知的最早目擊紀錄。

十多個世紀以來，在許多文獻紀錄中總是可以發現關於湖中大型生物的一些交代不清的參考資料，不過部分權威學者質疑這些紀錄與尼西傳聞的關聯性。擁護者則提出在歐洲廣為流傳的「水馬」、在蘇格蘭稱為「凱爾派」的傳說為佐證。根據民間信仰中的觀念，尼斯湖對凱爾派而言會是個合宜的住所。身為邪惡的變形精靈，凱爾派通常會以馬的外型現身，引誘落單的旅人跨上馬背，然後急速衝進最近的水域中淹死背上的受害者。超自然之說的凱爾派與生物學上的湖怪之間有著一道模糊的關聯性。除了這些詭異生物與淡水湖泊和河流間的這層明顯關係之外，擁護者的論點主要在於現代許多尼西與其他湖怪的目擊者都指出牠們有

個像馬一樣的頭這項事實。

　　在水怪於一九三〇年代起成為舉世轟動的事件之後，湖區的居民以及其他人紛紛向外界提出自己在同個世紀稍早或甚至更久以前的目擊經驗。例如在一九三四年，署名麥坎斯的民眾寫了封信給魯伯特‧古德，討論尼斯湖現象的第一本著作（《尼斯湖與其他水怪》（*The Loch Ness Monster and Others*），一九三四）的作者，描述自己在一八七一還是一八七二年的那場目擊經過。在十月的一個晴天中午，麥坎斯看見了一個「極像翻覆的小船……在水中劇烈蠕動翻騰」的東西。一九三三年十月二日，《蘇格蘭人報》（*Scotsman*）刊登了一封來自波特蘭公爵的投書，信中提到：「當我在一八九五年為了釣鮭魚而住在奧古湖時，林務官、旅館主人和其他釣客間經常談論著一隻恐怖的巨獸，似乎就出現在尼斯湖。」在一八七九和一八八〇年分別有一群目擊者看到，假設他們這些回想當年的證詞可信且為真，一隻大型、象灰色、頸長頭小的生物，從陸地上搖搖擺擺地走進湖水中。

　　諸如像翻覆的小船、象灰色的體色、頸長、頭小，甚至恐怖等這些形容詞，也都出現在後續無數目擊者對尼西的描述當中。尼斯湖紀錄工作者估計有數千起目擊事件。生物學家羅依‧麥考在一九七〇年代中期的著作中提到：「長年來在尼斯湖已知的目擊傳聞至少有一萬起，但只有不到三分之一被記錄下來。」

典型「水怪」

　　一九三〇年八月二十七日在尼斯湖北邊的因弗尼斯出刊的《北方年代記》（*North Chronicle*）上有則這樣的報導。在一個月前，三名當地人搭船在尼斯湖上釣魚，其中一人表示：「在我們前方約六百碼的湖水處出現一陣騷動，我看見一道水花往空中噴

照片中的尼斯湖裡出現了不可思議的尾波，拍攝時間和地點是 1996 年 8 月 11 日島思村附近。當天晴朗無雲，拍攝當時附近也沒有船隻經過。© Fortean Picture Library

得相當高……水中的波動繼續前進到只有三百碼的距離時，不知為何牠突然往南一百八十度地轉了個大彎，遠離我們而去。牠的速度至少有五十海里。我估計我們看見牠暴露在外的身體部位大概有二十英尺，在水面上的部位則有三英尺左右。牠游動時造成的水波衝擊讓我們的船搖晃到快翻了過去。」儘管投書人並沒有描述這股騷動來源的外貌，但他提到這東西「毫無疑問是個活生生的動物」，而且不是「一般正常的生物」。

儘管這篇報導引發了其他讀者投書（刊登在九月三日當期），表明自己或其他人也有遭遇過湖中神祕生物的經歷，這事件引起的迴響也僅限於此。

而這一切隨著發生在一九三三年四月十四日午後的一起事件而改觀。一對夫妻在開車經過尼斯湖西北邊一個名為亞伯利琴的小村莊附近時，發現湖面上湧起大片波浪。他們停下車，接下來的幾分鐘就看著「一隻巨大的生物在湖面上翻滾俯衝」。到了五月二日，《因弗尼斯報》刊登了由艾力克斯·坎貝爾所寫的這篇報導，他說自己後來也目擊了幾次同樣的生物。《因弗尼斯報》的

編輯艾凡‧巴隆將這隻生物取名為「水怪」，而這篇報導也吸引了大批蘇格蘭媒體的注意。接下來隨著其他目擊事件陸續傳出（顯然是因為一條舊路沿著尼斯湖北岸擴張，以及之後清除掉沿路上阻擋視野的自然障礙物的結果），總算引起來自世界其他角落的關注。從四月十四日的事件後到十月為止，一共傳出二十起的目擊報導，「尼斯湖水怪」的名號於焉誕生。

幾年之後出現了一副「水怪」外觀的拼湊影像（然而有幾則傳言描述的是全然不同，而且更詭異的生物，接下來將陸續提到）。典型的尼西有著長而筆直的頸子，以及小而圓的頭部。有些目擊者說他們在頸部與頭部的銜接處看到了類似鬃毛的東西，至於上述的頭部則有人說像是馬的頭。超長且往兩端變尖細的身體上可能有著一到三個隆起的背脊（羅依‧麥考認為看到複數背脊可能表示有超過一隻以上的水怪出現），以及一條長而粗厚的尾巴。自稱在陸地上看過尼西的目擊者通常都會提到水怪身上的鰭狀肢，讓他龐大的身軀能在陸地上往前行，在水中則能快速游動。一般提到他的體色都說是暗灰色、暗棕色或黑色，不過偶爾會有目擊者提到較亮的顏色。他浮出和沉入水面的動作既快且垂直，幾乎總是在湖水平靜無波時才會出現。

如果尼斯湖裡真的棲息著某種異常生物，根據常識以及生物學知識都認為至少會有一件以上的標本存在。早期作家像是魯伯特‧古德天真地認為湖裡只有一隻水怪，但是尼斯湖水怪擁護者老早就摒棄了這種看法，主張有某種未知生物的整群繁殖族群棲息在湖裡。確實偶爾會傳出目擊多隻尼西出現的案例，儘管次數並不頻繁。例如在一九三七年七月十四日的《蘇格蘭日報》（*Scottish Daily Press*）上就有一則報導，表示有八個人看見「湖中約三百碼處出現三隻水怪。中間那隻身上有兩塊亮黑色的隆起背

脊，長約五英尺，在水面上的部位約爲二英尺。左右兩邊各是一隻體型較小的水怪。」（一九七七年底，一位《倫敦金融時報》的記者以嚴肅的姿態公開宣稱他在隔著十五碼左右的距離看見過五隻「像蛇頸龍般的水怪」，其中一隻明顯還是幼獸。）

如果就表面意義來看，光是各種不同大小體型這件事代表的是每次目擊事件的主角都不是同一隻生物。關於體長的預估值從小至只有三英尺（罕見的「水怪寶寶」傳聞）到長達六十五英尺都有。部分尼西研究者認爲後者的數值過於誇張而加以駁斥，不過其他人則肯定這些可能是目擊到較年長的「公獸」；而大多數的預估值都介於十五到三十英尺之間。

陸上目擊與其他詭異之處

懷疑者和擁護者都同意水獺、潛鳥、波浪效應和其他常見的自然現象可能多少都增加了一些目擊事件的數字，但這些解釋不適用於某些類型的尼西目擊案例。思緒縝密的尼斯湖現象評論員兼科學家亨利・鮑爾表示：「有少數陸上目擊事件存在的事實，對最頑固的尼西獵人而言是項重要的線索，也讓他們感到無可避免的難堪。」在尼西研究的領域中，這幾則事件固然有其地位在，但絕非像飛碟學中的「第三類的近距離接觸」。

換句話說，我們大可主張這些「近距離接觸」不可能會是誤認或誤判，因此如果不是目擊者說謊，就是他們看見的確實是某種超乎尋常的生物。如果是後者的話，那這幾起陸上案例更增添了水上目擊事件的可信度，增強了這隻異常的長頸生物——也就是說典型的尼西——在湖裡存在的事實。可惜的是，這也可解釋成至少有幾起陸上目擊事件讓整起水怪現象顯得更加混亂。

最著名的陸上目擊案例發生在一九三三年七月二十二日的下

午，當他們開車沿著尼斯湖東邊往南行、在經過島思和佛耶斯村之間時，史派瑟夫婦說他們看見在前方二百碼左右有隻奇怪的生物。「牠不像一般爬蟲類，」史派瑟先生表示，「以左右蜿蜒的方式移動。牠的身體以一拉一推的方式飛快地橫越馬路，但因為斜坡的關係遮住了牠的下半身，也就沒看到牠的四肢。」異獸的體長有二十五到三十英尺長，酒桶般粗狀的軀體呈象灰色，還有個長脖子。「我們沒有看見尾巴，」他回想起當時的景象，「而且當我看著自己認為是牠的頭的部位時，也沒看見嘴巴。我們兩個後來的結論是牠的尾巴一定是捲曲在身旁，因為從某個東西伸過牠肩膀的高度來看，會覺得牠好像扛了什麼東西在背上一樣。」史派瑟夫婦形容這隻消失在湖邊蕨藤叢中的異獸為「恐怖」、「使人厭惡」，一個「看了就噁心的東西」。

一九三四年一月五日下午一點左右，年輕的獸醫系學生亞瑟・葛蘭特在亞布拉坎北邊騎著摩托車時差點撞上一頭野獸。當時牠拖著身體、由左向右蹣跚地橫越過馬路，壓碎了滿地的落葉後跳進湖裡，濺起一陣水花後旋即消失。葛蘭特事後表示：「牠的頭很像蛇或鰻魚，頭頂扁平、上面有顆橢圓形的大眼睛，還有根長頸子以及看起來有點大的尾巴。牠的軀體在接近尾巴的部分比前面還要粗壯許多，體色是黑或灰色，皮膚和鯨魚很像。」

距今最近一則已知的陸上目擊事件據說發生在一九六〇年二月二十八日，也是個類似的典型樣本。在下午三、四點左右，托奎・麥克勞德透過雙筒望遠鏡看見一隻身上有鰭狀肢的長頸生物。牠的上半身在岸上，下半身浸泡在水中。麥克勞德觀察了牠九分鐘，直到「牠往左邊做出一種半跳半跛行的動作，牠的『軀幹』轉了半圈後面向我這邊，然後撲通一聲跳進水裡，看樣子是潛到湖水深處去了。」

然而其他的陸上目擊事件則是不合常理地詭異——甚至連探科學態度的尼西擁護者都認爲不是這些目擊者看走眼了典型的水怪特徵，就是他們看見的和羅依‧麥考在某個案例中（底下的瑞德女士在茵弗法里格的事件）同意的觀點一樣，是一種「當地常見、天生畸形的高地牛隻」。姑且不論其中讓人毛骨悚然的情節，這幾則傳聞——至少從目擊者眞誠而不虛假的觀點來看——在可信度方面似乎比讓那些尼西理論家覺得更舒坦的其他案例不相上下。

　　一九九〇年六月，《蘇格蘭人雜誌》（*Scots Magazine*）報導了一則在當時尚未公布過的陸上目擊事件，時間是一九三二年四月。陸軍上校福代斯寫信向雜誌表示那天早上他和妻子開車經過尼斯湖南邊的樹林，看見一頭「巨獸」在他們前方一百五十碼左右，牠正在過馬路，顯然是要到湖裡去。「牠走路的步伐和象一樣，」福代斯表示，「但是外型看起來像超大型的馬和駱駝的混種，背上有個駝峰，長脖子連著一顆小頭。我停下車，徒步跟著牠走了一小段距離。從後面看起來牠的身體是灰色的，而且表皮粗糙，細長的脖子和象鼻一樣。」牠的腿也是又長又細，還有細長多毛的尾巴。不一會，福代斯就感到頭皮發麻，連忙回到他安全的車上。因爲這是在離成爲國際媒體焦點的「尼斯湖水怪」首次露面的一年多之前，這對夫婦不曉得該向誰述說他們的經歷。因此當時他們的結論是，他們看見的是隻從動物園脫逃的奇獸。

　　這事件看起來和出現在其他尼斯湖傳聞中的水怪一樣頗不可思議。在一七七一年（據說這是由主角的後代子孫投書後刊登在一九三三年十月二十日的《蘇格蘭人報》）派崔克‧羅斯聽說最近有人目擊一隻「馬和駱駝混種」的野獸。在一九一二年，一群在茵克那卡達灣的小孩子在只有幾碼的近距離看見一隻類似長頸駱

駝的生物進到湖裡，白黃土色的軀幹底下有四條長腿。

但這還不是在尼斯湖裡或附近的最後一起陸上水怪目擊傳聞。一九二三年四月的某一天早上五點鐘，艾弗瑞德‧克魯祥騎著摩托車繞行湖北岸時，看見前方約五十碼左右有隻「身高約六英尺、背部隆起的大傢伙拖著肚子在地上走。牠的體長約十二英尺，還有根相當長的尾巴。牠的四條腿和象一樣粗，而且長了蹼。我看見輪廓像是頭的部位，」克魯祥述說當時的情景，「牠的頭很大，上面還有個獅子鼻，就長在身體上——也就是說牠幾乎沒有脖子。」他認為這頭獸看起來在某些地方像隻「大河馬」（雖然一點也不像；請參閱底下的「大蠑螈」故事）。牠在消失到湖中前還發出一陣「尖銳的吠叫聲」。一九三三年十二月，一位瑞德女士宣稱她看見了一隻像是黑色多毛的河馬，頭部又大又圓，腿則是又短又粗，牠就躺在湖岸的斜坡上休息。

令人好奇的是，陸上目擊事件在一九三○年代中期之後便銷聲匿跡了（唯一例外請見上述文章），即便是出現在水裡，如果沒有詳加記錄的話，主角多半是典型水怪以外的生物。一封刊登在一九三三年六月七日的蘇格蘭報紙《阿古斯報》的讀者投書宣稱：「上星期當我們飛過厄爾夸特堡附近的尼斯湖上空時，看見湖水深處有隻像大鱷魚的生物，大約有二十五英尺長。」在一年前的一九三二年二月，一名婦人目擊一隻六到八英尺長的生物在尼斯湖裡游泳；她說那是隻「鱷魚」。根據一些資料指出，在十九世紀初有種像「大蠑螈」的生物偶爾會出現在湖邊；一八八○年潛水夫鄧肯‧麥當勞在檢查一艘沉到湖邊最南端的船隻殘骸時，看見一隻「像大青蛙的奇怪生物」，這位被嚇壞了的潛水夫從此拒絕再進到湖裡。

照片會說話

　　儘管有這些讓人傷透腦筋的其他異常生物故事，大部分的尼西目擊傳聞都還是長脖子的生物，懂古生物學的人都認為牠外型極類似長頸龍，一種據信已經在上侏儸紀、約六千五百萬年就已經絕跡的水生爬蟲類。就大多數的目擊事件而言，最明顯的描述差異只在關於體型大小這方面。

　　尼斯湖水怪現象的開始和幽浮現象一樣，都是出自於大批誠信和心理狀態似乎不成問題的目擊者口中。這些證詞值得專注敬重地傾聽，而不應該被隨意打發。除了這些口頭證詞以外，尼西存在的證據還包括照片、影片和聲納追蹤，而這些似乎都證實了確實有某種未知的生命體存在湖水底下或深處。

　　住在尼斯湖東南岸佛耶斯村的修·蓋瑞，從高於湖面將近四十英尺、距離約二百碼的有利拍攝位置，在一九三三年十一月十三日拍下了尼西的第一張照片。這張照片顯示出一個模糊的大型物體，而且顯然正在快速移動著。牠的左邊伸出一個蛇狀的肢體或是器官，大概是脖子或鰭；蓋瑞認為是前者，而且頭部還潛入水中。儘管一般人都認為這是如假包換的真實證據，但照片本身卻因為過於模糊而無法為整起事件作出任何貢獻。正如英國自然歷史博物館的諾曼在當時所說的一樣：「我認為這張照片恐怕無法為這個謎團提供任何答案。」

　　一九三四年四月，羅伯特·肯尼斯·威爾森中校拍下了至今仍是所有尼西的靜態影像中最著名的照片。「外科醫生的照片」是它在文獻中的稱號，不過事實上威爾森卻是位婦科醫生。在這張被廣為翻拍複製的照片（事實上有二張，但第一張較清楚。）上出現了一顆頭和彎曲的脖子，在多數擁護者的理解中這是隻蛇頸龍。果不其然，威爾森的照片從一出現時就引發了各種爭議；

這張不名譽的尼斯湖水怪照片是由倫敦外科醫生羅伯特‧肯尼特‧威爾森於 1934 年 4 月 19 日所拍攝，它被公認為一場騙局，但也有許多專家質疑這個說法。
© Fortean Picture Library

連拍照的日期都有不同的意見。有些懷疑者宣稱從所有跡象看來那天是四月一日；然而最佳的資訊則指出日期是四月十九日。另一方面，較鮮為人知的第二張照片只拍到頭和一小部分的脖子，讓某些人（包括擁護者麥考和懷疑者史都華‧坎貝爾）認為那是隻小型動物，因此有可能是潛鳥或水獺。

一九九四年三月十一日，《倫敦每日郵報》刊登了一則引發軒然大波的報導，消息來源據說出自於一位九十歲的老人克里斯丁‧史普林在病榻上的自白。報導中指出史普林告訴兩位身分為「尼斯湖研究者」的男子，他身為一手策劃那場騙局的主謀者的繼子，他很清楚那張照片其實是隻塑膠潛水艇，再接上用塑膠或木頭做出來的蛇脖子和頭的成品。

故事要從馬爾曼杜克‧威瑟瑞爾在一九三三年掀起尼斯湖狂熱開始講起。在當時他一度以為自己發現了水怪的腳印，等到他發現真相卻為時已晚──也就是說在報紙引述了他的「發現」後

——才真相大白，原來是有個惡作劇者用乾的河馬足模製造出那些腳印。受到落得被揶揄奚落的下場刺激，威瑟瑞爾召集了自己的繼子、兒子伊恩，以及友人莫瑞斯·錢伯斯共同設計一場他自己的騙局。史普林製作模型，再由家族好友威爾森醫師負責拍照。不料那幾張照片竟然引發如此大的迴響與關注，讓這幾位共謀者放棄了他們原本打算坦承這是場騙局的計畫。

然而現在已經沒有人能夠證實這故事的真實性了，所有被點名的參與者——或許這是最好的結果——在一九九四年就全都過世了，整個故事真相全依賴一位齒落髮白的老人家的間接證詞。故事中其他不足的部分是並沒有對第二張照片提出說明，因為拍攝的物體側面和第一張照片並不相同。儘管雖然大多數心存懷疑的騙局揭露者並沒有提出任何質疑，在故事本身就缺乏實體證據的基礎之下，任何人大可以站出來指責這是場騙局。而就如同神祕動物學家理查·史密斯的評論：

「自稱為共謀者的克里斯丁·史普林足足拖了半個多世紀，才對外宣布他在一九三四年協助繼父威瑟瑞爾以一隻改造過的玩具潛水艇冒充成『尼西』的影像；他卻始終連一點足以佐證他的說法為真的明確證據都拿不來。再問到他有關於第二張較不為人知的照片時，他支吾其詞的回答方式也叫人懷疑；而且他也一直無法明確說出是在哪個湖灣進行這場騙局。」

儘管威爾森醫師的照片真假與否始終懸而未決，如果我們的判斷錯誤的話，也寧願是出於謹慎、而不是因為粗心大意而犯錯。或許羅倫·柯曼這位研究世界爭議生物的權威學者是對的，他表示這張照片是「一項說服力不那麼高的證據。在我看來牠像一條水獺的尾巴，或是隻躲進水中的海豹。」

另一張著名的照片（出自亞當斯於一九三四年八月二十二日

安東尼‧謝爾斯於 1977 年 5 月 21 日在厄爾夸特堡拍到這張清楚的尼斯湖水怪照片。
© Fortean Picture Library

的作品）拍到的是一片清楚的鰭，顯然連在一隻未入鏡、而且還在湖水表面翻滾扭動的大型動物身體上。其他的照片頂多就只有出現不像是滑過的船，或其他在湖面上來往的交通工具所留下的異常水波而已。幾個在法蘭克‧西爾（一九七○年代初期到中期的幾張）和安東尼‧謝爾斯（一九七七年）所拍攝的照片中引起一陣譁然的水怪特寫畫面，也出現在許多雜誌和書籍中而喧騰一時，但都被認真考究的研究員視為純粹的惡作劇。

對某些觀察家而言，在一九七二年和一九七五年在水底所拍攝的照片應該能夠將這場世紀之謎導向尼西存在的有利方向，但

事實上卻只有引發更多爭議；到後來甚至連最會叫囂的懷疑論都轉而厲斥變造照片的惡作劇者的不是。

底下這起事件始於一九七二年八月七日的夜晚，當時來自麻薩諸塞州的應用科學學院成員以及尼斯湖水怪現象研究處的調查隊，正在厄爾夸特灣附近的湖面上進行偵察任務。一艘船上備有聲納裝置，另一艘船則帶了探針和攝影器材。在凌晨一點鐘左右，聲納偵測到在湖面下約一百二十英尺處有個不明物體。雖然這在探針攝影機的範圍內，但顯然它的位置在電波的上下附近，因為螢幕上沒有出現任何影像。四十分鐘後，二個大型物體，約四十英尺長、十二英尺寬，在明顯從他們前方快速游過的鮭魚群中被追蹤出來。幾分鐘後，追蹤停止，訊號也消失了。

學院調查員取出水底攝影機的底片，送到美國柯達公司的總部辦公室沖印。其中有兩幀畫面出現了像是一條大鰭狀肢接在某個皮膚粗糙的身體右邊的影像（第三幀拍到兩個失焦的物體。兩相比較之下，清楚的那個物體會是典型的尼西：長頸、粗壯的身軀和數片鰭。這兩個物體就在聲納回音認出它們的位置上）。因為充滿濕黏泥炭的湖水讓照片變得模糊難辨，為了改善鰭狀肢影像的畫質，研究人員將它們送到噴射推進實驗室（JPL），在這裡有最先進的光電分析科技，平常多為政府、軍方或科學機構執行各項任務。透過標準的電腦增強技術，移除了原始影像中的大多數細微顆粒。出現在《自然》（Nature）雜誌或其他地方的照片都是較清楚且增強過後的成品，而非原版影像。「這項技術確實是項實用的工具，」學院調查員寫道，「它常用來清晰化太空探測器取得的影像，用在鑑識上則可以協助辨識指紋，在醫療研究上可以讓人類染色體一覽無遺。」此外，它無法在原本沒有的地方創造出新的圖案。根據分析員表示，那條鰭狀肢大約有四到六英尺

長。

研究聲納紀錄的分析員同意，確實有某種異常物體出現在聲納所繪出的圖像中，而這個「某種物體」幾乎可以確定就是照片中的同一個物體。對身處事外的觀察者，包括在此之前只有在一旁輕蔑嘲諷的科學家和新聞記者來說，尼西存在一說現在似乎是個可信的事實。甚至連在傳統上對任何異常現象的聲明從沒表現過友善態度的《時代》雜誌也承認這起事件的可信度：「現在那些懷疑者可能必須要重新檢驗他們的疑慮。」而寫過一本暢銷水怪研究著作的英國電視記者尼可拉斯‧威契爾則認為：「聲納與攝影結果的一致性⋯⋯代表的是水中動物存在毫無爭論餘地的證據，兩者之間彼此再三確認過後都更鞏固對方的地位。這的確是一項突破。」

在一九七五年六月，學院團隊拿出了讓世人更震驚的證據。這次是兩張更引人注目的照片，在二十一日早上的拍攝時間各相隔七小時。第一張照片的內容，如同在《科技評論》（*Technology Review*）上的一篇報告所宣稱，是「某個活體生物的上半部軀幹、頸部與頭部。」而尼斯湖的混濁泥水又再次讓辨識度無法達到百分之百；另一方面卻也無需憑藉想像即可看穿這些顯著的特徵。然而更驚人的是第二張照片——出現在上面的是水怪的臉孔，與攝影機的距離不超過五英尺。這顆「頭」，一如無數目擊者的指證，像馬頭一樣，甚至還顯示出部分觀察者提及的小角（其中一位便是羅依，他在一九六六年看著一個移動中的「餐盤大小的黑色凸面物體，上面有兩根垂直凸出的東西，直徑約一到二英寸⋯⋯這個黑色物體很清楚地銜接在一具大得多的團塊上」）。根據研究人員表示：「測量到的頸部厚度約有一英寸半，口部為九英寸長、五英寸寬，背脊中間的角約有六英寸長。」這張照片很

快就成為在尼斯湖文獻中著名的「石像鬼之首」。

　　一開始的回應給了尼西擁護者希望科學主流終於準備好承認湖中確實存在著最不尋常的生物的理由。憑恃著這幾張照片，來自史密森尼國家自然歷史博物館、皇家安大略博物館、哈佛大學、新英格蘭水族館，以及其他知名機構的動物學家，不是坦率地為尼西的存在背書，就是宣告牠已成為一項明顯可能的事實。但這時來自倫敦的自然歷史博物館的科學家們則發表了一則存疑的注釋，一種在來年會逐漸壯大的注解。因為在一九七五年的第一張照片中並沒有出現「頸部」靠近「頭部」的那一部分──那是被陰影遮住了，擁護者如是解釋──這些評論家因而認定水怪並不存在。「或許照片內容應該解釋為兩個物體，可以理解的是各種漂流在湖中的物體都能夠出現這樣的形狀。」

　　一九八四年，由反對所有關於非正統現象宣言的惡毒評論家李恩・傑洛夫擔任主編的科普雜誌《發現》（Discover），報導並大加贊同兩位電機工程師的主張。他們指控有人──據推測是學院團隊的領袖羅伯特・萊恩斯──「修整」過一九七二年那幾張鰭狀肢照片，將「顆粒狀且不清不楚」的影像修改成某種未知生物存在的證據。在噴射推進實驗室裡參與過這些照片分析過程的艾倫・葛利斯駁斥這些指控為無稽可笑的言論；他表示刊登出來的照片都是用好幾層不同電腦增強效果疊在原始照片上的合成品。「鰭狀肢的輪廓在原始照片中清晰可見，」葛利斯說。事實上，學院團隊成員早在好幾年前就已經描述過《發現》雜誌所「發現」的詳細特徵（請參考上文）。

　　尼斯湖與摩拉湖研究計畫的艾德里安・夏恩堅決認定一九七五年的「石像鬼之首」照片其實是塊腐爛的殘幹。夏恩帶著一塊樹幹丟到湖面上拍照，然後再將沖洗出來的成品和那張頭部照片

擺在一起陳列，指出兩者間的相似處，大多數的觀眾卻都看不出來是哪一點相像。為學院照片辯駁的支持者認為陳列的影像兩邊對稱，看起來就像是隻活生生的動物。最著名的尼西獵人提姆·丁斯岱爾提出另一個不同於這兩方的解釋：如果旋轉九十度來看，照片中的物體看起來會像連著排氣管的引擎，這東西常被丟進厄爾夸特灣當作船碇泊使用。但是儘管所有不確定的說法一再反覆輪替，照片本身自有一套應對方式：照片中的影像只是看起來比較像隻生物而不像其他物體而已。不論對或錯，其他的解釋都是無可否認的非直覺性的答案。

其他證據

蘇格蘭影業公司的麥爾坎·爾文於一九三三年十二月十二日在厄爾夸特灣拍下了第一部尼西影片。在整整兩分鐘的長度中，出現了一個又黑又長的物體，在距離攝影機一百碼處稍稍伸出水面。這部典型的尼西影片和其他被證實為真的證據一樣，除了徒增困惑之外也無法令人信服。

另一部有可能引起更大迴響的影片則下落不明——如果它真的曾經存在過的話。據說這是由一位倫敦的醫師麥克瑞在一九三〇年代所拍攝，長達數分鐘的影片內容是一隻背上有三塊隆起背脊的生物，略成圓錐形的頭上有兩塊角狀的突出物，長脖子上還有片僵硬的鬃毛，以及有一次當牠翻身時露出來的鰭狀肢。據傳麥克瑞因害怕受到嘲笑，決定不公開這部影片，只私底下播放給幾個親近的好友欣賞，其中包括風景畫家阿勒斯特·達拉斯。達拉斯在一九六〇年代初期毅然向尼西研究者哈勒戴證實這支影片的存在。

一九七七年，麥考在檢閱過二十二部據說拍到尼西的影片後

表示：「我將其中的百分之二十三（五部）歸類為積極證據、百分之三十（六部）為已知現象，而無法分類的百分之四十主要是因為資料不足或不適合此一主題、畫質太差、拍攝距離過遠等等。」其中最重要的一部是提姆·丁斯岱爾拍攝的影片。

　　一九六〇年四月二十三日，連續六天的監視行動最後一天，當時他的車停在尼斯湖東岸靠近佛耶斯的一座山坡上，丁斯岱爾突然瞥見在湖中約三分之二英里處有個異常的物體正在移動。他走下車用雙筒望遠鏡看到：「長橢圓的形狀、清楚的紅褐色……牠圓圓胖胖的身軀直挺挺地立在水面上，雖然我可以看見牠的全身，卻沒有發現背鰭的蹤影……牠又開始游動，當我看見較遠那端泛出陣陣漣漪時，我立刻意識到自己看到的是一隻異常巨型生物的峰背！」他用十六釐米的攝影機拍到的四分鐘影片中，水怪一邊游離、部分身體潛入水中然後急轉向左游去。膠捲用完後丁斯岱爾關掉攝影機，滿心期盼水怪能露出牠的頭和脖子，但這希望落空了。

　　之後丁斯岱爾請他的同伴駕船走一次和水怪同樣的路線，然後他再拍下整個行進過程。一九六六年，英國「聯合空中偵測情報中心」（JARIC）先分析過第一部影片後，再用第二部影片當作比較基礎。JARIC 估計船長大約十三點三英尺，時速約為六點五英里；事實上船長是十五英尺，速度是每小時七英里。換句話說JARIC 的推算保守點來講大致上還算準確。JARIC 表示第一部影片中的物體肯定不是艘船（這是懷疑者讚許的解釋），但「可能……是有生命的物體」。峰背約有十二到十六英尺長，伸出水面有三英尺高。這東西的移動速度每小時達十英里。

　　丁斯岱爾的影片至今仍被視為證實尼西存在最重要的一項證據，而且從那之後沒有太多人質疑或挑戰 JARIC 的分析結果。

如同前面已經提到過的，聲納早已被廣泛用來偵測類似尼西的物體。第一樁聲納應用事例發生在一九五四年，一艘商船探測到某個大型物體在距離船底下四百八十英尺處的行進路線上。在一九六八年到一九七○年之間，伯明罕大學的塔克和他的同事使用聲納裝置，在船上和湖岸邊反覆追蹤到數個二十英尺長的移動物體，在湖岸邊游動或潛進湖底附近。有時候牠們以群體出現；還有一次追蹤到那群共有五到八個物體。牠們的行為、速度和體型，讓塔克相信這些物體絕對不是魚。

研究者的聲納紀錄持續指出湖中明顯存在著某種未知生物。麥考計算出光是到一九七○年早期為止就有九起可信的接觸紀錄，而且自此之後在尼斯湖與摩拉湖研究計畫以及由其他科技和電子公司贊助的獨立研究付出的努力下，追蹤案例的數字顯著地增長。一九八七年，一次最有野心也是最大肆宣傳、命名為「深水掃描行動」的計畫出動了超過二十艘船到尼斯湖，在十月八日到十日之間進行為期三天的地毯式聲納掃描。雖然掃描範圍只涵蓋到南半邊的湖區，就已經收集到有十起的接觸紀錄了。一九九七年夏天在一次由英國電視科學節目《Nova》贊助的考察行動中，透過聲納應用也在湖中發現多個大型未知生物。

水怪的本質

對不信者來說，尼斯湖水怪只存在於想像、誤認、謊言以及騙局中，而這些地位在莫利斯‧波頓的《藏匿的怪物》（*The Elusive Monster*，一九六一）和羅納‧賓斯的《尼斯湖神祕現象的解答》（*The Loch Ness Mystery Solved*，一九八四）中有相當冗長的討論。儘管兩位作者各自有其立論基礎，他們卻飽受激烈的論辯撻伐（賓斯更因為書中的大小錯誤而遭受不小的攻擊），雖不

願意但也不得不承認一個如今已不證自明的事實：尼斯湖裡確實有某種非比尋常的東西存在。硬要否定湖中絕對沒有任何神祕或未知之處只是自討苦吃而已。現階段看來聰明一點的人該問的問題是，在這一切未解之謎的背後，究竟只是單純的罕見生物，或者確實有異常之處。

關於前者的說法與解釋從巨鰻、鰭腳類生物（特別是象海豹）或海牛等都有。然而上述這些生物在外觀上都沒有與大多數目擊者描述的、或出現在照片與影片中的尼西有太多相似之處。

在異常這邊的解釋上，最廣為接受的就是水怪其實是適應了尼斯湖寒冷水溫的倖存蛇頸龍；尼斯湖水溫即使在夏天平均也只有華氏四十二度。另一方面，羅依‧麥考先是提出了尼西可能是某種一般認為在二億五千萬年前就已絕跡的巨型兩棲生物，但後來他想到他必須將所有目擊體長超過二十五英尺的生物傳聞全部視為誤判，連尼西的脖子也必須縮短，才能符合這個條件。於是他放棄了這個主張，現在他贊同械齒鯨，這種也被認為絕跡已久的原始、外型與蛇相似的鯨魚，很有可能就是尼斯湖和其他湖怪目擊事件中的主角。

已故的哈勒戴是尼西理論者中最激進的一位，他指出這些湖怪可能是巨型史前蛞蝓。儘管沒有生物學家認真看待這種說法，但它卻多少提供了點線索，解釋為何許多目擊者在遭遇尼西時會有種難以理解的恐懼以及厭惡感。但不久之後連哈勒戴本人都捨棄了這種最奇特的生物學見解，改換成另一種明顯帶有超自然色彩的說法。在他的《龍與飛碟》（*The Dragon and the Disc*，一九七三）一書中，他認同古代人的看法：尼西和牠們的親族都是在傳說觀念中真實存在的龍；一種超自然又邪惡的生物。他還進一步將這些龍與幽浮結合，認為他們之間有著共生關係，許多古代

宗教中都有提到過。哈勒戴甚至還成功地把科丁利精靈照片拉進來一起討論。然而搜尋尼西的行動卻從未中止過。如果真的有大型生物，不論是罕見或異常，若此生物棲息在尼斯湖水域深處的話，遲早終有發現牠們的一天。

1-11 南美猿人

南美猿人（mono grande，西班牙文原意為「大猴子」）是在靈長類動物學懸而未決的問題中最吸引人的謎團之一。在南北美洲唯一辨識出的靈長類動物是小型的長尾猴；只不過偶爾會有從南美洲北部傳出的消息證明在偏遠地區中的確存在著體型較大的無尾類人猿。事實上，確實有這麼一張極具爭議性的照片，內容據稱就是這類生物的屍體。

故事開始

整起故事始於一九一○到一九二○年之間，由瑞士籍的石油地質師馮索瓦·迪羅伊斯率領的考察隊，前往哥倫比亞與委內瑞拉邊界附近，到位於馬拉開波湖西方和西南方的沼澤地、河流以及山區間進行探勘。據了解考察隊的團員吃盡了苦頭，還有不少人死於惡病或被懷著敵意的土著所殺。在任務的最後一年，考察隊剩下的成員在塔拉河的一條支流岸邊紮營。突然間兩隻生物，一公一母，由叢林中冒了出來。迪羅伊斯起初還以為牠們是熊，等到牠們逼近時才看清楚牠們是大約五呎高的某種猿猴。在他的敘述中省略了關鍵的細節，也就是牠們究竟是用兩條還是四條腿行走？

總之這兩隻生物很明顯一副氣炸了的樣子，不但折斷旁邊的樹枝當作武器揮舞，還一邊激動地大叫、用動作表達牠們的憤

怒。最後牠們還將糞便排到手上，往牠們怒吼的對象身上丟去，而這群手上來福槍早已上膛的旁觀者自然開槍還擊。在一陣煙硝與砲火聲中，母猿當場被擊斃，受傷的公猿則趁亂逃回矮樹叢中。

儘管沒有動物學家隨行，在場的每一個人都很清楚他們打死的絕對是隻非比尋常的生物，甚至連一旁的土著嚮導都說他們從來沒看過像這樣的東西。他們用根棍子支撐著，讓母猿的屍體坐在裝汽油的板條箱上，然後退到十呎外的距離拍了張照片。迪羅伊斯表示：「後來牠的皮被剝下，頭顱和下顎清理乾淨後被保存下來。」儘管迪羅伊斯並沒有很明確地坦承太多事，不過他和他

不明類型的猿人，有可能是南美猿人，出沒於南美哥倫比亞及委內瑞拉地區。
© Fortean Picture Library

神祕動物
壹

那幾位飢腸轆轆的同胞很顯然吃掉了那隻動物的肉，後來剩下的屍塊也不翼而飛。出發時原本有二十人的考察隊，最後只剩四人活著回家。

然而這張照片卻還是被迪羅伊斯的一個朋友，人類學家喬治‧蒙坦頓，在事後檢閱迪羅伊斯的紀錄和其他探勘資料時發現。蒙坦頓原本要尋找南美洲印第安部落的資料，但他認為這張照片太重要了，於是他擬出計畫要「前進神祕地點找出美洲大猿」。蒙坦頓還在計畫書中提到他發現迪羅伊斯既沒有表現出急著要公開這張照片的態度，似乎也沒有讓它外流的意願。後來靠著蒙坦頓的堅持，在一九二九年他將整起故事連同照片刊登在三本法國科學期刊後，才吸引了全世界的目光。在這幾篇報導中，蒙坦頓認為這是隻新發現的生物，還以牠的發現者將牠命名為迪羅伊斯猿（Ameranthropoides loysi），以表彰他的偉大成就。同年六月十五日迪羅伊斯首次將他的故事公開在通俗雜誌《倫敦新聞畫報》（*Illustrated London News*）上。

各界的質疑觀點

這幾則報導才面世不久，揭祕者便已迫不及待地猛烈抨擊迪羅伊斯的個人可信度以及蒙坦頓的判斷，其中的領導人物便是著名的英國人類學家亞瑟‧凱斯爵士。他強烈地暗示迪羅伊斯拍到的是一種在當地的存在沒有爭議、體型較小的無尾動物蜘蛛猴，他還試圖揭發更引人注目的事實。凱斯寫道：「如果當時拍到的是這隻動物的背面，那就什麼爭議都不會有，但是唯一的照片卻是從正面拍攝——這頭野獸被安置在一個大小不明的箱子上呈坐姿，身上或附近也沒有標示長度單位的物體作為身體各部位的尺寸參考。」

不過仍然有其他觀察者在計算野獸坐著的板條箱大小後（同樣的箱子都是二十吋高），判斷牠的身高大約在五呎二吋或三吋之間。但是這些測量數值究竟準不準，始終是爭議的話題。假設這些數字完全正確，那這頭野獸可真是隻異常巨大的蜘蛛猴；目前已知最大的一隻蜘蛛猴只有三呎七吋高。

（作者註：近年來至少有三個人，包括一位人類學家和一位野生動物教育人員，表示他們記得看過第二張迪羅伊斯的照片，在這張照片中出現一位成年男子站在這頭野獸的身旁。如果確有這樣一張照片存在的話，就可以更精準地估計牠的大約體型了。可惜的是沒人能拿出這張照片，或指出它的下落。）

凱斯的否定言論留給許多人接力發揮的機會。例如在一九五一年，《自然歷史》（*Natural History*）雜誌上提到凱斯「輕易地推翻了新類人猿的存在」。另一位評論家，神祕動物學兼生物學家伊凡・桑德遜，同時也是研究大腳野人和其他異種生物的佼佼者，可就沒那麼客氣了。桑德遜公開表示：「原始照片不只是鑑識錯誤，而且是場徹底的騙局，一場蓄意欺詐而應受嚴厲譴責的騙局。」那張照片據他看來明顯是隻蜘蛛猴的照片。

野獸的天性

在這起事件的擴大討論中，受敬重的異常生物學家麥克・薛馬克主張照片中拍到的是隻未知生物。他表示：

「檢驗這張照片時，我發現一項來自不同屬生物不可思議、但合乎邏輯的混合特徵。那扁平的鼻子以及開而外擴的鼻孔是新世界（指西半球或南、北美洲及其附近島嶼）猴子的特徵……牠身上其他強烈顯現出蜘蛛猴身分的特徵，包括眼窩外緣隆起的骨頭、長毛以及格外細長的手指與腳趾。另一方面，牠的許多特徵

也都和此項身分確認相牴觸……與其他類人猿相較之下，這頭野獸的身體像長臂猿、四肢和較短的拇指則與紅毛猩猩相同……牠最不尋常的特徵在於頭顱的形狀。蜘蛛猴的三角臉很好辨識，還有個明顯的凸顎（類似戽斗的顎部）。而這頭野獸的臉是橢圓形，比起蜘蛛猴，下半部較圓潤，顎部也較有力。牠的凸顎較不明顯，甚至可以說不存在……儘管許多新世界的猴子前額比舊世界（即歐、亞、澳、非洲）猴子來得高，但是沒有一隻比得上這頭野獸高凸的前額。」

值得一提的是，不論真假，迪羅伊斯的紀錄並非唯一一起遭遇這類野獸的傳聞。第一則書面文獻出現在佩卓・迪西耶薩・迪雷昂於一五五三年所著的年代記，他提到土著的敘述。還有一位西班牙人自稱他「看過一隻這樣的野獸死在森林裡，形狀和形貌都和我聽說的一樣。」在《論圭亞納之自然歷史》（一九七六年）中，作者艾德華・班克勞夫特提到印第安人形容這些野獸為「接近五呎高，維持直立姿勢，外型極似人，全身長滿短黑毛」。菲利浦・葛斯在《傳奇自然史》（*The Romance of Natural History*，一八六〇年）一書中表示一種「動物學家尚未辨識出的大型類人猿」在南美洲存在的可能性相當高。

在一八七六年當時的英屬圭亞納（今蓋亞納）探險家查爾斯・巴靈頓・布朗留下的紀錄中，他寫到當地的土著稱為「迪迪」（Didi）的生物：「力大無窮的野人，全身是毛，生活在樹林中。」布朗不只一次聽過迪迪的傳聞，還有一次親眼看到牠的腳印。目擊傳聞一直持續到二十世紀，在一九一〇年還有一位英國治安官看到兩隻迪迪出現。

一九六八年探險家皮諾・杜洛拉在委內瑞拉東部叢林密布的山區旅行，當他行經馬利露帕瀑布時聽說了大猴子的故事。他的

嚮導說幾年前他和兒子遭到三隻這種野獸手持著樹枝充作棍棒的攻擊，他兒子還因此喪命。杜洛拉在返回美國後進行了相關主題的研究，發現迪羅伊斯的照片；同年他又回到當地，將照片出示給那位嚮導看。他向杜洛拉確認這就是攻擊他們父子的大猴子的樣子。於是杜洛拉說服他的嚮導帶他去當年發生那場致命攻擊的峽谷。到了現場後他不但聽見讓人毛骨悚然的嗥叫聲，還看見兩隻類似猿猴、約五呎高的兩足動物逃竄的模樣。其中第二隻野獸，他宣稱兩年後當他到厄瓜多爾境內的安地斯山東面考古時，還看過牠出現。

最近一則刊登出的南美猿人傳聞發生在一九八七年的蓋亞納。目擊者黴菌學家蓋瑞‧山繆斯替紐約植物園到蓋國進行田野調查——事件發生時他正在林地裡採集菌類——當他聽見腳步聲，以為來人是蓋亞納的樵夫。他抬起頭時被嚇了一大跳，因為出現在他面前的是隻五呎高、兩腳站立的猿猴，還發出一陣陣「呼呼」的嗥叫聲。

很顯然在南美洲是否有類人猿的存在還是個懸而未決的謎團，不過總是找得出其他好理由來懷疑迪羅伊斯照片的真實性。

聲名狼藉的聯想

關於迪羅伊斯事件的爭議性在神祕動物學家羅倫‧柯曼和麥克‧雷諾兩人的調查後出現了新局面。他們兩人對蒙坦頓在這整起事件中扮演的角色感到好奇，或乾脆說到了厭惡的地步。

蒙坦頓，這位當時在法國工作的瑞士籍人類學家，對人類的進化保持著種族趨向的觀點。他歸納出的結論是不同的種族來自於不同的人種，他認為白人——由古代智人所進化的後裔——是最高等的。其他像非洲人來自大猩猩或黑猩猩、亞洲人來自紅毛

猩猩，而美洲印第安人則來自美洲類人猿。蒙坦頓不但將迪羅伊斯猿視爲最後一項的直接證據，更擴張成爲他支持所有假設的概括證據。

蒙坦頓的僞科學理論除了荒謬之外，更糟的是它明白地表示出他個人根深柢固的種族歧視。蒙坦頓是個激烈的反猶太份子，還一度提議「割掉所有猶太女性的鼻子」能有助於減少猶太人口數。在德國占領法國期間（一九四○年到一九四四年），他擔任的「人種暨種族」專家任務是決定哪些人具有猶太或亞利安人的特徵；如果被判定是前者，就會被直接送進死亡集中營。一種對於他個人強烈且可以理解的仇恨讓蒙坦頓於一九四四年死在法國游擊隊的手中。

柯曼和雷諾還在蒙坦頓眾多種族歧視的著作中發現他在一篇靈長類動物學文章中提到迪羅伊斯猿，裡頭的文字是他高度重視這場口頭宣稱發現的鐵證。兩人表示：「很明顯喬治·蒙坦頓屬於像喬瑟夫·門格勒⑦或卓芬·李森科⑧這些『瘋狂科學家』那一族！對他而言這項發現向他展示了人類的多種基因起源，於是不同人種的分類法彼此之間互不關聯，而其中某些種族因爲導致外來基因而活該要被滅種。」

儘管如此，在認定迪羅伊斯的照片只不過是隻比一般體型來得稍大的蜘蛛猴的同時，柯曼和雷諾還是強調只要有來自其他目擊者看似可信的傳言存在的一天，南美人猿的存在還是個沒有確定答案的謎題。

1-12 歐哥波哥水怪

在一九七四年七月中一個晴朗早上的八點鐘左右，一名十多歲的少女正在歐肯那根湖的南岸邊緣附近晨泳，歐肯那根湖是一

加拿大英屬哥倫比亞省歐肯那根湖的湖景，正對著風波角和歐哥波哥島，該處曾多次出現歐哥波哥水怪。
© Fortean Picture Library

座位於加拿大英屬哥倫比亞省南部、長約八十英里的內陸湖泊。少女的目的地是離岸邊四分之一英里的木頭浮台或跳台。當她離浮台只剩三呎不到時，突然間一個巨大沉重的東西頂了一下她的雙腿，驚慌失措的少女嚇得撲向浮台，手腳並用地連忙爬上岸。

　　從她現在的有利位置，少女在清澈的湖水中看見了一隻距離她約十五到二十呎的不明生物。「我看見了一個峰背或類似捲圈的東西，有八呎長、露出水面四呎高，不斷向前移動，」少女在十年後對國際神祕動物學協會的理查·克倫威爾透露這段往事，「牠要去的方向是和我相反的北邊，而且牠看起來似乎不是很趕，游得非常慢……在峰背後方五到十呎、約在水面下五到八呎左右的地方我看得見牠的尾巴。那一條分叉且呈水平狀的尾巴和鯨魚很像，約有四到六呎寬。當牠的峰背沒入水中，尾巴也跟著高舉到水面上，接著下降到尾端凸出水面只有一呎的高度。」

　　之後不明生物很快就消失在她的視線範圍，整起事件前後持續了約四到五分鐘。

　　只願意透露自己叫作克拉克的目擊女子，告訴克倫威爾那隻

神祕動物

壹

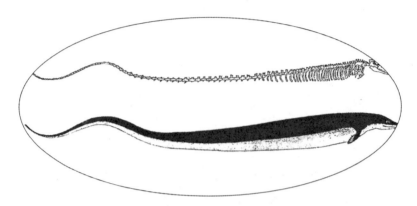

上圖是械齒鯨的骨骼型態，下圖則是械齒鯨型態的復原圖，牠有著蛇的體型，是一種原始鯨魚，和海怪或歐哥波哥水怪非常相似，大約於五億年前滅絕。© Fortean Picture Library

生物身上的顏色是非常黯淡的暗灰色，而且是以波浪上下起伏的方式移動身體。她說：「我覺得那顆沒有脖子而直接連在身體上的頭——很像魚或蛇的頭……這怪東西看起來比較像鯨魚而不像普通魚，但是我以前從沒看過這麼瘦小、身體又如此蜿蜒的鯨魚。」

事實上，這種鯨魚確實存在，至少曾經存在過一陣子。雖然可以在化石紀錄中找到牠存在的證據，不過自從兩千萬年前起到現在都沒有人發現過牠的蹤跡了。動物學家和古生物學家都知道牠的學名叫作 Basilosaurus，也稱為械齒鯨，而數十年來始終有傳聞表示在歐肯那根有一隻和牠高度相似的生物。從一九二六年起牠就被稱為歐哥波哥，改編自一首英文的音樂廳歌曲曲名。

縱使這名字取得很蠢，如果所有關於牠的傳聞內容不是因為特別原因而一致到讓人側目的話，歐哥波哥水怪在湖怪界中存在的真實性可是名列前茅。而且所有目擊傳聞都不是出自於民間傳說的大水蛇或長脖子的蛇頸龍形象，知道械齒鯨的大概只有古生物學家和神祕動物學家，一般人大部分都沒聽過牠。

白人殖民者約莫在一八六○年左右來到歐肯那根湖，幾乎在一遷入後就相信湖裡潛藏著不明生物。至於早就有這種認知的印第安人則稱呼牠為「湖中魔神」（natiaka），牠同時也出現在一系列的超自然傳說中。其中一則早期的白人目擊事件發生在一八七○年代中期，兩名分別在湖對岸的目擊者都看見一隻外型像蛇般的長型生物迎著風浪逆流而上。兩個人一開始都以為那只是根浮木，在那之後的多年來許多其他目擊者也都會提到「有了生命的浮木」。

　　到了一九二○年代，一群來自加拿大和美國的狩獵隊搜遍了歐肯那根湖，希望能獵殺隻水怪回去，結果是空手而回。在之後的幾十年間也零星傳出水怪現身的傳聞，其中讓人印象最深刻的一起事件發生在一九四九年七月二日的午後接近傍晚時分，一群剛離岸的船上乘客看見在距離他們一百呎遠的湖水中出現一隻部分身體沉在水中的生物。牠有條「分叉」的水平尾巴（鯨魚的特徵），以上下起伏的方式移動牠像蛇一樣的身體（爬蟲類的特徵）。看得見的部位是三十呎長的黑色光滑背部，頭埋在水下，大概是因為正在進食。另外還有個目擊者在陸地上看過牠。

　　一九六七年一群將近二十位目擊者在歐肯那根湖南端目睹水怪出現後，差不多可以確定了水怪的鯨魚身分：「牠的頭像水桶般粗大，還噴著水。」一九八九年七月三十日，歐哥波哥水怪出現在距離英屬哥倫比亞神祕動物學俱樂部的調查隊前方約一千呎處，透過望遠鏡，約翰・柯克看得相當清楚，他表示：「水怪的皮膚就像鯨魚一樣。」

　　在分析過由瑪莉・姆恩匯整出的超過兩百則目擊報告後，羅依・麥考對於歐肯那根湖的生物做出了底下的這段綜合描述：

　　「牠在形貌上看起來最像浮木，瘦長蜿蜒的體型在中間並沒有

格外厚實的部位。體長約十二米（四十呎），不過也有介於較小範圍間的傳聞，還有幾例說牠身長達到二十米（七十呎）……牠的皮膚在暗綠色到暗黑色或褐色到黑色之間，以及暗褐色都有。偶爾會有介於灰色和藍黑色間的顏色，甚至還有金褐色的說法。最常聽到的是牠的皮膚光滑沒有鱗片，不過根據近距離目擊者的觀察以及與鱘魚的側鱗比較過後，身體的某個部位肯定長了幾片骨板、鱗片或類似的組織。通常牠的背部都很光滑，但還是有少數鋸齒或不規則的破碎狀說法。據說頭部附近有稀疏的毛髮或短而硬的毛髮組織，少數幾則傳聞則指出在牠的頸部後方看見鬃毛或雞冠狀的組織。」

　　麥考的評論是這些特徵符合一隻而且是唯一已知的生物——械齒鯨，他還舉出其他在英屬哥倫比亞省外海和其他加拿大湖泊中出現過類似生物的傳聞為證。麥考認為歐哥波哥水怪是最早棲息在海洋、後來適應了淡水環境的生物，其他有類似傳聞的淡水湖像是曼尼托巴湖（曼尼波哥水怪）、溫尼伯戈西斯湖（溫尼波哥水怪），以及多芬湖。

孩子們在歐哥波哥水怪的石像上玩耍，此生物據說棲息於加拿大英屬哥倫比亞省的歐肯那根湖。
© Fortean Picture Library

至於持負面意見的評論家則認爲，至今始終沒有可令人信服的照片是歐哥波哥水怪不存在的鐵證。現存的所有照片講好聽點是不夠具決定性，講難聽點則是它們的眞實程度讓人起疑。可能是因爲歐哥波哥水怪從來沒受過像尼斯湖水怪一樣來自科學界的高度關切，更沒有聲納追蹤紀錄或其他透過儀器取得的證據。至今歐哥波哥水怪還是完全活在目擊者的證詞世界中。

1-13 蘇門答臘矮人

在印尼群島中屬於大島的蘇門答臘島上有數百萬公頃的雨林，同時也是長臂猿、紅毛猩猩和馬來熊的棲息地——後者幾乎是在牠的同類中唯一會用後腳站立的熊，不過卻無法用來奔跑。根據許多自稱看過牠們的目擊者表示，還有另外一種異常蘇門答臘的特有生物——蘇門答臘矮人（orang pendek，或有人稱爲sedapa）。拒絕相信這些傳聞的人將牠們解釋成不過是來自對上述其他動物的誤認而已。

據說蘇門答臘矮人直立時身高介於二呎半到五呎之間，少數幾起案例有稍微高一點的樣本，全身長滿短黑毛，茂密的鬃毛長到背後一半的高度或到腰際。牠的手臂較類人猿短，而且也不像其他蘇門答臘的猿猴都在樹梢間移動，牠多半以雙腳走路居多。牠的腳印像個子矮小的人類的足跡，只不過比較寬一點。牠的食物包括水果和小動物。

目擊者經常提到蘇門答臘矮人在形貌上與人類令人驚訝的高相似度，因此才稱牠們爲「矮人」。一位荷蘭籍的移民凡・賀華登表示自己在一九二三年十月曾經遇過一名矮人，而儘管當時他身上帶著槍，本身又是名資深的獵人：「我並沒有扣下扳機，因爲我突然有種好像自己將殺人的感覺。」賀華登提供了底下這段超

乎尋常的詳細敘述：

「矮人連身體正面也是毛茸茸，正面的毛顏色比背後來得稍淡些。頭上顏色很深的毛髮有些垂到肩膀，有些甚至快長到腰際，既長又相當濃密的毛髮。牠的臉下半比較像人類；褐色的臉孔幾乎沒有長毛，額頭似乎頗為高挺飽滿。牠的眉毛抽動得很自然，顏色是身上毛髮中最深的；眼睛也很像人。寬闊的鼻子上兩個鼻孔也挺大的，但看起來卻一點也不笨拙……牠的嘴唇很普通，但是張開嘴時寬度相當驚人，嘴角偶爾因為緊張而抽動時犬齒會清楚地露出來。在我看來那是相當大的牙齒，而且一定比人類的還發達。而門牙就比較正常，牙齒都是黃白色的，下巴則有點往後縮。在牠快速移動的同時我一度看見牠的右耳，和小孩子的耳朵完全一樣。牠的手背上也長了點毛，站直時雙手下垂的位置只比膝蓋高一點點；手臂很長，但是看起來腿短了一些。我沒有看到腳掌，不過有看到幾根形狀很正常的腳趾。這個矮人的性別是雌性，約有五呎高。」

因為靈長類動物學家從未看過蘇門答臘矮人的活體或屍體，他們大多將這些目擊傳聞斥為騙局一場（就像某位博物館館長對上面那段敘述的看法一樣，理由是它過於翔實），或只是誤認了紅毛猩猩或長臂猿。一些據稱是矮人留下的印記最終都被認定是馬來熊留下的痕跡。儘管少數其他人不信這些空口無憑的描述，他們也無法提出解開這個謎團的正確答案，因為甚少有動物學家特別注意過這群生物。因此在書中提到蘇門答臘矮人時，姑且不論應不應如此，牠們總是被貼上「虛構或傳說中」的標籤。

近代的調查

一九八九年夏天，英國旅遊作家黛博拉·馬提爾造訪蘇門答

臘西南方的克尼西區，並深入到山區的雨林中探險。當他們一行人在克尼西山中紮營後，她的嚮導告訴她往東走、在杜楚山火口湖另一邊的密林中，偶爾會有幾個蘇門答臘矮人出現。當黛博拉以懷疑的口吻回應他時，土著嚮導便透露出他個人的兩次目擊經驗。

被激起好奇心的黛博拉於是出發到嚮導口中的地區，在訪問過當地聚落的居民後竟收集到許多目擊證詞。「所有傳聞都提到這隻生物有個明顯凸出的大肚子——這是在之前的矮人研究文獻中從未出現過的資訊。」黛博拉將這幾句寫在她的紀錄中。部分目擊者說矮人的頭髮是暗黃色或棕褐色，其他人則說是黑色或深灰色。她個人的意見是這些生物其實是被人類激怒而做出劇烈反應的紅毛猩猩、馬來熊或合趾猴。

在她尋訪的過程中，黛博拉還跋涉到眾人口中經常目睹矮人出現的克尼西山區最南端。儘管她自己並沒有看到什麼，倒是發現了幾個腳印。她對其中一組足跡做出這番註解：

「每個腳印的輪廓都很清楚，大腳趾和其他四趾都清晰可見，而大腳趾的印記像是人腳踩踏出來的。這雙腳的腳掌既高又有曲線，量起來的長度剛好在六吋（十五點二公分）以下，最寬的地方也不到四吋（十點一公分）；腳跟既窄又圓。如果我們很靠近某個村莊的話，我可能會認為這是個健康的七歲孩童留下的腳印，但是這腳印即使對一個習慣不穿鞋的人來說也都稍嫌太寬了點。」

結果她的照片也因為下雨以及伴隨的閃電而照得模糊不清，不過黛博拉還是做了一個腳印的石膏模拿回到克尼西士巴拉國家公園的總部。國家公園的主管剛開始完全不相信矮人的傳聞，因為就像他告訴黛博拉的一樣，山上的人都很「純樸」。但是當他和

同事們看過了石膏模後，所有人都同意這絕非任何他們熟悉的動物。

可惜的是這引人好奇的證據卻淪為對蘇門答臘矮人毫無興趣或保持著敵意的其他科學家手上的犧牲品。儘管黛博拉一再努力爭取要拿回她的樣本，腳印的模子被送到印尼國家公園局後就再也沒人看過它了。

在那次蘇門答臘之旅前，黛博拉完全沒有聽說過矮人的任何傳聞。她語帶悔恨地反省當時：「我做出錯誤的判斷，以為既然連我自己都可以發現那麼多蘇門答臘矮人的腳印，官方應該會有數量可觀的文獻紀錄，當然也會有石膏模型可供參考。如果我當時能發覺情況並非如我想像，我肯定會把那珍貴的模子留下，還會小心拍下更多清楚的真實腳印的照片。」

黛博拉根據自己的追蹤過程做出的結論是，蘇門答臘矮人存在於蘇門答臘西南方的高山雨林間的可能性有百分之八十。「假設牠是一種底棲型的生物而且又慣於藏匿，」黛博拉表示，「這倒可以解釋為什麼牠可以躲過動物學家的注意，只有當地原住民知道牠的存在。」

黛博拉・馬提爾於一九九四年十一月間再度遠征蘇門答臘的偏僻山區，她回到西南部高地後訪問到的目擊者人數更勝以往。這一次她親眼看見了三次蘇門答臘矮人出現在她面前。她說這個神祕生物有著出神入化的偽裝技巧。如果牠靜止不動，你完全不會發現牠就在你面前。

1-14 沙斯夸奇（大腳）

沙斯夸奇無疑是北美洲最大的神祕動物學謎團。如果有人能證實牠的存在，而且拿得出能讓大多數科學家信服的真實標本，

至少牠可以提供人類進化的革命性觀點。假如沙斯夸奇真的存在，牠幾乎確定和我們人類脫不了關係。事實上沙斯夸奇的擁護者也對於究竟牠是猿類或某種早期人類的爭論而分成兩派。

在底下討論的內容中我們將沙斯夸奇（或用美國傳統稱法——大腳）定義為傳聞中出現在美國北部和西部地區（北卡羅萊納、奧勒岡、華盛頓和愛達荷各州）以及加拿大西部（英屬哥倫比亞和亞伯達省）的巨型類人猿。某種尚未被發現過且特別異常的類人猿，能夠存活在這塊群山遍林的遼闊地區中，除了極少數驚訝的目擊者看過牠之外，從未曝露過行蹤，這種想法雖然還算可以理解，但仍舊令人難以置信。也就是說，至少有人想像過有這樣的生物存在於自然世界裡。

必須提到這點原因是在北美大陸的每個州和省都傳出過有和沙斯夸奇在外表上極相似的生物出現的紀錄。在任何可想見的自然世界裡這些都不是憑空想像的事件，的確有許多這類的傳聞因為本身帶有超自然現象的成分或至少因為在動物學觀點上顯得荒謬，而讓人感覺這些並不是什麼自然現象，反倒像是妖精世界裡的場面。儘管冠上「大腳」兩字，本段的內容並不是在這一節所要探討的主題；這類超自然人猿的題材會在後面提到長毛兩足類動物時一併處理。

根據最早開始記錄沙斯夸奇事件的加拿大記者兼調查員約翰・葛林表示，牠們的平均身高為七呎半，這個數值來自數百件目擊者的證詞，通常都有索居的傾向，極少被看到與其他同伴一起出現。牠們全身幾乎長滿密毛，四肢的比例比較接近人而不像猿，但是寬闊的肩膀、不存在的頸部、平坦的臉與鼻、頭蓋骨低、眉脊凸出，以及玉米狀的頭型都反而是動物才有的特徵。沙斯夸奇是雜食性，大多在夜間出沒，天氣寒冷時幾乎不活動。

靈長類動物學家約翰・納皮爾是極少數認真研究沙斯夸奇現象的科學家之一，他引用許多可信度較高的傳言指出「沙斯夸奇全身都是紅褐色或赭色的濃毛……雖然赭色是所有提到的顏色中最常見的，偶爾也有黑色、嗶嘰色、白色和銀白色……腳印大小介於十二到二十二吋之間。在三十三則目擊傳聞中，有百分之六十六提到最常見的範圍在十四到十八吋間，平均是十六吋，最常出現的寬度是七吋……」

沙斯夸奇的背景

如果沙斯夸奇是真實的生物或早期原始人，幾乎不用說牠肯定不是近年來才出現在西北美的荒野上。因此大腳現象的信徒一直在努力尋找牠在二十世紀以前的存在證據，不過成效不彰。

在試圖賦予沙斯夸奇一個悠久歷史紀錄的同時，擁護者經常引援美洲印第安人關於巨大的林地兩足生物的傳說為證，但通常這些看法不是斷章取義就是被選擇性地引用。其中最有可能的沙斯夸奇候選對象是來自北方森林的阿爾岡昆印第安族的雪怪（Witiko，或稱 Wendigo）。雪怪是種會殘殺同類的巨型食肉動物，牠的其中一項超自然能力就是附身在人類身上，讓他們也變成雪怪。在探究這種說法的根源時，大多以人類學的角度、而非業餘的大腳學觀點出發，且多集中在精神失常這方面，這讓人一點也不驚訝。在北美洲印第安神話中與雪怪類似的野獸不勝枚舉；牠們會召喚冒著違反禁忌危險的其他印第安人，在部落社會中還有更多更複雜的事蹟。

如果沙斯夸奇真的潛伏在北美洲某處，那牠真的把自己偽裝隱藏得很好，不過在其他沒有引起太多迴響的故事中，偶爾出現的詳細敘述倒是讓人相當好奇。然而大部分的林地巨怪不是因為

太具侵略性和食肉性，就是相反地太過文明化和智慧過高而失去成為沙斯夸奇的資格。

　　企圖從浩瀚的神話之海中撈出一根細微的具體事證之針無疑是緣木求魚，倒不如轉向那些早期報紙上關於沙斯夸奇、由一開始只是可能到後來肯定的公開報導。一八七〇年加拿大報社《安提阿木報》（*Antioch Ledger*）的通訊記者寫了一則他在去年看到一隻「猩猩、野人或隨便你愛怎麼叫」的神祕生物報導。他在報導中寫道：「野獸的頭似乎沒有脖子，而是直接連在牠的身體上。」這則細節幾乎都出現在每個現代目擊者的證詞中。另一方面這名記者還提到一點明顯不尋常的肢體特徵：「非常短的腿。」如果這隻野獸並非出自於執筆者的想像世界，那麼牠可能是隻猩猩；也很有可能是隻黑猩猩。

　　下一則當代已知的沙斯夸奇報導出現在一九〇一年時的《開拓者時報》（*Colonist*），一間加拿大英屬哥倫比亞省的報社，內容講述一位伐木工人在靠近坎貝爾河的溫哥華島上工作時的遭遇。因為他的印第安搬運工人害怕他們口中那隻住在森林裡的「猴人」而拒絕與他同行，當天麥克・金恩便落單了，到了下午快傍晚時他發現河裡有隻「似人的野獸」正在洗某種根莖類的植物。突然間野獸發現了金恩的存在，牠發出一陣怪叫後疾速逃往山上，在途中還一度停下來回頭觀察他的動靜。金恩對牠的形容是：「全身長滿紅褐色的毛，手臂出奇地長，在攀爬或是衝刺時似乎很靈活；逃跑的路線上出現清楚的人類腳印，上面的腳趾長且分開。」

　　一九〇四年十二月十四日，《開拓者時報》報導了一則「四位可靠的目擊者」在溫哥華島上看見一隻類似沙斯夸奇生物的消息，一九〇七年則刊登了一座村莊被遺棄的報導，原因是一隻「猴子般的野人到了晚上會出現在海邊（英屬哥倫比亞海岸上的主

教灣附近），發出讓人不寒而慄的嚎叫聲。」嚇得全體村民棄村逃命。

到了二十世紀的前一、二十年，加拿大西部的居民都已經聽過這種被稱為沙斯夸奇的巨大毛怪。民間傳說中的沙斯夸奇（Sasquatch）——原本海岸沙利旭印第安人所使用的名詞英語化後的字——因為一位學校教師伯恩斯的作品而讓北美洲以外的世界也知道了牠的存在。伯恩斯任教於英屬哥倫比亞省哈里遜溫泉附近的齊哈里斯保護區，他筆下的沙斯夸奇是他經由印第安原住民口中得知的神話角色，非但不像類人猿反而像是虛構的超人，一個具有超自然力量又有智慧的「印第安巨人」。不過只有少數人相信這不是伯恩斯的想像而是真實的生物。

與這些懷疑的輿論抱持相反意見的，是那些宣稱自己見過巨大毛怪的目擊者。其中最引人注目的是來自英屬哥倫比亞省的艾伯特・歐茲曼，他在一九五七年出面陳述一樁發生在一九二四年的事件。當時他在溫哥華島對面的托巴灣的峽角探勘，有天晚上他從睡袋中被挖了出來，被丟在好幾英里外的地方。這時他才發現俘虜他的是一個巨猿家族——包括一對成年雄獸與雌獸，以及雄雌幼獸各一。儘管這些野獸表現出友善的態度，但很明顯牠們不想讓歐茲曼逃走，他只有利用成年雄獸嚼煙草時噎到的機會趁機脫逃成功。當他回來時一共失蹤了六天。訪問過歐茲曼的調查員，包括約翰・葛林和伊凡・桑德遜都不曾懷疑過他的誠信與精神狀態；約翰・納皮爾以他的靈長類專業觀點記錄這起事件，他表示：「這則可信度極高的傳聞……在任何細節上聽起來都沒有絲毫造假的跡象。」

另一則讓人側目的大腳攻擊事件，受害者是一群在華盛頓州西南方的路易斯河、聖希倫斯火山區工作的礦工。這段軼事開始

於一九二四年七月的一個夜晚，在這群過去一個禮拜以來被附近幾座山脊中傳來的詭異呼嘯和重擊聲搞得焦躁不安的工人中的其中兩人，發現礦區附近出現一頭七呎高的類猿生物，二話不說立刻朝牠開火。接著他們逃進小木屋裡，和另外兩名夥伴忍受了一整晚來自無數隻不名野獸的攻擊，包括此起彼落的飛石和一次集中全力企圖破門而入的猛烈撞擊。事後到現場採訪的《波特蘭奧瑞岡報》（Portland Oregonian）記者發現好幾個大型腳印，於是發生這起神祕攻擊事件的地點便被稱爲「人猿谷」，且沿用至今。到了一九六七年，其中一位當事人弗瑞德·貝克回想當年這起事件後和他的兒子合出了一本小冊子，名爲《我在聖希倫斯火山與人猿的戰鬥》。

一九八二年時，八十六歲的蘭特·穆倫斯，在接受某家溫哥華報紙的訪問時宣稱自己是這起事件的背後主謀。他向記者表示當年他們一群人在釣完魚回家的路上，他和舅舅開玩笑地「丟幾個石頭滾下崖邊，然後快速離開」。穆倫斯說從那之後就出現了「大毛怪的故事」。然而，認爲是貝克和其他人一起憑空捏造這則故事的說法，和因爲一個簡單的玩笑而引發一連串錯綜複雜、還被大肆報導而喧騰一時的事件比起來，前者更容易讓人接受。這些後續事件包括接連不斷的目擊傳聞，有的甚至還在不到幾呎的距離遭遇類似大腳的生物。在穆倫斯站出來坦承一切時貝克早已過世，但身爲目擊者兒子的羅納·貝克用了三個字「不可能」，否定了這則認爲整起事件「可能是場普通或甚至策劃過的惡作劇」所造成的聲明。至於父親爲人的正直，他補充提到：「我和父親的感情很好，相信我，他是個坦率而眞誠的人。我有一次剛好聽到他和另一個人（其他某位礦工之一）談論起他們一九二四年那次的經歷。」

沙斯夸奇目擊事件持續發生，偶爾登上加拿大的各大報紙。從一九二〇年代某個時間點起，「大腳」（Bigfoot）正式成為某些當地人的日常字彙之一，這些人對他們在人跡罕至的偏僻地區中看見的腳印之大有難忘的印象。在一九五八年，大腳讓全美國人都意識到牠的存在：在加拿大西北方、靠近柳樹溪附近，幾位推土機操作員在他們前一晚才推平的地上，赫然發現明顯是隻大型的兩足動物所留下的大量腳印。在其他地方也陸續發現這些腳印後，採集樣本做成的腳印模子引發媒體的高度關注。幾個禮拜後的十月下旬，兩名男子駕車行經一條荒僻的小路時看見一頭巨大、渾身長毛的兩足動物，從牠們面前橫越過馬路後消失在樹叢間，在地上留下清晰的大腳印。大約在同一時間，一位報社攝影師在追蹤一組腳印後發現了一堆排泄物；根據他與伊凡・桑德遜的對話內容，那是「一坨大小和分量都無比巨大的糞便。」

派特森影片

　　到了一九六〇年代，大腳有時被稱為「美國雪人」，已經在一般大眾的想像中建立起穩固而獨特的地位。儘管許多科學家對於眾多目擊者是否真如他們所宣稱的看見了些什麼的可能性連想都不想就斷然拒絕評論（正如他們避免親自參與調查或訪問目擊者，讓懷疑論者認定幾乎所有傳聞都是騙局或只是普通的熊），幾位外行的調查員，如葛林、芮妮・達欣頓和吉姆・麥卡林等人，卻四處找出目擊者，大膽踏進荒林中希望能一窺藏匿野獸的身影、試圖在龐大的資料中辨識出大腳的行為模式，或在文章和著作中發表他們的發現成果。伊凡・桑德遜的《雪人：成真的傳說》（*Abominable Snowman: Legend Come to Life*，一九六一）是第一本結合了北美洲目擊傳聞和世界各地如阿馬斯和雪怪等的「野人」

傳說，以廣博的角度探討大腳（野人）現象的專書。

羅傑・派特森也是深入荒野中試圖尋找大腳蹤跡的其中一人，這位前馬術表演牛仔還是位業餘作家，曾經自費出版過一本書：《美國雪人真的存在嗎？》（*Do Abominable Snowmen of America Exist?*）。葛林在一九六七年表示派特森過的是一種發明家和推動者朝不保夕的生活。在一九五九年的《真實》（*True*）雜誌上的一篇文章點燃了派特森對大腳的熱烈興致，自此之後只要時間允許，派特森都會出現在太平洋沿岸的西北林地中，四處尋

1967 年 10 月 20 日，羅傑・派特森於加州的布拉夫溪岸邊拍攝到大腳出沒的畫面。
© Fortean Picture Library

找大腳留下的蛛絲馬跡。過了一陣子，在結合商業利益與滿足個人好奇心的考量下，他擬定好計畫要拍攝這場世紀之謎的影片。此後他每次的探險必定攜帶一部攝影機同行，拍攝他認為可以用在電影中的任何片段。

在一九六七年十月二十日，時間是剛過下午一點十五分，派特森和一位夥伴巴伯‧吉姆林，正在北加州六河國家森林中（此區以大腳活動、包括目擊事件和神祕腳印之頻繁著稱，當時已經成為週末假日的觀光勝地）。當時他們騎馬北上走在一百碼寬、半乾涸的布拉夫溪[®]河床上，過了一段路後被堆在溪水中央、疊得老高的木頭阻擋住他們的去路，於是得設法控制馬匹往東繞行過去。當他們通過障礙物後、往左走回原先的路線時，兩人看見——或宣稱他們看見——某種東西，讓他們捲入即使到了四十年後的今天依舊沒有結論的爭議中。

一隻雌的大腳從原先牠蹲坐的河水中倏地站了起來，快步走進附近的樹林中，整個過程中雙臂的擺動沒有停止過。在這段短暫的插曲發生之際，三匹馬（第三匹是派特森和吉姆林買來運行李的駄馬）全都受到極大的驚嚇，派特森的座騎揚起前腿後立即往騎士右手邊倒下。在他的馬掙扎著站起來的同時，派特森好不容易從鞍袋中摸出十六釐米的攝影機，然後轉頭徒步去追逃跑的野獸。攝影機裡膠捲只剩下二十八呎的長度，派特森將它全部用來從三個不同角度記錄大腳逃亡的過程。

派特森在一九七二年過世，直到生前最後一刻他始終發誓目擊事件和影片本身不容質疑的真實性，還在世的吉姆林也堅持這是千真萬確的故事。第一個到現場的大腳調查員巴伯‧提馬斯發現了完全符合在影片中所指出的野獸逃跑路線的腳印，於是他做了十個這些腳印的模子。他也得知野獸在往山坡上逃逸時還停下

來坐了一陣子，顯然是在觀察那兩位選擇去把馬追回來、而不是繼續追著大腳不放的目擊者。

　　當然這段影片並沒有解決是否眞有美國雪人存在的棘手問題，而圍繞著影片本身的爭議則是源源不絕，其中一項看似簡單卻重要的便是關於影片的拍攝速度。派特森說他記不得是每秒二十四呎或是三十六呎了；如果是後者，一位英國生物力學專家格利佛在分析過影片後指出：「手臂的擺動與循環時間都和一般人類無異，不過比起一般認爲在那種大跨步和四肢動作的模式下所持續的時間是久了一點」──言下之意是如果這是正確的影片速度，那麼影片主角牠的「神經肌肉系統與我們人類有極大的差異」。也就是說，牠不是穿著猿猴裝的人類所假扮的，而且僞造的可能性已被排除。然而如果是每秒二十四呎的話，那麼牠走路的步法從許多方面來看，都極度類似普通人以高速行走的模式。

　　經過費盡苦心的現場重建工作後，大腳的身高被判定是略低於六呎六吋，與派特森估計的七呎四吋有不小的出入。然而對約翰‧納皮爾而言，這兩個數字都不符合發現的腳印大小，據他估計只有身高在八呎左右的動物才有十四吋的腳印。「腳印間的距離（步距）量起來是四十一吋，」納皮爾在事後補充說明，「身高六呎五吋的生物步距應該是四十五吋，特別是像在影片裡看見的牠跨步走的樣子；事實上以那種誇張的行走方式，步距應該會比正常的還要大，好比有五十吋。結論是無可避免的：不是腳印就是影片是僞造的。」

　　不過儘管有這些和其他問題點（讓人困惑的還有牠身上明顯結合了人類與猿猴的特徵），納皮爾還是對自己「無可避免的」結論做了些微的讓步，同意如果這不是一場接近完美呈現的騙局，將是：「第一部拍到科學上全然未知的新品種人類的影片。這樣

一來羅傑・派特森的地位應該要和直立猿人（Pithecanthropus Erectus）或又稱為爪哇猿人的發現者杜埠瓦並駕其驅；或是和讓全世界知道最接近現代人類的史前人類始祖非洲南猿（Australopithecus africanus）、出身約翰尼斯堡的雷蒙・達特相等。」

不曾懷疑過這部影片真實性的葛林，不同意那些斷言大腳行走的方式與人類相同的說法。他從逐格播放影片的分析中做出結論：「牠的步伐比起正常人類要流暢許多，因為膝蓋在承受身體的重量時確實彎曲。人在走路時當身體移到伸直的那條腿上後會呈現上下起伏的動作，而影片中的沙斯夸奇卻是以流動的方式前進。牠的腿在跨出完整的一步時，比起承受全身的重量時還來得更直。」

在和大腳研究者彼得・拜恩於一九七三年一起看完這部影片後，迪士尼製片廠的首席動畫師表示：「世界上唯一能夠創造出這種程度的模擬效果的地方就是這裡，在迪士尼製片廠，但是這部影片並不是在這裡拍攝的。」

由於所有觀察者都同意這部影片，如果真是偽造的話，確實是部相當傑出的作品，因而所有的臆測都集中在那兩位目擊者身上。部分評論家——除了納皮爾（他認為派特森是個「相當有魅力又真誠」的人）之外——指出他對於成功拍到大腳影片後所帶來的經濟利益露出太過明顯的興趣，而且派特森和吉姆林也的確絲毫不浪費時間利用他們的所有權發了一筆短暫的橫財。

然而除了這點明顯的動機之外還是有其他問題，例如大腳研究者的小社群。儘管他們鮮少對任何事有共同的看法，這次眾人卻口徑一致地表示：派特森和吉姆林才沒那麼聰明到能設計出這麼大規模的一場騙局。此外，經濟考量也是另一項因素；兩人都

拿不出這麼一筆錢來支付打造那一身就像拜恩所說的「足以瞞過全世界拿著放大鏡看出『拉鍊在哪裡』的觀察者」行頭的費用。在美國只有兩家公司有辦法做出這麼一套精緻的服裝，而兩家都宣稱他們並沒有做過這件事。如果真有穿著猿猴裝的人，那他／她保持緘默的時間可是比最謹慎的人在思考下一步行動還來得久多了。因為試想一下，將事實真相不管是向公正的雜誌或充斥超市的八卦小報爆料會為自己帶來多大的好處，那他／她何樂而不為呢？

關於派特森影片的爭議未曾停歇，或許要等到「戲服底下的人」出面坦承一切、或有人能拿出與影片中的生物做比較的具體大腳樣本，到時才有定案的一天。至少不像其他據稱是大腳影片卻明顯是偽造的劣質品那樣，所有人都同意的一點是派特森影片確實有值得討論的空間。

皮紋線

接下來另一場同樣由據稱是大腳存在證據所引發的爭議爆發於一九八二年，儘管剛開始看起來它的發展似乎大有可為，然而結果卻同樣以讓所有人失望收場。

整起事件要從保羅・費里曼，這位美國林務局的季節性雇員說起。他的故事開始於一九八二年六月十日的早晨，當時他在延伸過華盛頓東南州界和奧勒岡東北州界間的烏馬提拉國家森林中，駕車穿越位於瓦拉瓦拉保護區中的藍山，突然間幾頭映入他眼簾的美洲赤鹿讓他立刻踩下煞車。費里曼從他的貨車上跳了下來，徒步追在這群動物後面，他想知道有沒有任何幼犢跟在裡面。

當他繞過一個彎道時，費里曼注意到現場有股惡臭，在轉彎

過去的路的另一頭，他看見某個東西穿過厚密的植被走下坡道。當這黑影走出樹林中的空地時，費里曼整個人當場僵住，不可置信地瞪著眼前這頭「龐大無比的生物」——一隻八呎半高的大腳——而牠也回瞪著費里曼。雙方隔著一百五十到二百英尺的距離，彼此互相研究了幾秒鐘後，各自朝相反方向拔腿狂奔。

明顯受到極大震驚的費里曼立刻通知他在瓦拉瓦拉郡的上司，兩小時後一隊林務局的人員就抵達了在奧勒岡州、靠近華盛頓州界的事件現場。他們共發現了二十一個腳印，經測量後為十四吋長、八吋寬。林務局人員製作了三個腳印模子，也拍了幾張照片。

六月十四日瓦拉瓦拉電視台發布關於費里曼目擊事件的詳細報導，並對他宣稱看見的生物身分做出「至今尚無法獲得證實」的評論，而林務局方面的回應是他們並沒有進一步調查的打算，不過在四天後內部則傳出費里曼和巡警比爾·艾鮑克在十六日那天又在米爾溪流域的華盛頓州界內這邊發現了約四十個新腳印。六月十七日，美國邊境巡警追蹤專家、同時也是大腳懷疑論者的喬爾·哈定在反覆檢查過這些大腳足跡後宣布這全都是人為的惡作劇。在其他可疑的特徵方面，哈定表示在這些腳印上出現的皮紋線是在動物身上所沒有的。不過他卻沒有提到較高等的靈長類——如猴、猿以及人類——在腳趾和手指上都有這種紋線（指紋）。

在費里曼目擊事件發生後的隔天，烏馬提拉郡（奧勒岡州）警局也派遣了一組五位志願者組成的團隊到老虎溪一帶調查。不過這些人來搜尋的不是大腳，而是一位在去年秋天失蹤的男孩屍體。他們之所以到這裡來是因為幾位警官注意到費里曼提到「惡臭」這件事，讓他們認為那可能是腐屍的屍臭。儘管搜索隊並沒

有聞到惡臭或找到任何屍體，他們卻有另一項發現。

帶領搜索隊的當地商人亞特・史諾表示，他們可以循著除了林務局的人發現的那二十一個以外的其他腳印追蹤下去。事實上史諾說光是清晰可辨的腳印就有四分之三英里長了。搜索隊也選了個比較清楚的腳印後再做成模子。

「要偽造這些腳印出來不用直昇機是不可能辦到的，」史諾表示，「我們的假設是費里曼沒有說謊，而且我們也找不出任何足以否定這項假設的證據。」

到了七月，費里曼以自己在這次經歷中遭受到的巨大壓力，以及它所引起的軒然大波為由，主動請辭了林務局的工作。

不久之後，大腳在科學界的頭號擁護者、華盛頓州立大學人類學家葛洛佛・克朗茲，收到了四具來自老虎溪和米爾溪流域一帶的腳印模子。克朗茲也拿到了史諾在費里曼事件傳出後的隔天所製作的腳模。

經過幾個禮拜的比對分析後，克朗茲提出他的研究結論，他表示這些腳印來自「兩個個體」。這些腳印模子中有兩個呈現出第一個個體的特徵，各代表左右腳，都有隻比一般大腳足跡來得大的大趾。而屬於第二個個體的樣本則有「外擴的二趾」。

除了明顯的特徵外，這些腳印都是典型的大腳傳聞中的腳印，和其他腳印的相似度極高。這些腳印長十五吋，上面的腳趾比起人類腳趾間的大小更為接近。足弓幾乎完全平坦，大趾底部的「雙球狀」部位清楚可見。

另一項事實更增添了這些腳印的可信度，那就是在大腳行進的路線附近都沒有人類的腳印。從兩種腳印之間的距離可以看出來，製作這些假腳印的不管是誰，他／她的步伐肯定大得驚人。除此之外，克朗茲堅稱從這些腳印被壓進地面的深度來看，大多

數的調查人員都相信肯定要超過六百磅的力道才能辦到；然而卻沒有任何證據指出有任何能夠偽裝出這種效果的機械裝置存在。

克朗茲對皮紋線特別感興趣——因為他認為這是在之前的腳印中從未有過的清晰度。這些皮紋線是在腳底皮膚上每條間隔大約半釐米的細線。克朗茲將這些證據出示給班尼·金恩，這位懷俄明州、道格拉斯郡的執法學院鑑識專家。金恩檢查過後做出的結論是，這些皮紋線來自較高等的靈長類，但是腳掌和腳趾的形狀和人類或猿猴都不同。金恩表示其中某些紋線較為平順，而且在一般人都會認為那是在長時間赤腳走路的人身上才長得出來。

如果這起故事就在這裡結束，那它在大腳存在的案例方面可以說是向前跨了一大步。不過，故事卻還沒完。

儘管克朗茲始終不曾懷疑過這些腳印和費里曼證詞的真實性，其他調查者卻看見了更嚴重的問題。例如，其中一項就是腳印的形狀太過完美。所有步距始終都沒有改變過，上下山坡時更沒有滑動或後移的跡象。在泥土中發現的腳印，如果那頭野獸真如調查員所估計的重達八百到一千磅之間，它們陷入土中的方式也沒有相對應的完整和深入；事實上它們還比調查員的靴子踩進泥土裡的腳印還淺。

而且根據野生動物學家羅尼·強森表示：「有好幾處看得出來踏下去的那隻腳還在邊緣搖動過，以讓腳印留得完整。」他說在發現腳印的某個現場：「有些細小的森林廢棄物（例如針）似乎不自然地被撥到一旁，以讓出路來給腳印通過。」

也有人懷疑費里曼的誠信。事後他繼續宣稱又有其他目擊事件，還有張據稱是大腳的照片。資深大腳追蹤者巴伯·提馬斯有一則費里曼可疑行為的故事。當時他們兩人在樹林中，提馬斯說他有預感大腳就在附近。於是費里曼便走進提馬斯說的地方，過

了二十分鐘後才回來，還帶著發現腳印的消息。在提馬斯俯身檢視這些腳印時，一眼就看見了皮紋線。他也注意到除了腳印之外，周遭都沒有大腳現身時的其他證據，腳印也只出現在方便步行的平地。之後費里曼在上電視接受專訪時坦承他以前曾經偽造過大腳腳印。

幾位專家表示要做個有皮紋線的石膏模子不但很簡單，而且費用也不高。他們推測這起惡作劇的背後主謀可能只是用一隻較大的人類腳掌當作模型罷了。

其他證據

儘管費里曼發現的腳印可能是爭議與懷疑的源頭，其他的大腳腳印依舊能夠對抗傳統觀點。不常有，但如果有人根據偶爾陳述明確的假設認為大腳實際存在，不可能呈現出這類懸而未決的證據，而試圖解釋這些證據的努力總能壓過某些善辯的否定言論。也就是說，檢驗過這些腳印（或做成的石膏模型）的機構和專家幾乎全體一致地同意，它們確實是某種未知類人猿存在的真實證據。

就外界認為所有腳印都是偽造的這方面，約翰・納皮爾寫出他的感想：

「我們必須準備好接受到處都有類似黑手黨分支的基層組織存在，特別是在從舊金山到溫哥華之間的每個主要城鎮裡。即使我們接受這種陰謀論的角度，還必須跨過另一道極大的障礙。究竟要如何才能製造出如此真實且一致的腳印？將乳膠膜型黏合在靴子上或許可以解釋腳印複製的來源，但是在力學和技巧方面就遇到很大的問題了，特別是大家都很清楚這個騙局的主謀必須穿著這麼笨重的裝置，在路況極差的地帶走上一段相當遠的距離。其

他問題還包括有些腳印從它們被發現的地點來看，以一般人的重量是不可能在那種堅硬的地表上留下如此深的印記。然而，認為部分這類腳印也是人為製造的說法並非不可能。」

納皮爾對一九六九年十月在華盛頓州伯斯堡郡（Bossburg）附近發現的腳印特別感興趣。根據大腳調查員芮妮・達欣頓的統計和測量，這裡的一千零八十九個腳印大多為十七吋半長、七吋寬。但其中最引人注意的特徵是從腳印中看得出來這隻生物的右腳是畸形的內彎足，顯然是——經過納皮爾分析後的判斷——幼時的傷害所造成的後遺症。「實在很難相信一個騙子會這麼細心、有見識又極度病態，故意偽造這種病症的腳印。」納皮爾表示：「我個人認為這是有可能的，但這不太可能會是真的，因此我打算不把它當一回事。」

在人跡罕至的偏遠地區發現的足跡也與騙局的假設大相逕庭。奧勒岡州魚類與野生動物部的詹姆斯・休金在喀斯開山區幾處最偏僻、一般人幾乎無法進入的地區中發現沙斯夸奇的腳印（以及其他間接證據），同時也是生物學家的休金在觀察過後做出的結論是：「這種巨大的兩足靈長類、重達八百磅、直立時有八呎高、一般被稱為沙斯夸奇的生物確實存在。牠什麼都吃，飲食習慣和熊相似（挖掘樹根和幼蟲等）。牠會在樹墩、朽木和落石間翻找齧齒目動物，可能還會儲藏肉類過冬。」

其他在目擊事件或其他大腳最近的路線中採取到的證據還包括排泄物和毛髮樣本，部分在經過辨識後確認與人類或其他已知生物有關，而其中有幾例似乎呈現完全不同的辨識結果。據稱是大腳叫聲的錄音也送交分析，其中最值得注意的一例是一九七二年十月二十一日在北加州的西亞拉山區所錄製。當晚在這個大腳目擊事件頻傳、海拔八千五百呎的高地上，調查員錄下了一連串

呻吟、哀鳴、咆哮、呼嚕和呼嘯聲。兩位電子專家，分別來自懷俄明大學和製造太空梭的洛克威爾國際公司，在進行大規模的分析後做出了結論，認定這些聲音來自於「一個以上的發聲者，且其中超過一位以上的體型遠大於一般成年男性。他們在錄音中發現的共振頻率明顯比人類在這方面的數據來得低，而且從分布範圍看來並不像是人類發得出來的聲音，速度也不同。」

當然到現在依舊有數百起的目擊案例來自各種不同生活習慣和風俗的目擊者，儘管這些傳聞產生讓人無法置信的效應，但主張所有目擊者都毫無例外地不是在說謊就是被矇騙的說法本身就很難取信於人。會被一個判斷力和認知力普通的人誤認為沙斯夸奇的唯一動物就只有熊，但熊以兩足站立的時間又極為短暫。而且沒有任何一位稍有知識的觀察員會連熊和沙斯夸奇的腳印都分辨不出來。

不管這些生物是殘存的早期原始人或大猿，認為牠們和人類共同生活在北美大陸上的想法已經夠荒誕了。任何稍微不固執己見、不武斷下定論的人，都會因為始終沒有發現屍體或活體標本而否定這種說法。這種明顯有其站得住腳的立場懷疑態度是一回事，武斷地一概否認又是另一回事。在此同時，較安全無誤的說法似乎是如果這些異常生物確實棲息在北美洲西北部的深山密林中，牠們總不能永遠躲在我們的視線之外，終有被發現的一天。

1-15 大海蛇

一八二六年六月十六日傍晚六點半，美籍客輪「席拉絲理察斯」號正駛離加拿大新斯科細亞省南部的聖喬治灣，這時船長亨利·霍崔齊和一名英國籍乘客威廉·瓦波頓看見了一幕最怪異的景象：一頭碩大無朋、有多處峰背的蛇形生物正緩緩地游向他們

的船。瓦波頓飛快地跑去通知在甲板下的其他乘客，但是理他的人寥寥可數。瓦波頓回憶道：「其他人拒絕登上甲板，還說這種騙人的戲碼他們已經看多了。」

甚至在十九世紀早期，大海蛇已經建立起如伯納德‧霍伊維爾曼所說的「騙局的代名詞」這種名聲。然而到了十九世紀後半，在越來越多無法合理歸咎為誤認、幻覺或謊言的傳聞被刊登於各大報章雜誌後，這種名聲依舊挺得住來自各方的嚴厲攻擊，甚至到今天我們的時代仍然保持完整無缺，繼續以愚蠢的陳腔濫調形式出現在「新聞空窗期」的版面上。

大海蛇之所以會有這樣的名聲，與其說是人類盲目懷疑的能力所造成，倒不如說與牠昔日被稱為「大而不可知」的生物時證據不足有關，而或許大海蛇值得我們重新加以檢視和討論。在近年來開始進行系統化的深海研究之後，海洋生物學家發現了各型各色令人眼花撩亂的生命型態，有些生物的存在從未被預料過，其他也有被認為早已絕跡數百萬年之久。一篇刊登在一九九二年六月二日《紐約時報》上的文章評論道：「科學家們同意，或許會有比怪物般的『大王魷』還來得更大、更奇怪的其他生物，將陸續從牠們無邊際的深海巢穴中被人類發現。」

大海蛇的早期歷史

儘管大海蛇在各種神話與傳說中屢見不鮮，第一次試圖將牠們視為自然史一部分的描述卻直到一五五五年才出現在歐勞斯‧馬各紐斯這位被瑞典天主教驅逐的烏普薩拉大主教的作品中。大主教提到水手在離開挪威海岸時經常看見一尾海蛇……體積龐大，有二百呎長，超過二十呎厚。這頭危險的怪物棲息在沿岸的洞穴中，吞噬陸上和海中的生物，偶爾也包括幾名水手。「這尾

自然科學家菲利浦·亨利·葛斯認為大海蛇應該和「伊納里歐龍」有關，
此海洋生物據信在很久以前就已經滅絕。© Mary Evans Picture Library

巨蛇讓討海人忐忑不安，」歐勞斯·馬各紐斯在書中如此寫道，
「牠會將頭高舉在空中，像根柱子似的。」

除了最後一項敘述之外，馬各紐斯的故事只能以誇張和難以
置信來形容，但是我們從在他之後的編年史家得知「海蛇」在北
海是傳聞不斷的生物，只不過不是每個人都認為牠具有危險性。
一六六六年亞當·歐斯克拉格描寫的目擊事件是「一隻大海蛇，
從遠處看牠的厚度像酒桶一樣粗壯，身體盤旋二十五圈。這些海
蛇據說只有在好天氣和某些特定時間才會浮現到水面上。」

一七三四年，一位新教牧師漢斯·伊吉德看見一頭據他估計
約有一百呎長的「怪物」從格陵蘭岸邊的海水中緩緩升起。他將
這場經歷寫在一本書中，並在一七四一年付梓。十多年後出現了
早期論述大海蛇最具影響力的著作：《挪威自然史》（一七五二至
一七五三年），作者為艾力克·彭托皮丹主教。

在書中注定成為之後的兩百年內爭議焦點的某一章中，主教
提出了人魚、挪威海妖（即現今已知的大王魷，儘管一度被視為
神祕生物，自十九世紀末後科學已辨識出其真實身分。）和大海
蛇的謎團，根據名聲良好的目擊者證詞，他相信上述三者的真實

存在。彭托皮丹寫道從傳聞中可以看出有超過一隻以上的生物與這三者有關,而像伊吉德筆下的怪物則明顯與出現在斯堪地納維亞海域的水怪不同。例如:所有海怪的頭部都有個高聳而寬廣的額頭,但是某些海怪的吻部較爲凸出,其他的則呈扁平狀,有像牛或馬一樣的大鼻孔;兩邊還有幾撮硬挺的獸毛,像鬢髮一樣向外凸出。

新世界的大海蛇

在一六七四年出版的《新英格蘭二度航行記》(*An Account of Two Voyages to New England*),約翰·喬斯林回憶起一六三九年他和麻薩諸塞州殖民地住民的一段對話:「他們告訴我有隻大海蛇之類的蛇,經常盤繞在安角(Cape Ann)的一塊岩石上。」這是目前已知第一起提到美國海蛇紀錄的書面資料。在這之後的一百五十年間,新英格蘭地區和加拿大濱海各省都可看見類似生物的蹤跡。

在這些早期傳聞中,描述最清楚的一則來自驅逐艦「波士頓號」的船長喬治·利托的記錄:

「一七八〇年五月,我正睡在一艘民間武裝船上,就停泊在(緬因州外海)寬灣(Broad Bay)的圓潭裡。天亮時我在水面上發現一頭大海蛇或是怪物之類的東西,正沿著海灣游下去。民兵們立刻帶著武器在救難小艇上就位完畢,我自己也上了船,一起追趕這頭海蛇。前進到一百呎的距離時,水手們奉命對怪物開火,但在他們準備射擊之前,大海蛇早已潛入水中。牠的長度至少在四十五到五十呎間,依我的判斷牠身體最粗部位的直徑有十五吋;光是頭就有一個成年人的大小,高舉在離水平面四、五呎的空中。牠的形貌和一般常見的黑蛇沒有兩樣。」

稍早在一年前，美國砲艇「保護者」的船員在潘諾比思高灣也有同樣不可思議的遭遇。其中一名目擊者是未來的准將、在美國海軍史上占有一席之地，當時僅十八歲的海軍少尉艾德華・普雷波爾。詹姆斯・費尼莫・古柏在爲普雷波爾著傳時提到這起事件：

「那是個晴朗無雲、風平浪靜的一天，直到在船外發現一隻大海蛇爲止。牠躺在那邊動也不動有一段時間，威廉船長在用望遠鏡觀察過牠一陣子之後，命令普雷波爾召集人手、帶著武器登上小艇，前去摧毀這頭怪物；或至少盡可能地接近牠……於是他們派出一艘十二槳的小艇，士兵們除了裝備強行登船的武裝外，在船頭還架了具迴旋砲。普雷波爾一行人離開母船，直接划向海怪。當小艇接近時，大海蛇將頭抬到距離水面十呎的高度，俯視著底下的小船。然後牠開始緩緩游離小艇，普雷波爾催促大家使盡全力追趕過去，等到雙方只剩一小段距離時，砲彈也已推進到砲膛中朝海怪開火。然而這幾發砲擊除了加速怪物離開的速度之外，一點效果也沒有。不一會兒，大海蛇已經消失到小艇的視線之外。」

之後的幾十年間偶有零星的目擊傳聞，但新英格蘭海的大海蛇一直到十九世紀的第二個十年才成爲國際著名事件。一連好幾年從波士頓往北到麻薩諸塞州東北邊的安角之間，包括船上和岸上都有無數的目擊者看過這頭神祕怪獸。其中幾則代表性的傳聞如下：

「霍金斯・惠勒，一八一九年六月六日：從我這邊往那頭海怪看的角度是一清二楚，從牠的形貌我很確定牠是某種蛇類。牠全身漆黑；頭部簡直和蛇頭沒兩樣，高舉在水面上四到七呎處，背上像長了腫塊似的有多處隆起，每個腫塊大小和半個酒桶差不

多，我想我看到的大概有十到十二個之多……我認為會有腫塊是因為海怪上下起伏的動作所造成的——雖然看不見尾巴，不過就看得見的頭部和最後一個腫塊之間，我認為應該有五十英尺長。」

「所羅門・艾倫三世，一八一七年八月十二、十三和十四日：就在格洛斯特郡，我看見了一隻奇怪的海生動物，我相信那是頭海蛇。依我的判斷牠的長度介於八十到九十呎間，大約有半個酒桶這麼粗……我和牠距離約一百五十碼。牠的頭形狀有點像響尾蛇，但是大小和馬頭差不多。牠離開水面時的動作緩慢，偶爾還會像在玩耍似的繞圈子，有時幾乎以直線前進。之後牠沉入水面，消失在我的視線內。」

「山謬・卡伯特，一八一九年八月十四日：我的注意力隨即被從距離我約一百到一百五十碼的水中冒出的東西吸引過去，當時第一眼認為那是顆馬頭……我觀察到有八到十個同樣大小的腫塊或瘤狀物集中在一小段長度上，在間隔另一小段距離處又看到三、四個……牠的頭完全是蛇頭的形狀；保持在水面上兩英尺的高度……牠的體長至少有八十英尺。」

一八一七年八月十九日，新英格蘭的林奈學社在波士頓開會，選出了三個人——一名法官、一名醫生和一名自然科學家展開調查。他們訪問了多位目擊者，並取得了他們自願提供的宣誓書，同時到八月底為止目擊事件幾乎天天發生。從這期間收集到的供詞，再加上之後一八一八和一八一九兩年的其他目擊者證詞，拼湊出對大海蛇的描述：一種龐大的蛇形生物，上半部的軀體呈深色，下半部和側面顏色較淡，以垂直起伏的方式移動。

不管牠可能還有哪些身分，這隻海怪絕非蛇類，因為爬蟲類的移動是橫向的，不是垂直的。不過林奈學社的調查員做出的結論是這頭怪獸是隻大型的爬蟲類生物，之所以牠出現在沿岸地區

是因為牠在陸地上產卵。儘管他們反覆搜查還是沒有找到這些蛋，但是當一位農夫在安角岸上附近的田裡殺了一頭三尺長的黑蛇後，他注意到死蛇的背上有一連串的凸塊——和傳聞中的大海蛇一模一樣。

林奈學社無知地認同農夫的看法，認為被他打死的是剛孵化的小海蛇，之後才由另一位科學家亞力山卓・雷蘇爾魯證明那頭死蛇不過是一般黑蛇的變種而已。儘管雷蘇爾魯並沒有要揭穿在新英格蘭地區目擊其他更大的海蛇事件的意圖，他的分析卻遭到懷疑論者和他們的新聞業同路人圍剿，使得整起事件最終以嘲弄和諷刺作收。

大而不可知的生物

然而再多的笑聲也阻止不了來自世界各地的目擊傳聞，不過倒是讓某些目擊者因此噤聲。美國著名政治家丹尼爾・韋伯斯特在一趟前往麻薩諸塞州外海釣魚的旅程中也看見了一隻大海蛇，根據同行的友人亨利・大衛・索羅表示，韋伯斯特向他懇求：「看在老天爺的份上，請不要將今天的事告訴任何人，否則這件事將來一定會成為我的大麻煩。」

在面對企圖以保守觀點解釋所有目擊事件的同時——有位嘲笑者甚至斷言每樁目擊案例都是出自於「與過度恐懼有關的不完整觀察」——大海蛇還是不缺理性和有知識的支持者。目擊事件的曝光大多見於報紙版面，但偶爾也會在科學期刊中出現。一八三五年《美國科學學報》在刊登一則清楚目擊的報導後做出這樣的評論：「於是我們將這個案例朝解答大海蛇存在真實性的方向加以思考，而沒有鰭或觸手這件事讓我們無法將牠懷疑為一隻在水中游泳的蜥蜴。」

當然這一點也沒有解答任何疑問，到了一八三七年德國動物學家赫曼・薛里傑證實了所謂的目擊大海蛇其實是看見了一整排的海豚。然而該算大海蛇走運吧，牠吸引了剛當上《動物學家》（Zoologist）的編輯愛德華・紐曼的注意。紐曼在一八四七年開放他的雜誌幾頁的空間讓讀者以開放的觀點討論大海蛇現象，當然他很清楚自己是在公然挑戰傳統。紐曼在一篇社論上寫道：「多年來對……嘲笑這隻著名怪獸的所有紀錄已經蔚為風氣。」他進一步責備那些批評者基於大海蛇「不應該存在」的論點，就未審先判而無視所有「事實和目擊報告」的粗糙手法。另一方面，他說：「事實論的自然科學家以不同方式擁抱新知，他們會追究哪些東西究竟是什麼，哪些東西不是什麼。」

接下來的這一年發生了史上最著名的大海蛇目擊事件，時間是一八四八年八月六日下午，目擊者包括在從好望角返回英國路上的護衛艦「泰達路斯」船長和全體船員。當護衛艦於十月四日抵達普利茅斯港後不久，多家報社爭相報導船員們那長達二十分鐘、驚心動魄的大海蛇目擊傳聞，英國海軍部也要求船長彼得・麥奎海提出一份否認聲明或詳述整起事件的報告。一週後的十一日，麥奎海寫了封信給英國海軍部蓋吉爵士，兩天後被刊登在倫敦的《泰晤士報》上。信中的部分內容提到：

「那東西……發現是隻龐大的蛇，頭和肩始終保持在海平面上四英尺的高度。就我們用最大的中桅帆和牠盡量做最接近的比較後，量出牠的長度至少有六十呎。而且在我們仔細觀察下，不管牠是以橫向或垂直起伏的方式，都沒有看見任何部位推動牠在水中前進。牠移動得相當快，很接近我們下風處四分之一浬的海面，如果牠再靠近一點的話，像這種距離我可以用肉眼看出某人的特徵而認出他是我熟識的人；然而牠不但沒有更接近我們的

船，在通過船後的尾波時牠往西南方的航向也沒有絲毫偏移。海蛇保持每小時十二到十五英里的速度前進，一副似乎意志堅定的樣子。

海蛇頭部以後的軀體直徑大約是十五或十六吋，而牠的頭毫無疑問就是顆蛇頭。此外，在這整整二十分鐘內海蛇頭始終在望遠鏡的視線之內，只有一次潛到海面下；牠的體色是暗棕色，喉嚨附近是黃白色。牠沒有鰭，不過我看見海水在牠的背上沖刷著一束像是馬的鬃毛或海草之類的東西。看見牠的還包括軍需官、水手長的助手、舵手、我自己，以及前述的其他軍官。」

不久之後《動物學家》也刊登了另一位目擊者，海軍中衛艾德加・杜倫孟德的個人目擊紀錄。他證實了麥奎海的說法，兩人連在細節處的敘述都完全一致，除了最後一項：麥奎海稱為鬃毛的東西，杜倫孟德則認為是背鰭。十年後另一位軍官在寫給《泰晤士報》的信上回憶起當年這件往事時提到：「我的印象是牠比較像是隻蜥蜴，而不是蛇形生物，因為牠的動作穩定又一致，像有鰭在推動牠前進，而不是什麼起伏的動力。」

這些各執一詞的報導引發軒然大波。那些不相信大海蛇存在的人，即使連神志正常、清醒且經驗老到的英國軍官都傳出看過大海蛇出現後，依舊競相拼湊或編造出各種似是而非的解釋。甚至還有人主張麥奎海和其他人看見的只是一團海草。另一個稍微不荒謬的見解是由偉大的解剖學家理查・歐文爵士所提出，他最著名的身分是幾年後反對查爾斯・達爾文以及他的進化論最不寬容的敵人。歐文表示麥奎海看見的生物不可能是爬蟲類——這點爵士很肯定自己是對的。就目擊者的亢奮情緒和支持非海豹論點的詳細敘述都是過度想像來看，牠一定是頭無比巨大的海豹。

麥奎海在投書十一月二十八日《泰晤士報》的文章上大膽地

挑戰這位備受尊崇的教授，而歐文爵士碰巧也是英國海軍部的大海蛇顧問，他認為大海蛇這種東西存在的機率比鬼魂還低。船長直截了當地駁斥歐文的推測，說他根本是斷章取義，引用一些錯誤的結論來支持自己的主張。「最後，我要否認絕對沒有任何興奮情緒，也不可能是我們看見什麼幻覺，」麥奎海表示，「關於大海蛇的形狀、顏色和體型等的敘述，我忠於在我提交給英國海軍部的正式報告中的陳述；而我也將它們留作參考資料，讓學術界和科學界用來練習他們的『想像的樂趣』，直到哪天有機會有人願意將牠們和『大而不可知的生物』做比較──而就目前看來鬼魂是確定不存在的。」

（作者註：對神祕動物學通常抱持懷疑態度的科學作家理查・艾利斯也做出類似的聲明，但沒有歐文的那麼武斷。艾利斯推論「泰達路斯」的船員看見的是當時尚未被辨識、之後已經為科學界接納的生物。以他的解釋海蛇的頭部其實是「某種巨大的頭足綱生物的一部分尾巴」。艾利斯表示：「沒有任何脊椎動物能不靠著某種外露的推進方式就能在水中前進，但是魷魚它可以透過虹管噴水來移動，這點就毫無疑問符合麥奎海的敘述。」）

儘管當時同時代的人認為麥奎海的主張較正確，而且大海蛇還是有幾位著名擁護者的支持（例如著名的自然科學家菲利浦・葛斯），科學意見的天平還是繼續倒向否定論這邊。儘管有眾多地位不低、人格完美的男男女女都傳出目擊事件，儘管有一整船的船員都看到了，也儘管有發毒誓的證詞，大海怪越來越被視為不可能存在的生物。理性的思考認為當時的世界已經探索到一個地步，不可能還存在著如此巨大的生物而不被人類發現。此外，假使牠們真的存在，為什麼牠們從沒有擱淺在海邊的紀錄，只要有留下來的屍體將可以讓這謎團拍板定案。當然，後者完全是一廂

情願的假設，因為對海蛇的偏見已經根深柢固到即使發現了異常生物的屍體，科學家們經常拒絕前去調查。而另一方面在屍體檢驗完成後，結果通常是這些屍體多半是已知的生物，特別是象鯊。

每隔一段時間就有人提出大海蛇爭議的最終解答。其中一位試圖永遠埋葬這隻海怪的諷刺觀察者理查‧波達，在一八八五年寫道：

「就因為一個船長在半英里外將大量漂浮的海上殘骸誤認為海怪，蛇狀怪物的故事就這麼乘風破浪迅速地蔓延開來；在不到二百碼的距離這只有可能是誤認海草罷了。另一群人則是在較遠的距離將一群飛過的鳥或一整群海豚，甚至是海平面以外的山巒，都當作是什麼蛇形的海怪，而且儘管顯然與這些敘述不一致，目擊其他怪物的傳聞立刻被當成是真的而沒完沒了地傳下去。然而最糟的是有些白癡還發明出一種大海蛇的生物來欺世盜名，當這故事很快就被證實只是個故事而已之後，有見識和地位的人，例如像我這種不會笨到像發明一顆行星一樣發明一隻怪物的人，都應該在閒暇之餘寫幾封關於不存在的海怪的嚴肅報告給那些不是憑著在法官面前發誓他們看過自己發明的海怪，或以同樣愚蠢荒謬的方式而占有公職的人（我是指那些水手），好好教訓他們。」

到了一八九二年，歐迪曼斯在他的經典之作《大海蛇》（*The Great Sea-Serpent*）中重新炒熱了大海蛇的話題。這本摘要並分析所有證據的著作在伯納德‧霍伊維爾曼於一九六八出版《喚醒大海蛇》（*In the Wake of the Sea-Serpents*）之前公認是討論大海蛇現象無與倫比的作品。在厚達五百九十一頁的內容中，歐迪曼斯這位備受尊崇的荷蘭動物學家逐一評論一百八十七樁目擊案例，結論是所有大海蛇目擊事件都指向同一種生物：某種大型的長頸海

豹。

二十世紀的大海蛇

　　一九三三年，發生在蘇格蘭的一處湖泊的多起詭異生物目擊傳聞引起軒然大波，尼斯湖水怪的傳奇也正式成為國際通俗文化的一部分。儘管在相當短暫的時間內，據說棲息在尼斯湖裡的生物已經建立起相當的名聲——至少在那些費心尋找證據的人之間——如同荒誕不經的故事中的主角生物一樣，有好一陣子尼西的故事提醒了科學家和其他參與者還有懸而未決的大海蛇之謎的存在。歐迪曼斯還一度以為很快就會有尼西類水怪被活捉或宰殺，如此一來大海蛇的身分將能獲得證實。

　　同樣在一九三三年，加拿大英屬哥倫比亞省沿岸爆發一連串大海蛇目擊事件。雖然過去這一帶就偶爾有零星目擊案例傳出，至少可以追溯到一八九七年，但尼斯湖水怪造成的騷動給了全體水怪一個嶄新的面貌。很快地這隻加拿大海怪就被命名為卡布羅龍（Cadborosaurus），分別結合牠現身所在地維多利亞島東南岸的卡布羅灣（Cadboro Bay）和-saurus [10]。卡布羅龍隨後便被暱稱為

1963 年 10 月於英屬哥倫比亞省的海灘上發現的暱稱為卡迪（卡布羅龍）的海怪屍體。© Fortean Picture Library

卡迪（Caddy）。

　　首次公開且被廣爲報導的目擊事件發生在一九三三年十月八日，包括一位頗有名氣的目擊者——蘭利，著名大律師兼英屬哥倫比亞省議員。當天剛過中午不久，蘭利駕駛他的單桅帆船經過占丹島，在那裡他看見一尾綠棕色、身體呈鋸齒狀的大蛇。「牠的每個部位都和鯨魚一樣大，但又和鯨魚完全不一樣」。蘭利估計牠的體長有八十英尺。

　　根據多年後一則透露給調查員的紀錄表示，在一九三七年有艘捕鯨船在英屬哥倫比亞省北部的夏洛特皇后群島附近捕獲了一隻抹香鯨。當船員們剖開牠的肚子後，赫然發現裡面有隻十呎長、蛇狀的生物被消化了一半的遺骸。牠的腦袋像馬頭，背部隆起，但可惜的是這具難得一見的樣本卻被丟回大海裡。

　　兩位科學家，分別是英屬哥倫比亞大學海洋學家保羅‧勒布朗和哈佛大學海洋生物學家艾德華‧波斯費德，花了好些年在研究類似這兩例的目擊傳聞上。到了一九九二年，他們在「美國動物學者協會」會議的一場正式演講中，終於願意承認這些海中生物存在的眞實性。

　　另一隻較廣爲人知的大海蛇是切西（Chessie），在奇瑟比克灣出沒的怪物，一九八二年因爲春、夏兩季傳出的大量目擊事件而得名。和卡迪一樣，這些據稱的目擊事件吸引了對神祕動物感興趣的科學家前來調查，其中最著名的一起發生在一九八二年五月三十一日，目擊者是羅伯特和凱倫‧弗羅夫婦。當天他們在家招待親友，傍晚七點左右步出屋外俯瞰位於肯特島北端愛之角上的奇瑟比克灣。就在切斯特河的出海口，他們看見一隻怪異的生物在距離岸邊二百呎、水深僅五呎的地方載浮載沉。

　　羅伯特‧弗羅先用雙筒望遠鏡觀察牠好幾分鐘，才想到進屋

神祕動物

壹

內去拿他的攝影機拍下這頭謎一般生物的畫面。在整個目擊過程中神祕海怪數次沉入又浮出到水面上。海怪與他們最近的距離約到岸邊一百呎內，和一群在淺水區的礁石上玩耍的小男孩更是距離不到五十呎。儘管弗羅夫婦和在場的親友們聲嘶力竭地喊叫警告他們（目擊期間這些大人喊叫的聲音和其他對話內容都被錄到錄影帶裡），這幾個男孩子還是沒聽見他們，因此顯然從沒看過這頭海怪一眼。

據目擊者估計海怪體長約三十五呎，直徑約小於一呎。儘管牠的大部分軀體都埋在水下，但隨著牠反覆浮出水面而露出越來越多部位。羅伯特說：「第一次牠浮上來，我們只看到牠的頭和大約四呎的（背部）長度，接下來一次變成十二呎，再來就是約二十呎。」背上看得見的部位似乎有峰背，頭部的形狀和美式足球相似，只是稍微更圓一點。而目擊者都分辨不出上面的眼、耳和口各在何處，是這個比任何東西都來得奇怪的頭部形狀讓羅伯特排除海怪是某種蛇類的想法。弗羅夫婦對海洋生物的了解很廣，不認為他們會將普通的海生動物看走眼成海怪。

八月二十日，七名史密森尼協會的科學家，連同美國國立水族館和馬里蘭國家資源局的代表聚集在史密森尼協會總部，一同觀看並討論弗羅家族拍攝的影片，之後由史密森尼國家自然歷史博物館的喬治‧楚格代表全體報告他們做出的結論：「看過影片之後，所有人都強烈肯定那頭有生命的動物……我們無法辨識那頭動物的身分……這些目擊事件非單一現象，因為過去幾年來一再有類似的傳聞出現。」

二十世紀並不是全球海洋的大海蛇目擊事件放假的時間，像「國際神祕動物學協會」（ISC）這類組織的出現，其董事會和一般成員包括為數驚人的學術成就和名聲同樣卓著的生物學家，讓嚴

肅認真的研究不但成為可能，也至少獲得半數世人的尊敬。在其他討論廣泛的神祕動物學議題的著作之中，ISC 的主席伯納德‧霍伊維爾曼的《喚醒大海蛇》，這本在內容與涵蓋性凌駕史上所有大海蛇書籍的空前鉅著，讓他成為大海蛇研究權威的不二之選。

與大海蛇的各種遭遇

在他的書裡最後一章，在鉅細靡遺地引用並分析自一九六六年起每一樁可信或據稱的大海蛇目擊報告（書中共提到五百八十七樁目擊案例，他判定其中三百五十八件確實是看見未知生物的真實案例，其中幾起引發外界議論的個案請見下述）之後，伯納德‧霍伊維爾曼放棄了幾乎所有在他之前的研究先進採用過的作法：他直言不諱地承認企圖將這些目擊事件都指向單一種生物的說法只是徒勞無功的嘗試罷了。事實上幾乎每一位評論家，包括歐迪曼斯和魯伯特‧古德（《大海蛇研究案例》（The Case of Sea Serpen ，一九三〇）的作者）都將所有不一致的敘述細節視為錯誤排除，或已受到干擾為由將之合理化。然而霍伊維爾曼發現這些傳說中的異常特徵反覆出現在多起目擊案例中，頻率之高讓人不得不去注意。如果確有此事，他的前輩也認為「大海蛇」只不過是用來泛指那幾隻未曾被辨識過的海洋生物的通稱。其中幾則異常特徵的案例包括：

長頸（四十八起）。說明：連接頭部與軀體的長頸；背上有一或多個隆起腫塊；無尾；有雙角，偶爾被形容成耳朵。目擊範例：一九五〇年夏天，正在肯特海岸衝浪的約翰‧韓德利，看見一隻長頸的生物從他前方不到一百碼的水中緩緩升起。牠的一對耳朵長在兩呎多寬、馬頭般的腦袋上。附近有位女子也看見了這頭海怪。類別：幾乎可以肯定是鰭足類生物。分布範圍：世界各

地。

海馬（三十七起）。說明：漂浮的鬃毛、長度中至長的頸部、大瞳孔、臉部有毛髮或鬚角。目擊範例：一九四七年十一月，溫哥華島的漁夫喬治・沙格斯在烏克雷特河隔了一百五十呎的地方看見一隻似蛇的奇怪生物。牠在水面上的頭部和頸部有四呎長；牠頭上那兩顆寬約三吋、烏黑的眼珠向外突出……上面似乎有某種鬃毛類的東西……那是暗棕色的鬃毛。沙格斯寫道。類別：可能是某種鰭足類生物。分布範圍：世界各地。

多峰背（三十三起）。說明：背上有一列隆起的腫塊、纖細的頸部是中等長度、小而突出的雙眼、身體上半部是條狀黑色，側腹部全白，頸部也有白色條紋。目擊範例：一八一五年六月二十日，艾坎納・芬利正透過望遠鏡觀察鱈魚灣中的一頭海蛇：「當時我可以清楚地觀察到在四分之一英里遠外的牠。透過望遠鏡牠看起像一串浮筒，身上那些突出的瘤狀物或腫塊之類的東西約有酒桶大，依我看大概有三十到四十個之多。牠的頭（在水上的正面可視處）似乎有六到八呎長，連接到身體的部位比頭大一點，像馬頭一樣往吻部逐漸變細……有道白條紋從我認為是牠下顎的部位延伸到整個頭部，剛好都在水面上。牠維持這種姿勢時，我判斷牠大概有一百到一百二十呎長。」類別：鯨類生物。分布範圍：北大西洋。

多鰭（二十起）。說明：三角狀的鰭外型類似雞冠；短而細瘦的頸部。目擊範例：一八七八年十二月，一名英國女子透納女士告訴羅伯特・葛瑞格，她想不起來事件發生當時她搭乘的「普納號」客輪是停在蘇伊士或亞丁市，之後葛瑞格再轉述給歐迪曼斯。那時透納女士看見前方一百五十呎處有隻異常生物靜靜地浮在水面上。葛瑞格寫道：「她看見頭部和背上的七、八片鰭，全

都排成一直線。她記不得鰭的正確數量，但記得全都很大型、稍微往後彎，每片的大小不一……頭部的直徑約四到六呎，有點像大樹幹……顏色幾乎和鯨魚一樣黑，體長看得出來相當可觀，或許和普通的樹一樣長，甚至可能和正常大小的船一樣大。」類別：鯨類生物。分布範圍：熱帶海域。

超大水獺（十三起）。說明：纖細、中等長度的頸部，長而往尖端變細的尾巴，身上有好幾處垂直的彎曲部位。目擊範例：漢斯・伊吉德，格陵蘭的新教牧師，將他在一七三四年第二次航向格陵蘭時目睹的異象記錄在書中：「這隻從海中冒出的怪物體型非常大；牠的頭抬得和桅頂一樣高，軀體和船一樣粗，有三到四倍長。牠的吻部又長又尖，還像鯨魚一樣噴水，有大而寬廣的下顎；牠的身體上面佈滿了貝殼類的東西，皮膚相當粗糙。身體的下半部形狀像頭龐大的蛇，牠潛入水中時尾巴被高高舉起，長度和一整艘船一樣長，不過厚度差了點。」類別：尚未確定，可能是倖存的原始鯨類生物。分布範圍：北大西洋（可能已絕跡；最近已知的目擊事件發生在一八四八年。）（請參閱底下霍伊維爾曼對此事件的評論）

超大海鰻（十二起）。說明：蛇狀的身體、長而往尖端變細的尾巴。目擊範例：一九〇五年十二月七日早上兩位英國自然科學家搭乘「瓦哈拉號」遊艇，正在距離巴西的帕拉西巴河口外十五哩處進行科學巡航時看見水中這隻詭異的生物。米帝・瓦杜寫道：「我……看見一大片鰭或皺邊之類的東西伸出水面上，牠的體色是深沉的海草色，邊緣有點捲曲。看起來鰭的長度有六呎，突出水面的部位大約有十八英寸到二英尺。在拿出輕便型雙筒望遠鏡後，瓦杜看見「在皺邊前方巨大的頭部和頸部伸出在水面上。頸部並沒有在水中和皺邊接觸，而是從它前方伸出來，兩者

距離至少有十八吋，伸出水面的部分至少有七到八呎長；頭部和頸部差不多一樣厚。牠的頭形很像海龜，也有眼睛……牠移動頭部和側邊的方式很獨特，頭部和頸部的顏色是上半部深棕色，下半部白色——幾乎是全白吧，我猜是這樣。」類別：魚類。分布範圍：世界各地。

霍伊維爾曼承認：「我不能大言不慚地說自己已完全解開了大海蛇之謎，但我確實釐清了許多疑點。要解決這麼複雜的一個問題，卻又不能去檢驗那些有問題的生物骸骨，我們需要更多更詳細而精確的目擊敘述。」他還提到惡作劇和誤認已知海洋生物的情況的確造成極大的錯亂和困擾。除了因為缺乏詳細敘述在經過分析後遭到排除的目擊報告外，霍伊維爾曼從他收集到的目擊者敘述中算出了有四十九起惡作劇或騙局，以及五十二起的誤認案例。

（作者註：其中幾則最引人注目的騙局是在《喚醒大海蛇》問世後才出現，包括多張曝光率極高的照片、據說拍攝這些照片的神祕「瑪莉・F」，以及法爾茅斯灣傳說中的康沃爾海蛇都牽涉在內。《怪奇雜誌》（*Strange Magazine*）有篇文章提到馬克・夏爾明斯基對這些案例所進行的大規模明察暗訪，調查結果指出設計這些騙局的主謀是職業騙子東尼・謝爾斯，不過至今謝爾斯否認一切指控。但不論背後的藏鏡人究竟是誰，毫無疑問的一點是那些照片全是人工偽造的贗品。另外謝爾斯也拍過幾張極為可疑、但他堅稱是尼斯湖水怪的照片。）

與其他二十世紀的大海蛇評論家相同的是，霍伊維爾曼駁斥大海蛇充其量只是普通大蛇的說法，在他提出過可能是大海蛇的候選對象中只有一種不是哺乳動物。不過霍伊維爾曼也沒把話說絕，他也提過某種未知爬蟲類可能出現在極少數的目擊事件中的

說法。在他收集的目擊報告中僅有極少數的四則案例是他稱爲「海蜥蜴」這種出現在熱帶水域的大型蜥蜴或鱷魚狀的生物。如果海蜥蜴眞的存在，依照霍伊維爾曼的觀點，牠可能是「某種存活至今的 thalattosuchian，亦即古鱷魚，這種興盛於侏儸紀和白堊紀之間的唯一海洋鱷魚。不過牠也可能是淪龍，現在的東方巨蜥的海洋遠親。如果牠眞的存活至今那倒不至於太讓人意外，因爲牠的進化機制提供了牠深海潛水和隱匿的能力。」

有趣的是儘管霍伊維爾曼未提及某些目擊者宣稱他們在尼斯湖看到「鱷魚」、「美洲鱷」或「蠑螈」的事實，堅持尼西是典型的長脖子、類似蛇頸龍生物的說法的作家和研究員還是持續忽視或對這些目擊事件輕描淡寫地帶過。

至於最常被提出來質疑大海蛇存在事實的依據——缺乏擱淺屍體這方面——霍伊維爾曼在書中寫到，那些可能是這類目擊事件主角的動物類型「全都屬於最不可能會擱淺在海邊的生物那一類，如果不幸被沖刷上岸，牠們自有辦法能重返大海懷抱。」很顯然牠們都是死在遠離岸邊的海洋深處。

飽受爭議的霍伊維爾曼

如同任何人在拋出爭議性話題時都會有的遭遇，霍伊維爾曼也受到評論家的嚴厲批評，其中砲火最猛烈的是德國揭祕者奧里奇‧馬金。他將神祕動物學歸類爲「僞科學」，霍伊維爾曼則被他視爲捏造愚蠢故事的供應商。

馬金在《佛廷研究》（*Fortean Studies*）期刊上將霍伊維爾曼批判得一無是處，譴責他有時候因爲研究態度過於懶散，造成他將普通生物或明顯的惡作劇誤認爲特殊生物而加以分類的顯著錯誤。他進一步批評霍伊維爾曼的所謂分類方式全出自於他個人的

想像。馬金在文章中寫道：

「目擊者看見真實生物，例如鯨魚、海豹、大海龜和鯊魚，以及如駐波和潮汐中的海草等自然現象，然後將牠們視為海怪而產生這些目擊事件。我注意到每年五、六月象鯊沿著英國海岸線遷移時，漁夫間會傳出第一手的海怪目擊報導。當象鯊離開那一帶後，目擊案例跟著停止發生，但對這些龐大生物感到詫異的目擊者會在神話故事和新聞報導中以他熟悉的方式解讀出相同的現象。這就可以解釋當目擊者將他們從先前看過或聽說過的故事內容得知的典型怪物特徵，和他們實際看過的真實生物外型合併後，所產生的詭異混合生物的由來。在霍伊維爾曼死板的分類系統中，我們可以看見這種目擊者所犯的錯誤被所知的神祕動物學家更正的情況。」

雖然在逐一檢視霍伊維爾曼對部分目擊個案的處理方式上得了不少分數，馬金——與他的揭祕者前輩同樣的行事風格——還是免不了犯下過度誇大的錯誤。例如連對神祕動物學最多疑的理查‧艾利斯都認同一八一七至一八一九年的麻州格洛斯特目擊事件是「所有大海蛇傳說中最大的未解之謎之一」。正如對這些爭議事件抱持小心謹慎的態度是聰明人的作法一樣，假裝所有引人注意的問題都有答案，或將所有目擊者的證詞視為笑柄而不屑一顧，就真的有點蠢了。

另一位溫和得多的評論家拉斯‧湯瑪斯，在看過霍伊維爾曼對漢斯‧伊吉德的「超大水獺」案例所提出的證據後發現了其中的缺陷，原來霍伊維爾曼提出理論的憑藉竟然是錯誤的翻譯版本。湯瑪斯在伊吉德的兒子，保羅‧伊吉德所寫的書中找出正確的原文，他發現老伊吉德並非目擊者，他甚至連人都不在目擊事件的船上，而是從其他目擊者口中得知的二手資訊。湯瑪斯表示

從這段敘述較正確的翻譯版本中，可以明顯看出那隻生物不可能是水獺，更別提那種龐大的體型。根據湯瑪斯的判斷，牠的特徵會讓人聯想到械齒鯨。

未來的大海蛇

種種跡象顯示，關於大海蛇之謎及其爭議又有復甦的跡象，毫無疑問的是，唯有發現眞實標本才能讓所有懷疑論者就此噤聲。然而隨著我們清楚地界定出人類對於海洋深處的動植物生態的未知範圍後，那些先入爲主、反對大型未知海洋動物存在事實的理由早已喪失立場。大海蛇的神祕面紗終有被揭開的一天。

1-16 袋狼（塔斯馬尼亞虎）

這樁神祕動物學史上最熱烈且未曾中斷過的爭議之一，與一頭儘管被正式認定已絕跡、但仍有可能還存活著的澳洲野獸有關。牠之所以讓人特別感興趣是因爲包裹著牠的雙重謎團，第一層較爲普通，而第二層則明顯離奇多了。

歷史背景

袋狼這種肉食性的有袋類動物出現在澳洲的時間約在哺乳動物時代後期。儘管牠在形貌上像狐狸、狼、虎和土狼的混種，事實上牠卻是負鼠的近親，動物學家相信牠們有共同的祖先。

雄性的袋狼頭尾間的體長有六呎，接近大型狗的體型。牠的頭部極類似狐狸或狗，但是從頭頂中後段起到整條尾巴長有優美的虎斑條紋（較知名的「塔斯馬尼亞虎」之稱的由來）。牠外翹的臀部使人聯想到土狼，後面連著一條僵直、幾乎不擺動的尾巴。牠的毛質地粗糙，呈淺褐色。雌性的體型較雄性稍小，但條紋從

被認為已絕跡的袋狼依舊不斷傳出目擊事件。© Fortean Picture Library

頸部開始長出，數量也是雄性的兩倍。和所有有袋類動物一樣，雌性也有育兒袋，但是開口向後，大概是爲了行經低矮樹叢時能發揮保護幼狼的效用而演化成的。

約莫在一萬二千年前，袋狼被驅離澳洲大陸，可能是與印尼船員帶來的澳洲野犬自然競爭落敗的結果，後者很快便證明牠們是更有效率的掠奪者，動物學家從那時期起就沒有澳洲本土的袋狼化石紀錄推算出這項結論。據推測袋狼被迫退避到目前位於澳洲本土東南沿海、在當時以陸橋①與大陸連接的島州塔斯馬尼亞。袋狼首見於出版品上始於一八〇五年的一家塔斯馬尼亞報社，被形容爲「具毀滅性」的生物。袋狼的日子所剩不多了。

確信袋狼是一八〇三年的澳洲綿羊慘遭大規模屠殺的兇手後，當局發動各界一起將這些「惡虎」斬草除根（根據現代的生態專家表示，事實上野狗和偷牛賊對家畜的威脅遠大於被恨之入骨的袋狼）。私人公司和政府機構雙方都提供賞金換取袋狼頭皮，大屠殺於焉展開。到二十世紀初袋狼已成爲塔斯馬尼亞島上稀有的景觀。然而牠們的敵人不只有賞金獵人，犬瘟熱的流行造成袋狼大量死亡，而不斷遷入的移民者占據了牠們更多的棲息地，但

是以槍口對準他們的人類那股無情而殘酷的敵意才是造成袋狼滅絕的主因。「農夫依舊將袋狼視爲一種威脅，」兩位袋狼歷史學家寫道，「過了很久一段時間以後袋狼才有能力繁殖後代。」

根據正史記載，換得最後一筆賞金的獵物死於一九〇九年，而最後一隻被射殺的袋狼在一九三〇年倒下。在一九三〇年被活捉、地球上最後一隻袋狼，就在塔斯馬尼亞政府立法通過、宣布袋狼爲保育動物的兩個月後於一九三六年九月七日死於塔斯馬尼亞的霍巴特地區動物園。「班哲明（最後一隻僅存的袋狼）性情溫順，願意讓人撫摸，」牠的飼養人法蘭克‧達比回想起當時情況說道：「但是牠經常一副鬱鬱寡歡的樣子，喜歡獨處，也沒看過牠表現出任何情感。」

首見神祕腳印

大多數的塔斯馬尼亞人只有在袋狼永遠消失了之後——當班哲明還活著時動物園的工作人員與遊客都忽視了這點——才開始後悔自己當時的作爲。從那時起塔斯馬尼亞的州徽上就出現了兩隻袋狼，澳洲人也非正式地通過袋狼成爲他們最愛但已失去的動物，牠的消失對全體澳洲人而言不啻是國家的悲劇。

但就在班哲明死亡、官方宣告袋狼全面消失的一年後，澳洲的「動物與鳥類保護局」派遣兩位調查員到塔斯馬尼亞西北部的山區，尋找是否還有任何袋狼存活的可能性，他們回來時的收穫只有從當地居民身上收集來的少數幾則目擊報告。儘管光靠目擊者的說法無法定案，兩人還是鼓勵保護局贊助進一步的搜尋行動，隨後在一九三八年發現了第一項實體證據：幾個袋狼特殊的五趾前腳和四趾後腳腳印。

二次世界大戰暫時中斷了後續調查，但在一九四五年末一組

私人探險隊發現一組袋狼腳印，也聽說了幾則目擊傳聞，但他們之中卻沒有任何人親眼見過袋狼。在此之後的多年間，澳洲野生動物專家在實質上放棄了尋找這項謎團的答案，直到一九五七年「動物與鳥類保護局」的主席、動物學家艾瑞克・蓋勒前往闊沼澤地調查殺害羊群的神祕掠奪者。蓋勒認為神祕獸留下的錯不了就是袋狼的腳印，讓他開始相信還有袋狼存活著。於是從一九五七年起到一九六六年止他一共發起了九次遠征調查，這期間他收集了大量證據，但依舊沒有發現屍體；他本人也沒有任何目擊經歷。

一九六八年，其他研究者成立了「塔斯馬尼亞虎中心」，讓目擊者回報他們與袋狼遭遇的經歷，同時間搜查隊繼續在荒野中尋覓袋狼的蹤跡。一九七〇年代後期澳洲的世界野生動物基金會資助了一項搜尋計畫，在各個目擊者口中見過袋狼出沒的地點架設了無數台自動照相機，並放置餌食引誘野獸，當牠們一跨過前方的紅外線就會啟動照相機。在拍到的九種不同生物中，最受矚目的是塔斯馬尼亞惡魔⑫（偶爾會被誤認為袋狼）。此專案的主持人、「國家公園及野生生物中心」（NPWS）的史蒂芬・史密斯，在一九八〇年提出的正式報告中表達他認為袋狼確實已經絕跡的觀點。

但是到了一九八二年，在對一九七〇到一九八〇年間向NPWS通報的一百零四則目擊案例調查過後的發布結果中，史密斯修改了之前的結論。在這篇和朗瑟威爾合著的報告中，他提到：「如果塔斯馬尼亞島上還有存活的袋狼，數量肯定屈指可數，唯有透過續密地分析數量逐漸成長的目擊報告，才有可能完成重新發現牠們蹤跡的這項艱難任務。」大多數的目擊事件都發生在島州的北部，這個在幾十年前最多賞金獵物遭到屠殺的地

區。

蓋勒也試過用隱藏相機的方式，結果同樣讓人失望，但他依舊深信袋狼還存活在這塊土地上，否則那些目擊事件和腳印要作何解釋？

整起事件在一九八二年三月的某個晚上出現新的轉折點。在塔斯馬尼亞西北部的一處林地中，一位 NPWS 的公園巡警從後座椅上被某個聲響驚醒。他打開車燈，照出一隻在二十呎外的生物。他說那是隻袋狼，「一隻外表極健康的成年雄袋狼，淡茶色的毛皮上有十二道黑紋。」可惜的是當晚的雨水沖掉了牠留下的所有腳印。

NPWS 卻直到一九八四年一月才發布這項消息，為的是不讓可能會威脅袋狼以及其他稀有動物安危的好奇搜索者進入當地。然而 NPWS 的聲明並不等於正式宣告袋狼復活的證明，畢竟還是沒有發現屍體。但比這些科學考量更重要的是潛在的經濟和政策問題，試想如果在採礦或伐木公司的土地上發現了還存活的袋狼，這些公司會遭受多大的經濟損失？牠們畢竟是瀕臨絕種、極需保育的動物，但難道採礦和伐木權——當然還包括它們帶來的稅收——就因此要被迫放棄嗎？那誰來補償這一切損失？

從那時起其他考察行動陸續展開，但塔斯馬尼亞虎仍舊繼續迴避人跡，而免不了會有的幾位懷疑論者則將目擊報告貶抑為一廂情願，或是誤認其他動物、特別是野狗（不可否認在過去確實常被誤認為袋狼）的結果。無論如何，目擊事件還是繼續發生。一九九一年官方登錄的目擊案例就多達十三起，而「塔斯馬尼亞公園與野生動物保育部」的高層認為其中三起「參考價值極高」。動物學家巴伯‧格林對袋狼的評論是：「牠們是一種極端狡猾的動物，我相信一千個人裡面只有一個人能夠發現附近有袋狼存

在。我也收過經驗老到的旅行者寄給我的糞便和腳印樣本，他們很清楚自己看見的是什麼。我相信袋狼不僅還存在，而且繁殖的數量相當驚人。」

持續傳出形貌疑似是袋狼生物的目擊案例似乎支持這項樂觀的假設，光是一九九六年十月到一九九七年二月澳洲報紙就刊登了十二則傳聞袋狼出現在東格普斯蘭德風景區內的報導。其中一位女性看著那頭野獸的時間足足長達三十秒，她說：「牠的體型和牧牛犬差不多，深灰色參雜棕褐色的毛皮上面有深褐色的條紋，還有一張獵犬般的臉。」

更讓人側目的還在後頭，袋狼竟然數度出現在新幾內亞西部伊里安查亞省的目擊事件中。儘管對塔斯馬尼亞的袋狼仍舊存活抱持著懷疑的態度，倫敦動物園的資深管理員賽門・東恩表示如果有隻袋狼會出現在任何地方的話，肯定會在新幾內亞。據信袋狼在二千年前已經在新幾內亞絕種了，但根據調查傳聞類似袋狼的生物攻擊家畜的官員表示，目擊者的描述相當可信。

神祕跡象再現

一九八一年，在西澳省西南部某地接連傳出目擊異常生物的傳聞後，該省的「農業保護局」雇用了凱文・卡麥隆這位原住民後裔的追蹤者到當地進行調查。卡麥隆在調查過程中宣稱自己也看到了那隻傳聞中的動物，並辨識牠的身分為袋狼。

甚至連那些傾向認真思考袋狼在塔斯馬尼亞存活紀錄的支持者，看到這些傳聞都被嚇得面無血色。不僅是因為至今都沒有發現任何過去一萬二千年來的本土袋狼化石證據，而且也沒有任何跡象指出澳洲的原住民或在十九世紀來到的歐洲移民知道有袋狼這種動物存在。

時間回到一九五一年，一名來自戴爾靈甘普鎮的男子到位於伯斯市的西澳洲博物館，向館方出示他堅持是袋狼的照片和腳印模子——他說他親眼看見那隻袋狼，但是和他交談的博物館動物學家當下就否定了男子的敘述和引援的證據。幾年之後，關於一頭神祕的野獸屠殺羊群的各種傳聞讓這位動物學家阿瑟爾・道格拉斯決定親自前去調查。在他的追蹤下兇手——一隻長毛的野生阿富汗獵犬——死在他的手裡。這起事件只有更加深了他對袋狼傳聞的懷疑。儘管如此，爾後的多年間當他檢查袋鼠和羊的屍體時，偶爾會不安地寫下這些動物被攻擊致死的樣子和袋狼——而非其他野狗或澳洲野犬——捕殺獵物的方式完全一致的紀錄。

一九八五年二月，當卡麥隆交給他五張彩色照片後，道格拉斯的所有疑慮瞬間蒸發。照片拍到的是一隻正在樹基處挖洞的動物側面。雖然臉被草叢遮住了，但牠條紋狀的背部，以及長而僵直的尾巴正是袋狼的專屬特徵。卡麥隆不願意告訴道格拉斯他是在哪裡拍到這些照片的，但他也做了幾個腳印模子。道格拉斯認為卡麥隆對牠的行為習性的描述聽起來像是科學文獻上的真實紀錄——在他看來目擊者本身的可信度反而是更有說服力的證據，因為卡麥隆幾乎是個文盲。

不過卡麥隆古怪、躲躲閃閃的言行舉止，讓道格拉斯警覺到他身上有不對勁的地方。卡麥隆先是允許、再撤回，然後才又同意道格拉斯將這些照片和他的文章一起刊登在《新科學家》（*New Scientist*）、這本英國大眾科學週刊上。事後在他將手稿寄給《新科學家》之前，道格拉斯在《神祕動物學》（*Cryptozoology*）上提到當時的情形：

「卡麥隆……和我一起到暗房去放大照片，這是我第一次看到全片幅、放大效果相當好的底片。當我一看見底片時，我頓時發

覺卡麥隆關於照片的說法與事實有所出入。軟片被剪過，不但少了好幾幅，照片也是從不同角度拍攝的——這就不可能構成如卡麥隆所說的是在二十到三十秒間的連續拍攝狀況，更沒有拍到這頭野獸逃離現場的照片。此外在其中一張底片上，出現了另一個人拿著像是點一二左右口徑散彈槍的影子，但是卡麥隆告訴過我他都是一個人，特別是像袋狼這麼機警的動物，更不可能在牠周圍有人類活動時還維持這麼久靜止的狀態。而且值得注意的是，牠的頭始終沒有出現在任何一張照片中。」

部分《新科學家》的讀者注意到幾處顯眼的矛盾處：一是牠似乎在每張照片裡都沒有移動過，二是明顯不同的陰影暗示著每張照片拍攝的時間間隔至少有一個小時，甚至更久。這些評論背後的涵義只有一個，那就是卡麥隆如此從容不迫、慢慢拍攝的是一隻袋狼填充模型的照片。

但道格拉斯認為較有可能的是，出現在其中一張——顯然是第一張——拍攝的照片中的是隻活的袋狼。「這張底片的全幅照片顯示出那個拿著像槍的筆直物體、指向在樹基附近的袋狼的人影，」道格拉斯在文章中寫道。「這個人影在刊登於《新科學家》的照片上被故意去掉了。如果我的看法正確，拍第一張照片時那隻袋狼還活著，但到第二張照片拍攝時已經死了好幾個小時，而且因為死後僵直作用而靜止不動。」

道格拉斯希望有人可以找出「可能被『不明人士』射殺的」屍體，但始終沒有人出面，或許是因為澳洲法律裁定任何殺害袋狼犯行確定的人會被罰款五千美元。

一九六六年，西澳博物館的一隊人馬在蒙德拉比拉大牧場附近的山洞裡找到一具袋狼屍體，透過碳定年法認定牠來自四千五百年前、比一般認定袋狼消失在澳洲本土的時間（約一萬二千年

前）對半還更接近現代。事實上，道格拉斯表示，這具屍體可能比報告上的年代更接近現代。從屍體的狀態研判死亡時間不超過一年，可能還更短。「我在一九八六年到那山洞去時，」他寫道，「在那裡我發現一隻澳洲野犬的屍體；一具無毛且無臭無味的乾屍，皮膚變得像羊皮紙一樣。那具袋狼屍體在發現當時——甚至到現在——的保存狀態遠較這具澳洲野犬的屍體佳，而後者在洞穴裡的時間不會超過二十年。」他認為「可能是因為屍體浸泡在地下水才造成年代判定不準確。」

底下這項可能是西澳省袋狼的第二項實體證據。新南威爾斯大學的動物學教授麥克‧亞契，在一九七四年的「西澳省皇家科學院期刊」中提到一九七〇年在金柏利（位於西澳省北部的高原）的山洞發現的那批骨頭，經過碳定年法分析後確定骨頭的主人年紀不超過八歲。這些都是小型動物的骨頭，發現在一個小到人類無法進入的洞穴中。其中另一根骨頭，雖然又小又脆弱到無法用碳元素來測定年代、怕它會受到破壞，則來自袋狼的肩骨部位。這意謂著——當然尚無法證實——牠和其他骨頭都來自同一個時代，或許那些就是牠的獵物。

而西澳省（行政面積涵蓋三分之一的澳洲大陸土地）不是唯一宣稱發現過袋狼遺骸的本土省份。

《神祕的澳洲》（*Mysterious Australia*，一九九五），這本討論各種引人入勝、但多半難以置信故事的著作，其作者神祕動物學研究家雷克斯‧基羅伊表示許多「目擊大型、身上有條紋的似狗生物，很有可能是袋狼的案例」都發生在「遠從北昆士蘭省起，經過新南威爾斯省到維多利亞省東部之間的東澳洲廣大而崎嶇的山區。」他另外提到：「在本土發現的腳印都做了石膏模子」；這些「在與塔斯馬尼亞的其他袋狼腳模比較之後，這頭本土野獸

的身分幾乎已經沒有太大疑問了。」

基羅伊說他自己就看過一次這頭野獸。當時他和一位友人開車前往雪梨以西、位於新南威爾斯省的藍山山脈，一隻生物從高速公路旁的樹叢間衝了出來，跑到他們車前。牠的「體型和成年的澳洲野犬相同，淡黃褐色的毛皮上有一整排黑色紋線。牠在車燈的強光下停了好幾秒，然後才跑進往附近的葛洛斯山谷方向的樹叢裡去。我毫無疑問確定那是隻袋狼；牠的形貌和保存在省立博物館中的填充袋狼標本一模一樣。」

其中一位說他們在納瑪吉——科塞斯科國家公園、沿著新南威爾斯和維多利亞省界的山間荒地中看過袋狼蹤跡的是公園巡警彼得‧賽門，他的目擊經驗是在大太陽底下、隔著一百呎左右的距離看著一頭袋狼好幾秒鐘。一九九〇年葛拉姆‧歐尼爾在為墨爾本最大的報社《時代報》（The Age）寫了一篇討論袋狼之謎的文章後，收到了不少來自維多利亞省民眾的卡片和信件，告訴歐尼爾他們各自的目擊經歷。「他們的描述方式，還有隱約存在於每則故事中的一致性，讓我毫不懷疑，」歐尼爾表示，「他們每個人都看見了不尋常的生物……大體符合袋狼的形貌和特徵。」

東尼‧希利和保羅‧古柏在調查過澳洲的神祕動物學之謎後，將結果寫成《陰影之外》（Out of the Shadows，一九九四）。兩人在書中提到本土的袋狼目擊報告大多集中在「澳洲大陸東南部及東部等水源充沛的林地，離海邊幾百公里不到的區域。」這些目擊案例出現的次數之頻繁，甚至幾隻動物已經有當地人替牠們取的暱稱了。

例如在維多利亞省南端有這麼一隻「旺撒吉獸」，是當地農夫在反應牠們的牲口異常死亡，以及數次看見一頭神祕野獸後為牠取的稱號。多年來有不少人目擊到旺撒吉獸較清楚的一面，其中

兩位是查理·索普伉儷。一九四九年十一月五日的下午，索普夫婦在威爾森海角國家公園裡看見這麼一頭野獸經過他們車前。在行進間牠還停頓了一下，才又繼續越過馬路。索普先生表示：

「我們……開得不是很快，時速大約四十公里……牠比我的拉布拉多犬還高，但是後腿及臀部較矮。牠用一種奇怪的跳躍方式前進，比狗還長的尾巴在根部很粗，往尖端變細。看起來牠的體色介於深到淺灰色，臀腿部附近有好幾條顏色明顯較深的條紋。這些條紋不像黑色，比起身體其他部位是較深的灰色。」

在維多利亞省西南方與南澳省東南方的省交界處，當地居民經常提到「坦坦努拉虎」和「歐正卡努克虎」這兩種傳說生物，後者得名於一九六二年報紙對一隻出現在維多利亞省威默拉區的小鎮歐正卡努克附近的掠奪動物的報導，約略提及與這頭神祕生物有關的故事最早出現在十九世紀中期。

一九六四年芮兒·馬汀，這位前去拜訪親戚的墨爾本女子，在維多利亞省西部的哥洛克附近拍到了一張引發注目和爭議的照片。這張於白天拍攝的照片裡頭出現的是一隻大型、身上有條紋的動物，外型大致上與袋狼的特徵相似，走在落葉和陰影中。沒有任何具體證據指出這是張惡作劇或蓄意欺騙的照片，但是動物學家的冷淡反應讓芮兒·馬汀很快就閉口不願再談起它。儘管如此，當地還是繼續傳出目擊類似生物的案例。

更多神祕事件

對澳洲作家東尼·希利而言，關於本土袋狼之謎肯定有某種超自然因素包含在內。他提到在巡警賽門的目擊事件發生前一晚，他那幾隻曾經捕殺超過三百頭野豬的狗，在牠們和主人聽見灌木林間傳出像袋狼喘氣時的刺耳聲響時，竟然拒絕離開他的卡

車。一九八二年西澳省的一對務農的夫妻宣稱袋狼殺死了他們的牲口，他們告訴伯斯的一家報社，當他們第一次驚覺那頭野獸出現時，脖子背後升起的那股「針刺般的恐懼感」。

如果這些稱得上是架構出一則超現實假設的微小線索，又如果有血有肉的本土活袋狼這檔事聽起來難以置信，那麼請參考底下這則一九七四年的目擊報告：

一九七四年四月七日下午三點三十分，喬安・吉爾伯特發現一頭「半貓半狗、條紋狀的詭異生物」從她的車燈前方大搖大擺地走過。「牠是我這輩子看過，」喬安回憶道，「最古怪的動物。牠身上有條紋、一條又長又細直的尾巴，和似乎是全灰、但可能參雜些許黃色的皮毛。牠的耳朵長得很後面，像貓科動物一樣，體型則和中型犬一樣大。牠身形細瘦，而且絕對不是狐狸。」

當喬安到圖書館翻遍了各式參考書籍後，她才發現這是一隻她從未聽說過的動物：袋狼。這起目擊事件並非發生在塔斯馬尼亞島，也不在西澳省或維多利亞省或新南威爾斯省。它發生的地點就在波恩茅斯市郊，英國南部的城市。

1-17 野人

幾世紀以來，在中國中南部的偏遠鄉間，當地的居民以及旅人總是不斷提到一種稱為「野人」的生物，而早期的文獻資料中似乎也可以發現相同生物的蹤跡，名稱則相當多變：「山靈」、「山怪」、「人熊」或「似猴非猴」。在湖北省一則十七世紀的文獻紀錄中是這麼寫的：「在房縣荒僻的群山間錯落著幾個石窟，身長達三米高的長毛人就住在裡面。他們經常下山獵捕村裡的狗和雞，任何反抗的人都會受到他們凶暴的反擊。」

雖然在一九五○年代晚期幾個中國科學家開始對喜馬拉雅山

的雪人產生濃厚的興趣，中國當地的長毛巨人卻沒有引起任何人注意，也不受到重視。除了那些聲稱有直接遭遇野人經驗的目擊者之外——大多數是這些山區省份的農民和軍人，以及至少兩位科學家——一般人多半將野人之說貶抑爲一種民間迷信。然而如果有人願意關心注意的話，他們會聽到一些關於野人讓人好奇的故事。

例如據說在一九四〇年，生物學家王澤霖（譯音）曾在甘肅地區見過一具野人的屍體。他說這是一個體長約六呎半的雌性，

這張中國海報的提問：「你有看過畫中的野人嗎？」
© Fortean Picture Library

全身長滿灰棕色的毛髮，而牠的臉孔則結合了人類與猿猴的特徵，讓他聯想到史前北京猿人的模樣。一九五〇年地質學家方京泉（譯音）說他看見過兩個野人，很顯然是一對母子，在同一座山林裡出現過兩次。

在雲南省西雙版納一帶的原始森林中傳出一個女野人遭到築路工人屠殺的事件後，對野人的首次正式調查終於在一九六一年展開。當中國科學院的代表去到事發當地時，野人的屍體早已不知去向，根據這幾位科學家的結論，這隻野獸應該只是隻長臂猿。這種存疑的分析扼殺了政府對野人存在調查的胃口整整達十五年之久，然而在二十年之後，北京自然博物館的人類學家周國興（譯音）和當年參與這項調查的當地記者的一場訪談讓整個局面出現了變化。周國興表示：「他說被殺的動物不是隻長臂猿，而是隻人形的無名野獸。」

在一九七六年一場多人目擊事件之後，中國當局再度興起對野人調查的興趣，同時也首度引起國際間的關注。五月十四日清晨，六位湖北省的黨委才剛結束完一場會議準備回家，當他們行經春樹亞附近的鄉間公路時，發現了一頭「怪異的無尾紅毛野獸」。眼看著牠試圖往路旁逃竄，司機見狀便將車燈全開，緊緊跟在後頭。野獸在逃跑一陣子之後滑倒在地，剛好躺在疾奔而來的吉普車前面，差點整個撞了上去。其他五位乘客跳下車，將這頭野獸團團圍住。這時牠四肢著地趴著，動也不動地直盯著車頭燈。

因為這幾位目擊者手無寸鐵、不敢太靠近牠，保持著大約六呎左右的距離。其中一位名叫周忠義（譯音）的人朝著野獸的臀部丟了一塊石頭，這動作讓野獸候地一聲站了起來。當一群人被牠突如其來的動作嚇得往後走避時，野獸趁機拖著牠笨重的身軀

緩行而去，這一次牠成功地爬上路旁的斜坡，消失在眾人眼前。

一行人描述這是一頭體長超過六呎、全身覆蓋了濃密的棕色與紫紅色相間的長毛、挺了個大肚子、外露的臀部相當明顯的野獸。與他們的目光接觸的那對眼睛確實是人類的眼神，但那張有著大耳朵和凸出吻部的臉很顯然與猩猩無異。

調查與證據

這次的目擊事件在中國科學院引起一陣不小的騷動，於是在隔年一百一十名調查員奉命前往事發地點深入研究。他們將調查重點集中在湖北省房縣的森林以及神農架林區，後者為一被高山深谷圍繞而成的原始林區，這裡罕見的珍禽異獸種類繁多，其中還包括大熊貓（僅見於一八六九年）。所有調查員都沒有人看到或聽見過野人出現，但確實訪問了每位目擊者，也收集了據說是野人的腳印、毛髮和排泄物。

調查隊的領隊之一周國興在事後提到野人似乎有兩種類型：「較大型的身高約二米，較小的一種大約一米高。」腳印也分為兩種：「一種是大型的，約三十到四十公分長，和人類的腳印相當類似，四隻小的腳趾並列，而另一隻較大的腳趾則微微向外突出；另一種小型的腳印約長二十公分，比較接近猩猩或猴子的腳印，而最大的一隻腳趾則很明顯地外翻。」

第二種體型較小的野人其存在似乎較沒有爭議，而事實上可能性也相當高，根據周國興表示，目前科學家的手中已經握有活的和死的兩種標本。其中一具屍體是在一九五七年的五月二十三日死於浙江省專縣的某個村落，一位生物老師還很冷靜地觀察牠的手腳特徵。當周國興在一九八一年得知這項消息後，他前往該村取走那具屍首。在仔細地研究過後，他的結論是這些生物「屬

於現今科學尚無法識別的某種大型粗短尾獼猴」。隨後他並確認這頭動物是一隻粗短尾獼猴。不久之後，有人在黃山地區又捕獲一隻此類的生物，並將牠送到合肥動物園。關於這次的標本，周國興寫了底下這段話：

「……主要為地棲型……身軀碩大，站立高度約七十到九十公分，較高的還可達到一米。四肢極為粗壯，體重在二十公斤以上，體型較大的雄性還會超過三十三公斤，雌性一般則較為矮小。背後的獸毛為棕色，成年雄性會長鬚毛，臉上還有明顯的紅色。」

俄亥俄州立大學的人類學家法蘭克・波瑞爾指出，許多關於野人的紀錄與報導——他並沒有做高矮兩種類別的案例區分——看見的可能是一種在當地棲息，只是鮮少為人所見的稀有且瀕臨絕種的動物：金猴。然而在一九八九年的一場調查行動後，波瑞爾稍稍修正了他先前斬釘截鐵認為野人並不存在的說法，認為至少那是某種未知的生物，儘管他和同事理查・克倫威爾還是認為：「野人（Wildman）這種意義含混的概括詞代表的已知動物範圍相當廣，諸如黑熊、長臂猿、獼猴以及金猴等。」連波瑞爾自己有次都被誤認為是野人，因為內地的村民從未見過西方人，更別提看見幾乎全裸的波瑞爾在河邊打盹時會有什麼反應了。

波瑞爾和克倫威爾推測體型較小、四足著地的野人可能是「紅毛猩猩（Pongo），如果不是目前已知的種類，那更有可能會是另一種有極深關聯的品種——甚至可能是化石類的品種——一種續存於中國境內險峻、遺世孤立的山區中的族群。」

簡言之，體型較小的野人是較引起靈長類動物學家廣泛興趣的話題。但是另一種野人，如果對牠的形貌描述完全正確的話，就沒有這麼簡單了。有一說牠是北美沙斯夸奇（大腳）的中國遠

親。這一類的野人全都是兩足著地，體長介於六呎到八呎之間，而且有著明顯和人類極為相似的臉孔。一位目擊者對中國科學院的研究員做出底下的描述：

「他大約有七呎高，肩膀比人還寬，額頭前傾、眼窩很深，球根狀的鼻子上兩個鼻孔微微朝天。他的兩頰凹陷，耳朵像人，但是大了些；眼睛也像人類，只是更圓、更大點。他的下巴外凸，嘴唇也是向外凸出，前齒像馬一樣寬大。眼睛則是黑色的，黑棕色的頭髮大概有一呎長，披垂到肩膀以下。他的整張臉，除了鼻子和耳朵外，都長滿了短毛。他的手臂垂到膝蓋以下，巨大的手掌上有五根大約六吋長的手指，只有拇指稍微與其他四指分開。他沒有尾巴，身體上的毛髮也是短毛。他的大腿粗壯，比起小腿略短了些。他能雙腿分開直立行走，腳掌大約十二吋長、六吋寬，前寬後窄，腳趾是張開的。他是公的，這點我可是看得很清楚。」

調查人員收集了數十件據稱是野人毛髮的標本，送到實驗室一一化驗。李建（譯音），中國野人調查與研究協會的科學史家兼祕書長，向《紐約時報》表示在經過與取自於人類、猩猩、山羊和豬身上的樣本以顯微鏡比對後，從八件這類的毛髮看得出「野人是介於熊或猩猩和人類之間的生物」。在研究過來自中國各地不同的樣本後，復旦大學的物理學家確定這些樣本中鐵和鋅的比例是人類毛髮的五十倍，也是目前已經辨識出的靈長類動物的七倍。如同波瑞爾和克倫威爾的觀察結果，這項數據似乎暗指「某些野人的毛髮是來自目前生物學中未知的高等靈長類動物」。另一項個別的分析也有類似的發現。

華東師範大學的生物學家則利用掃描式電子顯微鏡檢驗這些野人的毛髮，並與人類和靈長類動物的毛髮樣本做比較。他們的

結論是：前者既不是人類，也不是已知的靈長類動物，而是來自一種在型態上與人類相似的未知靈長類生物。當然，這項發現與一般人在目擊大型野人後所做出的描述一致。

就在動物學家準備接受大型野人存在的可能性之際，有一項來自大腳研究者間頗受認同的推測指出，此一生物是目前仍存活的巨猿（Gigantopithecus），一種距今八百萬年前就已經進化完成的巨大且明顯的兩足靈長類動物，據說約三十萬年前在中國絕跡。「只需要再一點『動力』，就能提出牠還繼續存活了將近五十萬年、直到今天的論點，」波瑞爾和克倫威爾寫道。他們還舉出大熊貓爲例，不但年代和巨猿一樣久遠，連棲息地也相同。

1-18 葉提（喜馬拉雅山雪人）

旅居尼泊爾的英國公民霍奇森在一八三二年《孟加拉亞洲學會期刊》（*Journal of the Asiatic Society of Bangal*）上發表的文章，可能是史上第一篇以英文提到喜馬拉雅山的奇特兩足類生物的文獻。他在文中敘述當他們到尼泊爾北部去採集標本時，他的土著獵人碰見一隻直立、無尾、滿身暗黑色長毛的生物。土著們以爲遇上了惡魔，拔腿狂奔。霍奇森則認爲那其實是隻猩猩。

瓦德爾少校在一八八九年成爲第一位在喜馬拉雅山的雪地上發現神祕人形腳印的西方人。他的雪爾帕嚮導告訴他這個在海拔一萬七千英尺發現的腳印來自一個他們早已熟知的長毛野人。瓦德爾於《在喜馬拉雅山中》（*Among the Himalayas*，一八八九）評論道：「相信這類生物存在是所有西藏人共通的信念。」但他也提到沒有一個和他交談的雪爾帕人能夠提供一個眞實的案例，在大略的調查之下，結果總是以某人聽誰說過這件事而不了了之，而他確定這些生物其實是大型的黃毛雪地熊。

第一位親眼看見可能是這類生物（儘管還有其他聲稱看過同樣生物但未經證實的目擊者）的西方人是哈沃德・貝瑞中校，他在一九二一年九月率領一組偵查隊登上埃佛勒斯峰。在高度二萬英尺、面向北西藏的山側，這一行人發現大批比人類所能踩出來的還大三倍的腳印。隨行的雪爾帕嚮導告訴哈沃德・貝瑞他們是如何稱呼這些腳印的主人，但顯然他抄錯了幾個字而寫成 metoh-kangmi（骯髒的雪人），而一位《加爾各答政治家》（*Calcutta Statesman*）的專欄作家在看過中校的正式報告後又將它誤譯成 abominable snowman（骯髒／邪惡的雪人演變成的俗名）。哈沃德・貝瑞顯然是誤解了雪爾帕語 meh-teh，它大致的意思是「似人非人的生物」。

　　無論如何，在報章雜誌大規模引述哈沃德・貝瑞的證詞之後，「喜馬拉雅山雪人」很快就成為英語和通俗文化中的一個名詞，儘管他本人相信那些腳印「可能來自於一頭大型灰狼，牠在柔軟的雪地上『跳躍前進』才會形成極類似人類赤腳的二倍大腳印。」然而這項解釋很難與哈沃德・貝瑞對那些腳印的敘述一致。

　　四年後，英國攝影師兼皇家地理協會成員的湯巴齊在喜馬拉雅山區目擊一隻不可思議的生物，事件就發生在一萬五千英尺高的澤穆冰河。湯巴齊記下了整起事件的經過：

　　「地面積雪反射的刺眼強光讓我前幾秒鐘完全看不見任何東西，但是我很快就察覺『那個東西』出現在我們營地東邊的山谷底下二百到三百碼的地方。那個黑影的輪廓毫無疑問和人類一模一樣，牠能直立行走，偶爾會停下來連根拔起或拉扯低矮的杜鵑灌木。和白皚皚的雪地比較起來，牠呈現顯著的黑色，而且就我所能看清楚的部位，牠身上並沒有任何衣物。下一分鐘，牠就移

動到濃密的樹叢中消失蹤影了。」

　　兩小時後當他們一行人下到谷底時，湯巴齊特意前往他看見那頭獸人的那塊地方查看。他在那裡發現了十六個腳印，形狀和人類極為相似，但是在腳印最寬處比人類多了七吋長和四吋寬……這些足跡錯不了一定是兩足動物所留下的，排列的模式和順序不是任何人想得出來的四足動物走路的特徵。

　　從這些有點模糊的敘述，再加上許多來自當地人更具體、更詳盡的證詞，葉提（來自雪爾帕語的 yeh-teh，指的是『長毛雪人』或『山魔』）成為世界知名的神祕生物。從此之後牠激起了天馬行空的臆測與激烈的爭辯，更促使無數的探險隊深入聖母峰山區，但所目擊的景象非但無法解開謎團，所發現的證據在品質上也與往昔出入不大。

　　或許發生在一九七〇年的安納布爾納峰這起可以算是最引人注目的西方人目擊事件吧！目擊者是著名的英國登山家唐・威廉斯。有天晚上在尋找紮營地點時聽見詭異的哭喊聲，他的雪爾帕同伴告訴他那是葉提的叫聲，威廉斯本人也隱約看見一個黑影出現在有點距離的山脊上。隔天他發現好幾個類似人的腳印足足陷入雪中有十八英寸深，當天夜裡他察覺有東西在外面，於是探頭往帳篷外看。就在月光底下，他看見一隻類似猩猩的動物正在摘折樹枝。在牠離開之前威廉斯用雙筒望遠鏡足足觀察牠有二十分鐘之久。

　　這段連差強人意都稱不上的敘述，卻是我們除了從當地雪爾帕人的口中所能得到的最好的一則描述。許多西方作家都對雪爾帕人的故事真實性存疑，就像靈長類動物學家約翰・納皮爾的評論：「因為在他們的敘述中關於時間和地點的說明都相當模糊、明顯像一般民間傳說中加油添醋的形容方式，以及自藏傳佛教的

萬物有靈論哲學衍生而來的動機。」此外還有就像我們已經看出來的，與那些宣稱但明顯可疑的葉提存在的具體證據有關的各種問題。

　　同樣的如果葉提真的存在，最有可能遭遇牠們的就是那些生活在鄰近地區的人，自然非刻苦耐勞的雪爾帕人莫屬。認真地記錄下雪爾帕人證詞的調查員，確信在喜馬拉雅區中至少有兩種葉提存在：一是 dzu-teh（雪爾帕的大傢伙），七到八呎高，另一個則是 meh-teh，五到六呎高。目擊 meh-teh 出現的傳聞遠多於 dzu-teh 的紀錄，牠也被大多數人認為就是「喜馬拉雅山雪人」。作家艾德華・克洛寧二世提供了底下這項綜合性的描述：

在這本《雷達》雜誌的封面上畫出兩名西藏人躲避喜馬拉雅山雪人的驚恐模樣。
© Mary Evans Picture Library

「牠的身體矮壯結實，身型較接近猩猩，和熊比起來明顯帶有人類的特徵。牠直立時有五呎半到六呎高，全身長滿介於紅褐色到黑色之間的粗糙短毛，有些葉提在胸口附近有幾處白斑。牠的面相粗野，儘管沒有露出牙齦只看見大牙齒，還是看得出來嘴相當大。頭如圓錐形，頭頂隆起成尖盔狀。兩隻手臂很長，幾乎垂到膝蓋旁；肩厚且駝背似的往前彎，沒有尾巴。」

實體證據？

在科學文獻以及其他嚴肅的通俗文學中，大多數的爭論焦點都集中在不管有多少目擊者或他們對這頭生物的相信程度為何，始終都能發現腳印存在的這件無可否認的事實上。懷疑論者將這些解釋成來自普通動物，例如雪豹、狐狸、熊或甚至流浪的西藏喇嘛（顯然他們不介意腳會凍傷這件是）所留下的腳印，有時還宣稱融雪會改變牠們的形狀成為「葉提」的腳印。儘管懷疑論者之間流傳著一篇堅定他們信心的文章，對於這最後一項他們倒是沒有太大把握。不相信葉提存在的約翰‧納皮爾寫道：「目前缺乏真正的實測依據指出一個腳印可以在放大後還能保持原有形狀，或幾個不連續的腳印可以印或融在一起形成一個更大的腳印。」

有些腳印保持得很「新鮮」──也就是在上述各種因素有機會發揮作用之前就被發現了。在與腳印有關的事件中較轟動的一則發生在一九七二年，目擊者是阿朗河谷野生動物考察隊的成員。這隻跨領域的生態調查隊遠征尼泊爾東北部的深邃河谷，研究生長在此遺世獨立、不受打擾的環境中的眾多罕見動植物。參與者包括隊長動物學家艾德華‧克洛寧，他對葉提可能存在的事實抱持著開放的態度，而儘管這不是考察隊的主要任務，他甚至

還在這兩年的調查過程中試圖尋找相關的證據。

　　十二月十七日的夜晚，克洛寧和隊上的醫生哈沃德‧埃莫里，以及他們的幾位雪爾帕嚮導，在孔馬阿拉（Kongmaa La）山上一萬兩千英尺處的窪地紮營。隔天早上埃莫里醫生先醒過來，當他走到外面時，驚見一列兩足生物的腳印從兩組帳篷間穿越而過，顯然是前個晚上留下的痕跡。在克洛寧的紀錄中，從這些九吋長、四又四分之三吋寬、維持得相當完整的腳印中看得出來「有根粗而寬、在其他腳印可以對應的大腳趾、其他四根排列不對稱的腳趾，以及又寬又圓的腳跟。」這些腳印看起來與一九五一年登山家艾瑞克‧錫普頓的葉提大腳印照片有極高的相似度。

　　考察隊員跟著這些腳印走了一段距離，雪人往北登上一座山坡後又往下走，穿過他們的營地，朝著南邊的斜坡而去，然後再回到山頂，腳印在走下南邊的斜坡時消失在樹叢和岩石之間。「這座斜坡非常陡峭，」克洛寧在紀錄中提到，「要搜尋接下來的腳印不但艱鉅而且相當危險。我們這才了解到不論是什麼生物留下這些腳印，牠肯定比我們任何一個人都來得強壯許多。」

　　假如與葉提有關的腳印持續違背一般常理的解釋的話，其他種類的證據也證實是一場空，或充其量只是個模稜兩可的答案。一九五四年《倫敦每日郵報》贊助的考察隊遠征西藏，在當地的一座喇嘛寺觀察一張據說有三百五十年歷史之久、被供作半神聖物品保存的「葉提頭皮」。四年後由德州石油商人湯姆‧史利克率領的另一組考察隊人馬，則見到除了這張之外的第二張頭皮。兩年後的一九六〇年，在一項由世界百科全書（*The World Book Encyclopedia*）的出版商所贊助的公開考察行動過程中，艾德蒙‧希拉瑞爵士取得了第三張葉提頭皮標本，但他本人坦率的嘲弄態度卻也嚴重影響了在他之後科學界對解開喜馬拉雅山雪人之謎的

興趣。結果分析專家一致——值得注意的例外是大英博物館權威學者約翰・希爾的看法——同意這第三張頭皮來自於鬣羚身上。

一九五八年的史利克考察隊也發現了兩項據稱是葉提手骨的樣本。其中一項在馬庫拉的喇嘛寺看見的樣本結果證實是雪豹的手掌和前臂，另一項則較引人注意，而且很有可能是證明葉提存在的唯一最佳證據；但諷刺的是由於陷於困惑和誤解，它多半被視為壓倒性的反證。

一九五九年初，考察隊成員之一彼得・拜恩獲准進入尼泊爾位於潘波歧的一間喇嘛寺，並得知寺裡供奉著一隻據稱是葉提的手。儘管喇嘛們已經開宗明義地告知這根手骨絕對不會離開寺區範圍內一步，但拜恩還是想出了一個周密的行動計畫，打算說服喇嘛們讓他私底下好好檢驗這根手骨。單純的喇嘛們不知道拜恩帶了什麼進到寺裡：從隊上的科學顧問、英國靈長類動物學家歐斯曼・希爾那邊取得的部分人類手骨。拜恩在二月三日寫給史利克的信中提到：

「我不會說出我們如何拿到潘波歧的葉提手掌中的大拇指和指骨的詳細過程，重點是現在它們在我們手上，而那群喇嘛們也不知道這兩根骨頭已經被我們拿走了。因為他們不知道最重要的是已經有好一陣子沒有傳出關於葉提的新消息或公開訊息……對潘波歧的喇嘛們而言，寺裡的手骨依舊保持完整，上面還是有根大拇指和食指最內側的指骨。他們所不知道的、以及他們千萬不能知道的是，現在那隻手上的大拇指和最內側的食指指骨其實是被我們調包的人類骨頭。」

這些偷來的標本中還包括一張皮膚，被他們放在背包裡、輕鬆地帶出了尼泊爾邊境，但是要運出海關查緝較嚴格的印度可就沒那麼容易了。然而正當他們煩惱著如何解決這道難題時，剛好

考察隊的共同贊助者科克‧強森的兩位好友正投宿在加爾各答的旅館，於是拜恩前去拜訪他們尋求協助。這兩位朋友，分別是電影演員詹姆斯‧史都華和他的妻子葛洛莉亞，將這些標本用內衣團團裹住後埋在他們行李的最底層，神不知鬼不覺地將它們帶回倫敦，然後再將標本交給強森。強森於二月二十日將它們交給希爾。

希爾的結論是失望的，他表示那根大拇指和指骨都是「人類」的手。然而事後他又改變心意，宣稱它們來自非全然人類——可能是、但看起來就不太像是尼安德塔人的遺骨。當時也看過手指骨的其他兩位科學家都同意這是他們無法釐出頭緒的謎團。動物學家查爾斯‧里昂尼則表達他的遺憾：「因為他力不從心，無法提供肯定的辨識結果。」事後有位人類學家向作家迦納‧邵爾表示：「很多認真研究過這隻手的人都認為這是隻具有相當多原始人特徵的手……我一點也不認為這是隻正常的人類手掌……但是它具有高度的大型類人猿特徵。」對皮膚樣本的血液測試指出它來自於未知的人類或原始人。

由於這些收集——正確的術語是偷竊——來的標本產生如此混亂的狀況，當一向將葉提視為笑話（例如他暗示雪爾帕人目擊葉提和他們的飲酒習慣的關係）的希拉瑞爵士饒富興致地宣布潘波歧的這隻手骨「其實是用鐵絲接在一起的人類手骨，可能還參雜了幾塊動物骨頭」時，更沒有任何標本的身分得以獲得確定。當然這些都是透過拜恩努力之後所得到的標本。如果希拉瑞爵士注意到那是「動物」（非人類）的骨頭，而非其他植入的不相關的人類骨頭時，他和他的同事或許會和希爾及其同伴看到那隻手骨時感到同樣震驚和困惑吧！

可惜的是，目前那些標本的下落不明。

一九五〇年代的結束意味考察隊的全盛時期也接著告終，接著希拉瑞爵士的探險所引發的揭祕行動，以及科學界和通俗文化對「喜馬拉雅山雪人」的興趣也在一九六〇年代達到高峰後落幕，不過還是有幾本著作、幾篇雜誌文章或不常發生的深入喜馬拉雅山探祕（例如一九七二到一九七四年的克洛寧）偶爾會讓葉提在大眾意識中復活一陣子。一九八六年發生一則鬧劇似的插曲，一位英國旅行者拍下了他打從心底認為是葉提的照片；經過隨後的調查證實這隻「葉提」只是塊山岩。同年二月和三月，「新世界探索協會」從雪爾帕族的知情者收集到多則葉提傳聞（部分事件發生的時間相當接近），還帶回一些據稱是葉提的毛髮，只知道是「粗而黑的長毛」。毛髮纖維送到「國際神祕動物學協會」進行化驗，但是結果從一九九二年末至今始終未被公開。

與葉提有關的排泄物也構成另一項證據。研究人員在史利克一九五九年那次考察時收集到的糞便樣本中發現了一些蟲卵，判定它們來自前所未知的寄生蟲。伯納德·霍伊維爾曼對此的評論是：「由於每種哺乳動物身上都有牠自己的寄生蟲，這項事實表示該宿主也是一種未知的生物。」

大多數的葉提研究者相信 dzu-teh，據信是較大版本的雪人，其實是隻西藏棕熊。如果葉提真的存在，那一定非 meh-teh 莫屬。認為葉提是種真實的未知生物的支持者都同意牠並非生活在高海拔的深山雪地中，而是在附近的山林之中。但問題是牠究竟是哪種動物？

尼可拉斯·華倫給了一個偏向保守的肯定詮釋：「因為吃素的猩猩偶爾會從森林中遊蕩到高山雪地的行為而認定牠是小型葉提的想法，不但符合邏輯而且可信度還相當高。」然而從威利·雷依、艾德華·克洛寧到羅倫·柯曼以降的大多數葉提研究者，

則歸納出另一項超乎尋常的解釋，這項解釋可以套用到其他雖然未經確認的類人猿的目擊案例上，例如大腳和中國野人：巨猿。這種大型史前猩猩的化石遺跡在許多地方都有挖掘出土的紀錄，包括喜馬拉雅山區。

當史利克將各種動物照片出示給雪爾帕目擊者看，詢問他們哪一種最像葉提時，他說得到的答案「不但全體一致，而且連選擇的順序都相同。都是先選站立的大猩猩、再來是手繪的史前猿人，南猿（Australopithecus），然後第三選擇是站立的猩猩。看來他們特別偏好長毛的動物。」

伊凡‧桑德遜所畫的喜馬拉雅山葉提，或稱喜馬拉雅山雪人。
© Fortean Picture Library

神祕動物學的背景

　　早在一八一二年，偉大的法國自然科學家、被尊稱為古生物學之父的拜倫‧喬治‧庫維葉，宣稱「要發現新種大型四足動物的希望微乎其微」。儘管在當時並沒有像現在的神祕動物學說存在，庫維葉的名言還是被二十世紀的神祕動物學評論家所傳頌著──即使從庫維葉的時代到現在，地球上已經發現了數千種的「新種大型四足動物」。

　　當卡洛斯‧林奈[13]在十八世紀不但將所有已知的動植物做出分類，更將它們歸到固定、永久不變的種類，以相稱於上帝為萬物所創造、屬於它們各自的角色時，林奈和任何一位現代的自然科學家一樣從相當學院派的主流關注中被掃地出門──單單因為他不將底下這些生物列入如假包換的自然現象──如獨角獸、撒特[14]、人魚，以及大海蛇。到了下個（十九）世紀初，庫維葉對傳說中的動物存在的說法更是嗤之以鼻：「我希望永遠都不會有人認真地試圖在自然界尋找這些生物；他們大可以去找但以理[15]的那幾隻獅子，或是啟示錄中的那頭野獸[16]。」

　　然而外來種的動物不斷地被發現──牠們其中之一是有著凶猛外貌、而且外型似人的恐怖人猿，在一八四七年被正式認定為我們所熟知的金剛猩猩。其他動物還包括大章魚（傳說中的挪威海怪）和大熊貓──以及特別是大海蛇，牠讓為數眾多的科學家和新聞記者印象深刻。他們認為目擊者的說辭可信度極高，而且對目擊經過的描述詳盡到無法將之一筆帶過。好幾位歐洲和美洲著名科學月刊的編輯甚至還接納了牠存在的事實根據。

　　例如在一八四七年，愛德華‧紐曼在一當上英國《動物學家》的編輯後，就對外宣布他要在雜誌上開放幾頁，進行對大海蛇存在與否的一項不存偏見的檢驗。「某種自然現象的出現被民眾所目擊，」他在雜誌中寫道，「讓我們來試著尋找一個令人滿意的解

釋，而非只是以揶揄嘲弄的諷刺話語來終止調查行動。」大海蛇的辯護者還包括許多著名人物，如生物學家湯瑪斯・亨利・赫胥黎以及海洋學家路易斯・亞格西茲。到了一八九二年，荷蘭動物學家安東・柯納利斯・歐迪曼斯搜集了所有他找得到的傳聞與報導，費盡千辛萬苦地分析後將它們整理成一本廣泛流傳的書《大海蛇》。創造出「神祕動物學」此一名詞的神祕動物學家開山祖師伯納德・霍伊維爾曼認為，這本書「才是這項新學說的真正開端。」

在同一時間其他有影響力的科學家，他們懷疑的觀點終會有成功的一天，抨擊大海蛇的報導全是捏造杜撰和誤判的結果（事實上占了多數），並將那些使人難堪的奚落嘲諷全指向那些目擊者。大海蛇的主要敵人，也就是維多利亞時代著名的生物學家理查・歐文爵士，他流傳自今的事蹟就是他以同樣尖酸刻薄的反對立場對待查爾斯・達爾文以及他的進化論。儘管在科學界享有偉大聲譽，法籍美裔的動物學家康士坦汀・山繆・拉菲內斯克卻也因為他那幾篇關於此一禁忌主題的著作而遭到科學界排斥，職業生涯毀於一旦。

至於通俗作家和業餘科學家，例如威廉・溫伍德・利德和菲利普・亨利・古斯就搜集了傳說動物的各種紀錄和報導，像是湖怪以及南美猿人等，而且將牠們視為真正的自然界之謎。有些人猜測甚至連像美人魚等的這些想像中的動物，即使牠們的外觀和習性和民間傳說所描述的不盡相同，但牠們確實有可能以某種未知動物的身分存在。

儘管進入二十世紀後，對於這類大型且未有文獻記載過的動物的保守主義勢力愈發茁壯，同類型的動物依舊持續在生物界出現。三項最重要的發現分別是山地金剛猩猩（一九○三）、歐卡皮鹿（一九○○），以及腔棘魚（一九三八）。歐卡皮鹿是一種短頸（與牠和長頸鹿的血緣關係相較下）的非洲動物，長得像驢子和斑馬的雜交種，可說是名副其實的神祕動物界的象徵，而牠的影像也出現在「國際神祕動物學協會」（ISC）的標誌上。而在南非捕漁船漁網中發現的腔棘魚則是四億年前就存在的生物，比恐龍還早得多，是種被

認為大約在六億年前就已經滅絕的魚類。這項發現被形容為「二十世紀最重要的動物學發現」。

國際神祕動物學協會

「國際神祕動物學協會」的正式成立大會於一九八二年一月八日到九日在華盛頓特區的史密森尼國家自然歷史博物館召開。之前的籌劃階段歷時一年半,在這段期間芝加哥大學生物學家兼兩本探討未知生物專書的作家羅依‧麥考,以及亞利桑那大學的生態學家理查‧格倫威爾聯絡了多位動物學家、人類學家和海洋科學家,兩人想了解他們是否有興趣成立一個組織來研究未知生物的傳聞,例如那些由最偉大的生物學家伯納德‧霍伊維爾曼所記述過的生物,也是他在一九五〇年代晚期創造出「神祕動物學」這個術語。

打從成立之初,神祕動物學協會便以嚴肅、具有高度智慧的研究方式吸引了眾多廣受好評的科學家加入理事會的行列。首任理事長喬治‧楚格帶領史密森尼國家自然歷史博物館脊椎動物學部一路蓬勃發展,自此之後協會成員中便不乏來自其他研究機構中聲譽卓著的科學家。霍伊維爾曼被選為主席,麥考當選副主席,格倫威爾則被推舉為祕書和每季發行的神祕動物學協會通訊稿以及年刊《神祕動物學》的編輯。

在成立大會上神祕動物學協會董事會達成協議,將神祕動物學定義為一種對「預料之外的動物」研究。這個新成立的組織透過明確訂出其成立的目標來提倡「在對於形狀或體型超乎想像,或出現在預料之外的時空中的動物感興趣的民眾間的科學探究、教育和交流。」

在一般人的認知中,神祕動物學最容易讓他們聯想到湖怪、大海蛇、大腳和雪怪,而確實這些生物也是某些著名的神祕動物學家所關切的焦點,更是神祕動物學協會刊物中的常客。但是神祕動物學協會本身注意的卻是其他尚未辨識的動物中較不顯眼的案例,例如未編目的貓科動物、大章魚、大壁虎以及侏儒象等。科學家和其

他權威學者在《神祕動物學》上激烈的唇槍舌戰，討論所有相關的問題，包括神祕動物學的合理性。

儘管尚未完全被主流科學所接受，這一切人事物已經讓神祕動物學受到了某種程度的尊重。即使神祕動物學家理所當然地堅持這門學說的合理性不應被局限在特定傳說動物存在的合理性上，但或許要等到最引起轟動的標本，不論死活，像尼斯湖水怪或大腳野人被發現的那天，神祕動物學才有可能躋身主流之列。

伯納德‧霍伊維爾曼 Bernard Heuvelmans

被尊稱為「神祕動物學之父」的伯納德‧霍伊維爾曼，一九一六年出生於法國的勒哈維，在比利時布魯塞爾的自由大學取得動物學博士學位，之後他以科學作家的身分開啓了成功的職業生涯。

霍伊維爾曼從青少年時代起就對末知動物有高度的興趣，而他的興趣更因為閱讀一些著名科幻小說而越發濃烈，例如法國作家朱勒‧凡爾納的《海底兩萬里》⑰，敘述尼莫船長的鸚鵡螺號英勇對抗大烏賊的故事；以及亞瑟‧柯南‧道爾爵士的《失落的世界》，書中想像在南美洲一個遺世獨立的偏僻林區發現一群活恐龍。但是霍伊維爾曼在讀了一篇生物學家伊凡‧桑德遜發表於一九四八年一月三日的《美國週末晚報》上、標題為〈恐龍可能還存在〉的文章後，決定以有系統的方式探索這讓他心醉迷戀的領域，並將發現成果寫成文字。於是他開始投入結果成為他終生職業的工作：追蹤記載在科學、旅遊和大眾文學作品中的神祕與尚未辨識的生物。在浸淫於浩瀚的書海多年之後，霍伊維爾曼也完成了一部鉅作。這本書在一九五五年於法國面世，三年後有了英文版，書名為《追蹤未知生物》（*On the Track of Unknown Animals*）。

即使霍伊維爾曼不是第一位以末知動物為主題的作家，但他肯定是最知名而且最具影響力的一個。再者，他還為這門學說取了個名字：神祕動物學。當他在《追蹤未知生物》一書出版後持續研究同時，他看出：「為我的研究在動物學形成的全新學說命名的必

要，於是我創造了『神祕動物學』這個名詞來形容這門研究隱匿動物的學科，並廣泛使用在我與各界人士來往的專業信函中。」此一新名詞首次發表是在一九五九年，法國野生動物局官員盧希安‧布朗固在贈給霍伊維爾曼的書封面上印了這幾個字——「獻給神祕動物學大師，伯納德‧霍伊維爾曼。」

霍伊維爾曼表示從一開始：「我嘗試根據科學文獻的規則來撰寫神祕動物學。而同時我也必須填飽肚子，因為我從未接受過任何機構的金援贊助；我不願意是因為我想要能完全自由地從事這項毫不起眼的研究。假設今天我受雇於法國國家科學研究中心的話，大概一年左右他們就會把我踢出去吧！這就是為什麼我總是必須讓我的書盡可能滿足最多讀者的想像空間，充滿新奇與刺激感，也只有因為其中幾本成為暢銷書——《追蹤未知生物》在全世界賣了大約一百萬本——我才能夠繼續我的研究。」

一九七五年，霍伊維爾曼在南法的勒布克附近成立了「神祕動物學中心」，他數量驚人的藏書以及研究設備皆落腳此地。一九八二年他參加了位於華盛頓特區的史密森尼國家自然歷史博物館所舉辦的「國際神祕動物學協會」成立大會。儘管該協會的總部設在亞利桑那州的土桑市，霍伊維爾曼還是當選主席，至今依舊在此崗位上奉獻付出。他的著作仍定期出現在協會的期刊《神祕動物學》上。

羅依‧麥考 Roy P. Mackal

後來成為神祕動物學領導人物之一的羅依‧麥考，出生於一九二五年的密爾瓦基，曾在二次大戰時加入美國海軍陸戰隊。大戰結束後他進入芝加哥大學就讀，在這裡度過了他大半的學術和職業生涯，直到一九九○年十二月退休為止。他一九四九年取得芝大的學士學位，在一九五三年取得博士學位。

麥考花了二十年的時間投入生化系的「病毒專案」，創造出不少讓現代的病毒研究和基因工程得以實現的重要發現。他本身也是化學和生物系的教師和研究員，在一九五○年代和「太平洋火箭協會」

合作，發展出三階段、液態燃料的火箭，還嘗試過一項嚴肅實驗，企圖發射若成功將是世界上第一枚的人造衛星：一顆加裝了一具簡易轉換器的乒乓球大小球體。

從一九七三年起直到退休為止，麥考都待在生物（現在是生態與進化）系，並負責管理整個大學的安全與能源計畫。除了身為享有多項專利權的發明家兼工程師之外，他目前還是一本專門研究賴比瑞亞郵票的期刊編輯和發行人，最近正著手編寫維多利亞時代的女演員瑪迪·亞當斯的傳記。

然而，更多人知道他是因為他在神祕動物學的研究和著作。從一九六五到一九七五年間，麥考擔任尼斯湖水怪現象研究處的科學部主管，而根據他親自到這著名湖泊的田野調查所寫成、於一九七六年發表的《尼斯湖的水怪》（*The Monsters of Loch Ness*），更是神祕動物學的經典之作，不過從那時起麥考便捨棄了他的主要結論：尼斯湖水怪（群）是某種大型兩棲類動物。現在他認為這些水怪以及其他傳言中的湖怪是械齒鯨──外型像蛇的鯨魚，一般認為在距今二千五百萬年前便已消失在地球上。

在與理查·格倫威爾合作之下，麥考和其他學者促成了「國際神祕動物學協會」的誕生，正式成立時間則是在一九八二年的一月。他獲選為該協會的副主席（主席是伯納德·霍伊維爾曼），一直擔任該職務至今。

提姆·丁斯岱爾 Tim Dinsdale

提姆·丁斯岱爾是尼斯湖水怪的先驅調查者之一。因為父親工作的關係，從小他在中國長大。一家人搬回英國後，丁斯岱爾進入伍斯特的國王學院就讀並順利畢業。二次大戰期間他接受軍方訓練，到辛巴威的羅德西亞擔任英國皇家空軍的飛行員，戰後的前幾年他分別在幾家英國公司擔任航空工程師的職務。

一九五九年三月，丁斯岱爾在一本通俗雜誌上看到一篇相關報導後，便開始對蘇格蘭最著名的湖怪產生興趣。他在後來寫道：

「當時我感到一股想跳上車子、衝到湖邊去的衝動。」因為「常識阻止了這種衝動的行為」，於是他開始籌畫一場「大規模的觀察活動」。同時他也繼續研讀相關報導，從中獲知關於湖怪習性的重要資訊。

丁斯岱爾在一九六○年四月開始了他在尼斯湖的五十六次考察中的首次調查行動，在之後的二十七年之間一共五百八十個日子裡，他都守在湖邊觀察傳說中的湖怪出現。在他的努力之下讓自己獲得了三次目擊經歷，第一次也是最重要的一次就發生在他的首次嘗試。在四月二十三日，為期六天的監視行動最後一天，他拍下了「某種巨型生物」移動中的橢圓形峰背長達四分鐘的影片。介於十二到十六英尺長的峰背伸出水面有三英尺高。六年後英國「聯合空中偵測情報中心」（JARIC）對這段影片進行分析，做出的結論是「這東西可能……是有生命的」，駁斥了懷疑者提出的那只是艘船的理論。到現在丁斯岱爾的這段影片依舊被公認為證實湖怪存在的事實最有說服力的證據。

丁斯岱爾也寫了好幾本書，討論躲藏在尼斯湖的水怪以及個人追蹤牠們的經歷，其中《尼斯湖水怪》（*Loch Ness Monster*）更被視為神祕動物學的經典作品。這本鉅作從一九六一年開始寫到一九八二年，歷經四位編輯才宣告完成。一九八七年七月，就在丁斯岱爾於同年十二月過世前的幾個月，他被選為「國際神祕動物學協會」的榮譽會員。為了表彰他的貢獻，該協會對丁斯岱爾說：「您對於水怪研究的貢獻，以及您一貫的坦率與正直，都是在這門領域中無人能及的。」

伊凡・桑德遜 Ivan T. Sanderson

雖然今天已被大多數人所遺忘，伊凡・桑德遜的幾本廣受好評的著作，包括《動物寶庫》（*Animals' Treasures*）、《不為人知的動物》（*Animals Nobody Knows*）和《世界上現存的哺乳動物》（*Living Mammals of the World*），加上他經常帶著各種外來動物在電視節目上

露面，也曾經名噪一時。

　　一九一一年一月三十日出生於蘇格蘭愛丁堡後，桑德遜在父親亞瑟‧布坎南‧桑德遜位於肯亞的禁獵區中度過了部分青年時代。老桑德遜是位富裕的威士忌釀酒商，一九二四年因為被禁獵區一頭攻擊他的犀牛撞傷後不治死亡。桑德遜在英國伊頓公學接受教育（一九二四至一九二七），之後以極優異的成績取得動物學、生物學和地質學等三項碩士學位，接下來的一九三〇年代他大多深入世界各地的偏遠地區進行各種科學勘查活動。二次世界大戰時桑德遜加入英國海軍擔任情報人員，大戰結束後的頭兩年他到英國政府位於紐約的辦公室擔任特派記者。一九四七年起他開始了全職的自然科學寫作和教學生涯，到了一九六〇年代他先是在契爾頓出版社，之後到《阿哥斯》（*Argosy*）雜誌擔任編輯。

　　桑德遜長久以來對無法解釋的自然和物理現象（他鄙視所有看不起「神祕事件」的人）養成的興趣占了他絕大多數的寫作題材。他對未知世界的迷戀始於青少年時期，他甚至還上過大科學家查爾斯‧福特的一堂課。一九四八年一月三日，《週末郵報》刊出了一篇他支持非洲活恐龍存在證據的長篇評論文章，他甚至還講述自己在一九三二年和三個朋友在西喀麥隆的一條河上，親眼目睹一頭冒出水面、咆哮不已的野獸的自身經歷。「這個『東西』，」桑德遜寫道，「發出黑亮的光澤，是某種生物的頭部，形狀像海獅，但是扁了點。大小像隻成年的河馬──我是指光是頭而已。」知情的土著告訴桑德遜他看見的是魔克拉姆邊貝，一種據說外型類似蜥腳龍的傳說中的生物。

　　一九五二年九月，桑德遜到西維吉尼亞州的鄉下調查弗拉特伍茲的怪物事件，並為「北美新聞聯盟」寫了篇家喻戶曉的報導故事。一九五四年二月他成為在紐約成立的「民間飛碟情報網」（CSI）的創辦人之一，這是一群支持以認真、清醒的方式研究飛碟的熱心人士的組織。他第一本專門討論神祕異象的書是《雪人：成真的傳說》（一九六一），一本調查世界各地關於未知類人猿傳聞與傳說的

著作。

　　桑德遜同時也是比利時動物學家兼他的同行伯納德‧霍伊維爾曼所創立的「神祕動物學」最著名的代言人。他研究雪怪、沙斯夸奇和其他傳聞中類似生物的書，是第一本神祕動物學的著作，讓這些傳說中的類人猿即使在面對科學界普遍存在的懷疑論挑戰下，依舊成為通俗文化的主題之一。

　　桑德遜於一九七三年二月十九日因癌症過世。

註①： Pleistocene，地質學名詞，指距今一百六十四萬年至一萬年前。

註②： Lake Geneva，位於美國威斯康辛州東南部。

註③： 來自蘇格蘭蓋爾語的 each uisge（英譯 water-horse），一種流傳於居爾特民間傳說中的變形精靈。

註④： 和水馬的字源相同（英譯 Kelpie 或 Kelpy），兩者間的關係也眾說紛紜。根據蘇格蘭高地的說法，凱爾派和水馬原為同樣的水精靈。

註⑤： 外典（Apocrypha）一詞源自希臘文，代表非正統的宗教典籍。此處指的是附於舊約聖經外典的《但以理書》。

註⑥： Behemoth，源自於聖經《約伯記》。在舊約中稱為河馬。

註⑦： Josef Mengele （一九四三年到一九四五年），曾任納粹奧斯威辛（Auschwitz）滅絕營醫師，指揮毒氣室的操作並以人犯作活體實驗。

註⑧： Trofim D. Lysenko （一八九八年到一九七六年），蘇聯生物學家與農學家。在史達林統治期間，違反了正統遺傳學，主張特性是後天獲取的。是一位備受爭議的共產主義生物學界獨裁者。

註⑨： 和後續引發的風波相呼應的巧合是，布拉夫溪的原文（Bluff）正好有虛張聲勢、愚弄之意。

註⑩： 恐龍名字中最常見的兩組字尾分別是 saurus 與 don，分別是拉丁字的蜥蜴與牙齒之意。

註⑪： 在各個地質年代中聯結大陸塊的地峽，許多動植物的物種經由陸橋擴大分布至新的地區。

註⑫： 袋獾的別名，一種塔斯馬尼亞種的肉食性有袋類動物。

註⑬： Carolus Linnaeus （一七○七年至一七七八年），瑞典植物學家。首創以屬和種標明生物分類的學者，是現代生物分類法的始祖。

註⑭： Satyr，希臘神話中人頭馬身的森林之神，相當於羅馬神話中的 Faun。

註⑮： Daniel，希伯來先知。在舊約中，他因不拜偶像而被巴比倫王尼布甲尼撒

關到獅籠裡，上帝保護他不受到獅子的傷害

註⑯： 新約《啓示錄》十七章三節：「我被聖靈感動，天使帶我到曠野去……朱紅色的獸上；那獸有七頭十角。」

註⑰： *Twenty Thousand Leagues Under the Sea*，作者 Jules Verne 的其他名著包括《環遊世界八十天》等。

遊走生物

　　有些事物之所以變得神祕，只是因爲它們出現或發生在不屬於它們的地方。就像沒有人會懷疑袋鼠存在的眞實性——但如果是在美國中西部出現的袋鼠呢？而且——假如這眞的發生了，並且牠們不是從動物園中脫逃——那種針對這種預料之外的遭遇又要作何解釋？在這裡引用一首廣受好評的美國民謠裡的歌詞：「他們打哪來？又要往哪去呢？」

　　是的，沒錯，紐約下水道系統裡眞的有鱷魚，還有一隻巨大、形貌怪異的「怪獸」讓阿肯色州的白河河水爲之翻騰。同樣眞實的還有兩名綠皮膚的小孩，在當時被認爲是精靈，多年之後的現代人則懷疑他們是外星人。這兩名綠小孩在十二世紀時進到一個中世紀的英國村莊，在當時迷惑了所有遇到他們的人。

2-1 下水道裡的鱷魚

　　一則流傳甚廣的美國現代都會傳奇指出，有鱷魚生活在紐約市的下水道系統中。據說牠們之所以會進到下水道裡，是因爲飼主在牠們還是小鱷魚的時候買回來當寵物養，但當牠們長大到讓飼主感到不安時，就任意將牠們丟進馬桶沖掉。據傳聞表示，這些爬蟲類倖存於城市地底下，體型更是大到足以威脅下水道工人的性命安全。然而紐約市政府官員否認下水道有任何鱷魚或類似生物存在的事實。

　　儘管這謠言在一九六○年代傳得最開，但它的起源卻是來自發生在一九三○年代、已經被遺忘的一連串事件。首先是一九三

二年的六月二十八日，有人看見「一大群」的鱷魚出現在布朗河裡，還發現了一頭三呎長的標本死在河岸上。之後又分別在一九三五年三月和一九三七年六月發現了活體和死亡的鱷魚。

其中最引人矚目的一起事件記錄於一九三五年二月十日的《紐約時報》。當時幾個住在哈林河附近的男孩子正將地上的積雪鏟進開啓的人孔洞裡，突然，他們察覺到腳底下十呎深的冰水中有東西在動，探頭往下一看，竟然是隻企圖掙脫的鱷魚。男孩子們拿出一條繩子，綁成一個套索後把牠拉上來，但是當其中一人試圖拿下牠脖子上的繩索時，鱷魚突然猛地朝他咬了下去。這群男孩子立刻用手上的鏟子痛打牠一頓。

男孩子們將屍體拖到附近的一家維修廠，在那裡測得牠的體重達一百二十五磅，身長七呎半。事後他們通知警方，接著由一位市政府環境衛生部的員工將屍體拖到焚化爐燒掉。

大約在同一時間，紐約市下水道系統的主管泰迪·梅伊已經收到下屬抱怨有鱷魚出沒的投訴好一陣子了。剛開始他認爲是因爲他們在工作時喝酒才有這種幻覺，他甚至還雇用了幾位私家偵探調查底下員工的飲酒習慣。但是當他們兩手空空地回報他時，梅伊決定自己拿著手電筒去下水道裡一探究竟，很快地他就發現好幾隻鱷魚出現在他面前。震驚不已的梅伊後來派人用毒藥、獵槍解決了這幾隻鱷魚。

沒有人知道鱷魚是怎麼進到下水道裡，但一般人都假設牠們是被遺棄或逃脫的寵物鱷，而短吻鱷與其他鱷魚有在最意想不到的地方出現的習慣也是一項不爭的事實。異常現象研究家羅倫·科曼表示，從一八四三年到一九八三年間，在美國和加拿大地區最少就有八十四起以上看見或發現這些鱷魚的屍體或活體的紀錄。科曼寫道：「寵物鱷脫逃的說法並不足以完全套用在北美洲

水域裡的鱷魚上——特別是當作寵物出售的凱門鱷（原產於中南美洲的鱷魚，與此處傳聞中的短吻鱷極類似。」

2-2 綠小孩

關於綠皮膚小孩的傳聞起源於十二世紀中期，約莫在史蒂芬王或亨利二世統治的時期。根據中古時代的編年史，在英國的沙福克郡發現了兩名綠皮膚的小孩，他們不停哭泣，並在原野裡遊蕩。收割工人將他們帶回來，送到最近的伍匹德村莊，讓他們住在理查·迪肯恩爵士家裡。聞風而來的村民看到他們後都不可思議地瞠目結舌。

在英格蘭編年史家威廉·紐堡格的紀錄中，這兩個孩子身上

沙福克郡伍匹德村的綠小孩識別標誌。© Fortean Picture Library

穿著顏色奇怪、質料從未見過的衣服。他們完全不會說英語，起初也不肯進食。另一位英格蘭編年史家、科吉奈爾的亞伯特·拉爾夫表示，迪肯恩爵士親口告訴他來龍去脈，就在幾天後他們瀕臨餓死之際，有人帶來了從莖上摘下的豆莢：「兩個綠孩子剝開的卻是豆莖而非豆莢或豆殼，顯然他們認為豆子藏在空心的豆莖裡。一看到豆莖裡沒有豆子，兩人又再度嚎啕大哭起來。一旁有人注意到他們的舉動，就幫他們剝開豆殼，讓兩個綠孩子看看豆子在哪裡。於是兩名綠孩子便欣喜地開始吃起豆子，但完全不願意碰其他食物。」

　　不久之後兩名綠孩子被帶去受洗，但後來其中一名綠男孩便因為身體過度虛弱而死亡。另一名綠女孩則學會吃其他食物，不但恢復了健康，膚色也回復正常。之後她開始學說英語，還到一位騎士家裡幫傭。根據亞伯特·拉爾夫的記載，綠女孩的行為荒淫、放蕩不羈。

　　被問到關於她的祖國，綠女孩宣稱當地的居民以及他們國內的一切全都是綠色的；在那邊看不見太陽，只有一種像黃昏後那麼亮的光線。問到她是怎麼和綠男孩來到英國，她回答說當時他們兩人跟著牲口走進一個大洞穴裡，一直走到出口。當他們一踏出洞口，極度耀眼的陽光以及異常的氣溫讓他們過度震驚而失去知覺，動也不動地躺了很長一段時間。直到那些偶然遇見他們的人發出的噪音嚇壞了他們，兩人想逃跑，但是在找到洞穴的入口之前就被抓了。

　　在威廉·紐堡格的紀錄上，綠孩子們說他們的國家被稱為聖馬丁島，島上的人都是基督徒。那裡雖然沒有太陽，但越過寬闊的河流能看見另一邊有處閃耀著光輝的土地。最後綠女孩長大成為普通的婦人結了婚，據說還在沙福克郡的里納鎮住了好幾年。

紐堡格的評論是：「儘管有不少人堅稱親眼目睹過這件事，但是我很早以前就一直懷疑它的真實性了；我認為在沒有合理根據的基礎下，只憑一個神祕人物的說法就輕易相信這件事未免也太可笑了。然而到後來具公信力、可靠的證人之多，讓我不知所措起來，我被迫去相信並反覆思考一件以我的智慧和能力所無法理解的問題。」一位現代作家、英國民俗學家凱瑟琳・布里格斯則表示：「這是一樁偶爾可以在中世紀的編年史裡發現的那些可信且逼真到令人懷疑的純幻想奇聞軼事。」

　　另一位近代的編年史家保羅・哈里斯推測，這兩個綠孩童應該不是來自另一個世界的外星生物，反而單純只是迷路的營養不良兒童，流浪到靠近塞特福德森林的燧石礦區，就在富德漢聖馬丁村附近。或許這兩個孩子是藉由茂密的森林樹梢透進來的微弱日光，看見在河的對岸一處較空曠無樹、因而陽光較充足的土地。他們說的可能是某種英格蘭方言，這對生活在十二世紀的伍匹德村務農者而言是無法瞭解的。」

2-3 美國中西部的袋鼠

　　一九七四年十月十八日凌晨三點半，在芝加哥市西北方發生了一起詭異、但又帶點滑稽的事件。兩名警員接到一通離奇的電話，懷疑地來到表示在門廊上看見袋鼠的報案男子的家中，當兩人在一條暗巷的盡頭遇上這隻袋鼠時，嚇了一大跳。由於不知該如何是好，警員麥克・拜恩試圖用手銬將袋鼠銬住。根據拜恩事後的轉述，就在這個時候，袋鼠開始發出尖叫，變得兇惡起來。而在緊接著的混亂中，這頭五呎高的袋鼠敏捷地往警員李奧納德・夏吉的脛骨上狠狠地踢了好幾下。兩名警員邊撤退邊高聲呼救，當其他民眾聞訊而來時，袋鼠已經以時速約二十英里的速度

離開了街道上。

接下來的二、三個禮拜，目擊袋鼠的傳聞不只發生在芝加哥市，連在西邊五十英里外的伊利諾州布蘭諾市都傳出有人目擊袋鼠。十一月二日晚上，分別在這兩座城市幾乎是在同一時間都傳出有目擊者看見了袋鼠。之後的幾個禮拜情況不但沒有明朗，反而變得更複雜，目擊事件延伸到伊利諾州的蘭辛市和印第安納州的卡梅爾市。在十一月十五日早上剛過八點，芝加哥市民也看見了袋鼠出現，牠就站在一座空盪的停車場裡。根據目擊者表示，這頭袋鼠有五呎高，除了肚子和臉上的毛是褐色以外，全身從頭到腳都是黑色的。目前已知的最後一起袋鼠目擊事件是發生在十月二十五日，印第安納州薛里敦市的農夫唐諾·強森在一條荒廢的產業道路上看見一頭袋鼠的身影，當時牠正跑在路中央。牠發現強森後便跳過一道帶刺的鐵絲網圍籬，消失在荒野裡。

從來都沒有人獵殺、活捉或清楚地解釋過袋鼠為何出現在這裡。然而儘管這些傳聞聽起來有些不可思議，但這卻不是第一起、也不是最後一則類似的傳聞。將近一個世紀以來，迷途的袋鼠幾乎已經成為美國風景的一部分了。

在美國的袋鼠

在一八九九年六月十二日大暴風雨來襲的這天，一名威斯康辛州新里奇蒙鎮的女子親眼目睹一頭袋鼠穿過她鄰居家的院子離開。當時鎮上剛好有個馬戲團，於是有人認定那是隻脫逃的袋鼠，但事實上該馬戲團裡根本沒有袋鼠。

隔年在紐澤西州梅斯南丁市附近的一戶農家聽見穀倉附近傳來一聲刺耳的尖叫。根據一位目擊者表示，發出聲音的源頭是一隻看起來像袋鼠的東西，體型和頭小牛差不多，約重一百五十

磅。但嚇到我們的是牠的聲音，聽起來像是遭遇極端痛苦的女子發出的可怕叫聲。

之後這家人就經常看見袋鼠的足跡，每個腳印間隔八到十呎，一路通往農家後方的大片雪松沼澤。

目前還無法肯定在一九三四年一月間讓整個田納西州鄉下陷入恐慌的神祕生物，是否也是這群靈異袋鼠的一份子。我們只知道那些自稱看過牠的人口徑一致地表示：「牠的動作和閃電一樣快，奔跑和躍進的方式看起來就像一隻大袋鼠。」但這些目擊者也宣稱牠有攻擊性，並殺死了好幾條狗、鵝和鴨。一般的袋鼠不僅沒有攻擊性，而且是草食動物。

這些事件在經過報紙報導傳遍全美後受到各界的訕笑揶揄，但目擊者依舊堅持故事的真實性，而田納西州的《查特努加日報》（*Chattanooga Daily Times*）也為他們提出辯護——這些都是無須懷疑的事實。該報在社論欄發表他們對袋鼠事件的看法：「一隻類似袋鼠的野獸出現在某個社區中，殺了幾隻狗後就立刻離開，事情就是這樣。」儘管從那之後再沒有任何「袋鼠殺手」的消息，也很難不做出這是某種惡作劇的結論，但這樣的事情確實有其可能性。

一九四九年一月的某個夜裡，一輛行經俄亥俄州樹叢鎮的灰狗巴士，車燈照到一頭橫越過公路的奇怪生物。「牠大約五呎半高，全身都是褐色短毛。」司機路易斯‧史達博表示：「牠的頭又長又尖，跳過一道帶刺鐵絲網圍籬後就消失了。牠看起來像隻袋鼠，但似乎用四肢跳躍，我可以肯定那不是一頭鹿。」

從一九五七年起直到一九六七年，位於明尼阿波里斯市郊的庫恩拉皮茲市居民多次傳出看見袋鼠的消息，還有一次目擊者看到兩隻袋鼠一起出現，顯然牠們的棲息地就在阿諾卡郡露天馬戲

團附近的森林中。一九五八年，在內布拉斯加州某兩個相距一百英里遠的地方發生多起袋鼠目擊事件，其中一位目擊者是釀酒廠老板查爾斯·威澤，他甚至替自己的一款產品取名為「威澤袋鼠啤酒」。

在一九七〇和一九八〇年代，袋鼠的蹤跡遍布伊利諾州、威斯康辛州、科羅拉多州、德拉威州、加州、猶他州、奧克拉荷馬州和北卡羅萊納州，甚至連加拿大的安大略省和新伯倫瑞克省都有目擊袋鼠的傳聞。

一九七八年四月二十四日，兩名來自威斯康辛州門諾蒙尼瀑布鎮的男子在高速公路旁的樹叢間用拍立得相機拍到一頭大袋鼠的兩張照片。研究北美洲袋鼠目擊事件的領導權威羅倫·科曼在看過比較清楚的照片後指出：「上面出現一頭棕褐色的動物，前腳呈淡褐色，後腳又更淡一點。深褐色或黑色的斑點散落在眼睛附近以及兩隻豎起的耳朵裡，鼻子周圍和上嘴唇一帶可能也有斑點。牠的形貌比較接近班尼特的沙袋鼠，一種塔斯馬尼亞的本土種袋鼠，棲息地分布於積雪的山頂到底下的河谷之間。」

於 1978 年 4 月 24 日以拍立得攝得的袋鼠照片，目擊地點為威斯康辛州的沃開夏鎮。© Fortean Picture Library

考慮到目擊者的素質和他們明顯表露出的誠實——其中還包括少數幾位警察——袋鼠偶爾被目擊出現在距離牠的故鄉有萬里之遙的國家似乎是個毫無疑問的事實。當然，牠們如何到達美國則又是一道目前尚無解的問題。

2-4 白河水怪

大約從一九一五年起到一九七〇年代初期，位於阿肯色州東北部的新港鎮偶爾會傳出當地民眾看見「水怪」出現在流經鎮上的白河裡。目擊事件雖然沒有接二連三地發生，但一爆發就持續好幾天。例如在一九三七年七月，就有一群鎮民不是說他們看見河水裡產生奇怪的騷動，或是瞥見造成詭異水波的原因。

當時的其中一位目擊者布蘭倍特・貝特曼在口供書中發誓，他在七月一日看見：「有東西出現在河面上。就我視線所及，從我和牠之間隔了三百七十五呎的距離來看，我認為牠有十二呎長、四到五呎寬。我沒有看到頭或疑似尾巴的部位，但是牠緩緩地浮出水面，保持同樣的姿勢不動約五分鐘，而牠並沒有往上游或下游移動。之後我才看見牠游向上游或下游好幾次，但我從來沒有一次能夠確定這隻水怪的完整體長。」

當那頭水怪在七月的後幾天又出現時，傑克森郡的副警長瑞德剛好和貝特曼在一起。瑞德作證說他們看見了：「從距離我們站立位置三百呎的水面上、在一處直徑約三十呎的區域內冒出了許多泡沫和水泡。水怪並沒有從那個圓圈裡冒出來，而是出現在三百呎遠的上游處。牠的外觀像一尾巨大的鱘魚或鯰魚，之後在兩分鐘內就潛進河裡了。」

接下來幾則被公布的目擊事件則發生在一九七一年六月。有位目擊者看見了一隻貨車大小的生物不斷蹦跳，大約是三或四輛

小貨車連起來的長度，約有兩碼寬。他說：「乍看之下牠全身的皮似乎都脫光了，但其實那是一種滑溜的皮或肉的組織。」其他目擊事件，包括在六月二十八日拍到一個大型物體浮出水面的模糊照片，都提到（和幾十年前的目擊者一致）水怪出現時的叫聲，一種結合牛的哞叫和馬的嘶叫的怪聲。在這些罕見的目擊事件中，有人短暫地看到牠的臉，說牠的額頭上有根凸出的「骨頭」。

最驚心動魄的遭遇，該算是巡航於濤頭島附近、試圖尋找水怪蹤跡的歐利‧李察森和喬伊‧杜普立的船撞上不明物體那次。他們的船被一隻龐然大物的背部抬到半空中，但是兩人卻看不清楚水怪的樣貌。他們之所以到這裡來，是因為兩個禮拜前在島上發現了往來於白河與岸上的巨大足跡。每個三趾的腳印都是十四吋長、八吋寬，腳掌上有大蹼，另一隻大腳趾上長了根彎曲的尖刺。從被壓彎的樹和被踩扁的植物等證據來看，這頭巨獸確實曾在島上行走，甚至還一度躺在地上。

根據生物學家羅依‧麥考表示：「白河事件是椿已知的水生動物出現牠正常棲息地或生活圈以外的明確案例，因此對這類生物不熟悉的目擊者當然無法辨識牠的身分。很顯然這隻謎一般的生物是頭龐大的雄象海豹，不是南象海豹（Mirounga leonine），就是北象海豹（Mirounga angustirostris）。」麥考認為這頭海豹先是游進密西西比河的出海口，再往上游去，來到阿肯色州中東部的支流白河。

另一位持不同意見的生物學家伊凡‧桑德遜提出讓人更不敢置信的假設，他認為這是一隻如假包換的「巨無霸企鵝」。

　　自從人類開始感受到在他們周遭的這個世界之後，發現屬於或不屬於這個世界的其他生命和生物的傳聞就未曾停止過，這段歷史不能算短。從我們的祖先、或從那些過去生活在與我們迥然不同的文化中的人類紀錄中，可以很輕易地發現在我們目前生活於其中的這個工業革命後的科學、理性主義的樂園裡，有許多完全不受影響的稀奇古怪的迷信觀念。簡單，但不正確的觀念，這和我們生活的時空背景完全無關，因為這是個隨時會在最出乎意料之外的時刻徹底分裂崩解的現實世界。

　　在接下來的內容中所提及的各種奇幻經歷可能會發生在任何人身上，包括讀者你在內，而且你不必是個瘋子、醉漢、呆子或傻子才能看見各種異象。幾乎沒有人能保持完全的精神正常、清醒和機靈地度過每一天，而懷疑論者也只要揉揉眼皮，就可將引起眾怒或難以理解的現象從他或她的視線中徹底抹去。儘管有各種以認真、甚至帶點興奮感的努力想去看見些什麼的嘗試，卻從來沒人能夠成功地展現出那些人類的缺點，以及某人相信他自己遭遇過某種不屬於這共約現實的事物信念，兩者之間的因果關係。

　　所以它究竟是什麼？它到此的目的為何？我們又要拿它怎麼辦？被困在這似是而非、自相矛盾的思考當中的我們，光以事情的表象就要證明所有發生的一切都是真的，不啻為緣木求魚。是的，沒錯，這些實體來到我們的世界，除了讓人類驚恐、慌張之外，它們似乎還做了些別的事。例如，它們出現時偶爾會屠殺幾

隻牲口，也可能留下足跡。但它們確定不會交出任何足以讓懷疑論者就此噤口的決定性證據，例如屍體。更糟的是，某些生命體——例如人魚不僅出現在傳說和故事中，目擊傳聞中的人魚更讓人困惑吃驚——違反了生物的必然性。在自然界中沒有任何生物能夠繁殖出在外觀上與人魚有絲毫相似之處的後代；除此之外，如果海裡真有人魚這種生物，我們根本就不需要懷疑這麼多了。正如底下我們將逐一看見的，部分讓人百思不得其解的目擊事件竟然毫無令懷疑論者置喙的餘地。

3-1 楚帕卡布拉

一九七五年二月至七月間，在波多黎各鄉間接連傳出農場和民家飼養的牲畜離奇死亡的消息。死亡時間通常都發生在清晨，屍體的頸部都留下獨特的傷口，像被利器刺穿的痕跡。部分飼主表示曾經聽到過尖銳的叫聲以及翅膀的拍動或蜂鳴聲，原先不以為意的他們在事後發現遭屠殺的牲口時才驚覺兩者之間的關聯。同一時間在波多黎各島上的其他地區也傳出有民眾看見長相醜陋的怪鳥目擊事件。

一九九一年三月三十一日，住在波多黎各帕馬雷荷村的一對夫妻聽見他們養的兩隻多伯曼杜賓犬，一公一母，發出恐懼的嚎叫，間或夾雜著另一種詭異——像播放速度出錯的唱機——的聲響，繞著他們家此起彼落。夫妻倆當時並未外出查看，直到其中一條狗發出尖叫，接著一切再度恢復平靜。首先步出屋外一探究竟的男主人在天井發現兩隻生物，根據他對調查員的敘述，牠們大約三到四呎高，全身灰色，頭很大，眼睛又黑又大，可是鼻子小到幾乎看不見，連嘴巴也只像一道刀傷那麼小。當這兩隻生物發覺他的存在後就一溜煙地逃跑了。

幾分鐘後男主人發現母杜賓犬毫髮無傷，但公杜賓犬不但已經斷氣，而且屍首嚴重支離破碎。牠整個身體裡都是空的，什麼都不在了。所有的內臟好像是從眼睛被吸出去，因為不但眼窩空洞，所有的器官也都消失了。皮膚底下只剩一副骨架，一具空洞的屍體。他將狗的殘骸丟進深谷裡，但是幾個月後當調查員想找出這具狗屍時卻遍尋不著。

　　任何知情者都會將這幾起零星事件聯想成一九九五年春天起發生在這個加勒比海小島上、直到隔年才逐漸銷聲匿跡的一連串離奇事件的先例，儘管至今依舊餘波盪漾，但沒有人能提出合理的解釋。唯一能肯定的就是楚帕卡布拉（chupacabra，西班牙文「吸山羊血的東西」）已成為繼天蛾人之後最著名的傳說中的真實怪物。

　　一般認為楚帕卡布拉的傳說是從波多黎各的內陸山區、奧羅科維斯市附近出現各種牲畜遭到不知名兇手屠殺後開始的。根據波國首都聖胡安市的一家電台記者的報導，有一次兩名警察到安立奎・巴瑞托的農場裡調查大批羊群遭殺害的事件，其中一人看見一個約三到四呎高的人形身影躲在附近的陰暗處，用橘黃色的眼睛注視著他們。當這名警察試圖追捕牠時，一陣突如其來的噁心感讓他頓時腿軟，矮人的身影隨即消失無蹤。

　　在這事件過後不久，來到現場調查的幽浮狂熱者傑米・托里斯表示，他在三月二十六日的早上大約六點鐘也看見了同樣的生物，但這次是黑眼睛，而且端坐在樹枝上。雖然牠的臉呈現深灰色，形貌卻極類似變色龍，體色先從粉紅轉變成褐色再變化成黃色——眾多目擊者都能指出這同一特徵。在托里斯的觀察下，牠邊搖晃牠的頭邊發出嘶嘶叫聲，不知怎地這聲音讓他感到一陣暈眩，神祕生物則趁機逃進周圍的叢林裡。據說一兩天後有位附近

民眾也透過望遠鏡看到了同樣的生物。

　　經由媒體的報導，其他的神祕獸出沒事件在接下來的幾個月傳遍了整個波多黎各島，其中最不可思議的一則據說發生在五月十一日的晚上，一隻嘴裡還叼著老鼠、石像鬼般的生物出現在聖胡安市中心的巴士站，對旁觀民眾張牙舞爪。現場的一位目擊者剛好是警察，他持著警棍靠近這隻生物，卻被突然筆直飛升到空中的怪獸一口咬走他的警棍後逃離現場。之後聖胡安市內到處都有居民投訴他們聽見讓人頭皮發麻的尖叫和嚎叫聲，明顯是一隻藉由黑夜掩護、在空中飛翔的「東西」發出的怪叫聲。

　　到了五月中，警方受理一位在工作時遭受一隻大「鳥」攻擊、因此引起心臟病發作的老甘蔗採收工的報案，開始深入調查。更早一點的是四月二十三日，納蘭吉托鎮的雷納多・奧帝加看見一頭野獸出現在自家的屋頂上，牠的身高介於三到四呎之間，身上長著黑色的羽毛和粗厚的脖子，臉上沒有鳥嘴，而是像狼一樣的吻部。

楚帕卡布拉現身

　　就在這種種繪聲繪影的背景下，開始有人目擊另一種更奇怪的生物出現。沒有人能肯定指出第一起目擊事件發生的時間地點，但可以確定的是到了八月，目擊這種被稱為「楚帕卡布拉」的生物出現次數之多到了讓人無法不正視的地步。

　　其中一則目擊案例發生在卡諾瓦納斯市，由德高望重、教養深厚又虔誠的市民丹尼爾・培瑞茲親口告訴調查員喬治・馬汀他的遭遇。當天早上快七點鐘的時候，培瑞茲聽見某種異常的呻吟聲，他直覺有不尋常的事情發生，於是走向窗口向外張望。他左看右看沒發現什麼東西後，正打算關上窗戶時突然一陣嗡嗡聲傳

進他的耳裡。過一會兒他看到某個東西由天而降，停在距離他只有二十英尺的一顆大石頭上。

儘管驚訝到無法發出任何聲響，培瑞茲卻處於觀察這隻詭異生物的絕佳位置上。當牠以一雙長而看似有力的後腿站立時約有五呎高，相當大的頭上有一對往中間傾斜的眼睛，整個背上長滿六吋長的鰭或棘狀的東西，前臂短小，手掌也不大。當這東西準備升空時，背上的鰭狀尖刺先朝上並開始震動，發出培瑞茲幾分鐘前才聽見的那種嗡嗡聲。

培瑞茲在隔天早上大約同一時間又看見了同一隻或極度類似的生物，他將這兩次目擊事件保密了一段時間後才透露給他的妻子知道，她又再告訴其他鄰居。就在這段傳聞不斷被轉述的期間，專研超自然現象的作家兼廣播員馬汀聽說了這段遭遇，便邀請培瑞茲上他的廣播節目接受訪問。

就在同一個月、同樣在卡諾瓦納斯市也傳出有兩位民眾甚至在更近距離下看到這隻生物。當時是下午四點鐘，瑪德琳·托倫提諾正在幫母親的忙。瑪德琳住在她和丈夫荷西·米蓋爾·阿格斯多共同擁有的房子一樓，當她不經意地往前門的窗外望去時，突然看見一輛車開進他們家，車上的司機一臉驚魂未定的模樣。造成開車的男子如此恐慌的原因很快就揭曉了——瑪德琳從景觀窗的另一邊看見一隻兩足類生物從同個地方走進他們家。

瑪德琳對這隻生物的形容與培瑞茲的說法大抵相同，除了她堅持怪物的雙臂「很長」的這部分以外。她表示：「牠看起來像是被什麼東西燒過似的，牠身上有幾處圓形的部位，那一帶呈現灰白色，就是那裡像被燒過。」

當瑪德琳的母親也看見這隻怪物後，她跑出屋外企圖抓住牠。怪物隨即逃往鄰近的樹林，跳躍的樣子就像隻袋鼠。一位替

阿格斯多工作的年輕人也加入追捕的行列，跑得快的他不但追上了怪物還一度抓住牠。儘管一下子就被掙脫，但年輕人宣稱時間足夠讓他掰開怪物的嘴，確定牠長著巨大的犬齒和一整排利牙。掙脫後的怪物繼續逃向下一條街，消失在眾人的視線裡。

馬汀綜合他從卡諾瓦納斯市和其他地區的目擊者口中收集到的報告，匯集出底下對楚帕卡布拉的敘述：

「牠全身上下長滿剛強粗糙的短毛；而儘管大多數目擊者都指認是黑毛，但牠擁有不可思議的能力讓牠能像變色龍一樣隨意變換毛色。在黑暗的背景中牠會變成深色或深褐色——在圍繞植被的向陽處牠會變成綠色、綠灰色、淺褐色或灰棕色。牠的雙臂短

根據目擊者描述所畫出的楚帕卡布拉像。
© Fortean Picture Library

小，手掌是支三趾的爪子，兩條強壯的後腿上也有三趾爪子。這些獨特的身體構造讓牠能夠快速地奔跑跳躍……每次跳躍的距離都超過二十呎。有許多目擊者看到牠的腿幾乎和爬蟲類或羊腿一模一樣。牠從後腦勺以下長了一大片羽毛似的附屬器官，覆蓋住整個背部，上面像肉一般的薄膜會從藍色變成綠色，或從紅色變爲粉紅色等等。」

然而在其他目擊報告中，也有人說楚帕卡布拉長了翅膀或有雙大耳朵，還有至少一則以上的案例指出牠臉上有「類似猴子」的五官；其他還有少數幾位目擊者表示牠離開後會留下一灘黏答答的物質。

雖然沒有人能舉出兩者之間的關聯，由於一般人普遍認定就是楚帕卡布拉在屠殺動物，特別是山羊，而且還吸牠們的血，因此牠才被冠上這個名號。經過解剖後顯示屍體內確實有一定程度的血流失，相關單位則說大部分的死羊都是流浪狗所爲，但這顯然是因爲其他解釋聽起來實在令人難以置信之下的推託之詞。波多黎各大學的教授璜・里維羅則提出另一種看法，他認爲被遠從北印度帶到近海的島嶼上進行研究的恆河猴可能才是兇手。

由警探出身、性喜浮誇的卡諾瓦納斯市市長荷西・凱莫・索托領導的多支搜尋隊伍一頭栽進深山密林中，企圖活捉楚帕卡布拉。甚囂塵上的謠言指出有幾個波多黎各人和美國聯邦調查局在十一月初連續兩天都抓到了楚帕卡布拉，根據馬汀相當詳細的紀錄：「其中一隻是在波多黎各中東部的聖羅倫佐鎮抓到的，另一隻則是在東部的雲蓋國家雨林公園被抓到的。兩隻楚帕卡布拉都還活著，據說被特殊人士帶回美國。」沒有理由讓人相信這些事情眞的發生過，但是在那麼一個充斥著發現外星太空船和生物屍體故事的年代裡，任何人隨時都可以爲這些傳說增添各種色彩。

另一起流傳甚廣的謠言則主張楚帕卡布拉是個形狀怪異、由美國政府成立的祕密實驗室科學家進行的基因工程中創造出來的失敗產品。一位去電馬汀廣播節目的聽眾自稱是前任特務，說他不但在越南從事任務時曾經看過這隻怪物，還在南美洲的一個祕密機構裡看過好幾隻被關在籠子裡的楚帕卡布拉。「這些怪物用牠們悲傷的眼睛懇求地望者你，」這位不願具名的聽眾言之鑿鑿地表示，「牠們似乎迷失在一個未知的世界裡。」

儘管在楚帕卡布拉和相較之下較常見的不明飛行物體間——除了兩者間共通的詭異懸疑氣氛外——沒有明確的關聯，但在這類言論的助長之下，波多黎各農業協會會長費南多・托雷度斷言：「我們面對的肯定是種外星生物。」

即便到了一九九六年波多黎各島的楚帕卡布拉目擊事件已減少許多，牲口神祕死亡的現象依舊未曾中斷過，而位於東北部的一座小城托亞巴甲更傳出了楚帕卡布拉最詭異的一次屠殺行動。六月二十七日晚上，黛博拉・赫南德茲走進她家的後院時，看見一隻「長著尖耳、露出大獠牙」的黑色生物正在把雞籠拆開，爪子上還抓著一隻雞。當牠一看到黛博拉出現便丟下到手的獵物，從牠進來的洞裡逃了出去。黛博拉告訴記者，五個禮拜以前她和先生共損失了一隻鵝、兩隻珠雞和六隻母雞，她認為這個隱形的兇手就是楚帕卡布拉。「那幾隻死掉的雞身上的血都被吸乾了，」黛博拉表示，「而且從牠們的傷口來看似乎連腸子都被掏空了。我很清楚這絕對不是任何狗下的毒手，因為到處都沒有四散的雞毛，只有死雞的屍體。」

關於楚帕卡布拉的各種謠傳

到了一九九六年一月，楚帕卡布拉恐慌引起國際間的注意。

當《紐約時報》在二十六日大幅報導後很快就颳起一陣楚帕卡布拉旋風，影響最大的地方當然是拉丁美洲，他們將怪獸寫進歌裡吟唱、印在各式 T 恤上，甚至還將牠搬到電視和電影上演出，包括大受歡迎的《X 檔案》電視影集。

不曉得是巧合或是預料中的事，波多黎各已經不是唯一傳出楚帕卡布拉出現的地區了。三月十日在佛羅里達州的甜水鎮，一名女子看見一個「不似人形的身影」從家門前經過；同樣在三月底，另一名甜水鎮女子被神祕的兇手奪走了她的二十七隻雞和二頭羊的生命。當天晚上和她同住的兒子和媳婦瞥見一個「和高大男子一樣」的黑影匆匆經過房子的窗前。在這些消息傳開之後，楚帕卡布拉現身的傳聞席捲了這個大多數居民都有拉丁美洲背景的甜水鎮和附近地區。

根據土桑市的荷西・艾斯皮諾薩表示，某個「紅眼睛、尖鼻子、豎耳朵、臉孔皺巴巴的」東西在五月一日凌晨跳進他家。牠先是端坐在他七歲的小兒子胸口上，然後才從臥室的窗口往外跳，消失在黑夜裡。艾斯皮諾薩說這頭怪獸嘴裡好像在咀嚼著什麼東西似的。

儘管這段對據稱出現的怪物敘述過於簡短，不足以描繪出楚帕卡布拉的輪廓，但新聞界和其他目擊報告也都有類似的指證。在亞利桑那州、德州、瓜地馬拉、哥斯大黎加，甚至西班牙的動物離奇死亡事件，即使沒有任何目擊報告，也都被認為和楚帕卡布拉脫不了關係；而其中也混雜著幾則目擊身分不明的巨型怪鳥案例。

在墨西哥，動物遭到神祕屠殺同時引起了深入調查和負面的爭議。官方將兇手的罪名安在常見的掠奪動物身上，但一般民眾卻認為是楚帕卡布拉下的毒手。確實有幾個目擊者表示他們看見

牲口被大狗圍攻致死，但是連這項事實也無法阻止社會大眾的恐慌情緒愈發高漲。在墨西哥中部的納亞里特州突然爆發大量雞隻死亡，讓自危的民眾紛紛組成維安自治隊。據說至少有一名維安隊隊員碰上了他們認為是兇手的生物，一隻大多數人都不認為具有楚帕卡布拉特徵的動物。目擊者席爾瓦·阿維拉是這樣說的：

「我在距離約三十三呎的地方看見牠的側面，牠就站在那裡動也不動。我撿起一顆石頭朝牠扔過去，但是失手了。這時牠轉身朝向我，開始用跳的急忙離開現場，還躍過了一堵六呎高牆。我目測牠的身高大約有三十吋，頭很小一個，上面長著像蝙蝠一樣短而尖的耳朵，眼睛則是鮮明的火紅色。」

怪物的腿上也有膝蓋讓牠可以屈身，軀幹上方伸出兩隻小而短的上臂。目擊者說他全身上下長滿黑毛。

怪物傳說告終？

楚帕卡布拉恐慌在一九九六年中結束，自此之後再也沒有傳出關於這隻或這群怪獸的隻字片語。如果還有人記得楚帕卡布拉的話，牠幾乎算得上集體歇斯底里現象裡最古怪章節中的主角。

當然，楚帕卡布拉的形貌是夠古怪的了，而牠肯定也引起了一陣不小的騷動，但除了這兩點之外牠幾乎就沒什麼好提的了。在瀏覽過一遍在那段恐慌期間或剛結束之後所撰寫的紀錄後，細心的讀者會發現除了知道確有少數幾位目擊者打從心底認定他們遭遇的是隻不折不扣的怪物，有不少動物遭受不明兇手的屠殺，以及牠們並不如傳說的那樣身上的血全被吸得一滴不剩之外，其他資訊幾乎付之闕如。

楚帕卡布拉是個徹底的拉丁美洲怪談，在這幾個南美洲國家或鄰國以外的地方完全沒有任何楚帕卡布拉的傳聞，而這個事實

不免讓人猜測這場恐慌其實是源自於西班牙的超自然傳說。除了無法解釋更具戲劇性的第一人稱紀錄——當然，前提是這些目擊報告都不是惡作劇的騙局——以外，這種結論不能說不盡合理。沒錯，他們有可能是騙子，但他們也沒有必要去欺騙。畢竟，誠如本書所要清楚表明的主旨，這是個充滿各種不可思議和怪誕經歷的世界，完全真誠如白紙般純潔的人也會碰上一兩起無法解釋的神祕事件。

一旦看過所有楚帕卡布拉的文獻之後，任誰都會感到沮喪。那些最積極投入追查目擊案例的調查員經常是一副容易受騙上當的模樣，而那些視傳聞和證詞為無稽之談的懷疑論者則是相當樂意將各種引人注目的未解之謎埋到不見天日的地穴裡。楚帕卡布拉似乎注定要繼續待在黑暗處，不是在這個經常有目擊者遭遇牠的世界裡的陰暗處，就是另一個更有可能的去處——我們的幻想世界。

3-2 多佛惡魔

關於「多佛惡魔」的恐慌要從一九七七年四月二十一日，三個十七歲的男孩開車往北行經麻薩諸塞州的多佛，這個波士頓最富裕的市郊住宅區說起。約在晚上十點半左右，三人之中的比爾・巴勒特認為自己看見了某個東西正沿著公路左邊的一堵低矮碎石牆緩緩前進。

當那身影轉過頭來瞪著他們的車燈時，巴勒特說他看見的是兩顆既大又圓、而且沒有眼皮的眼睛，還發出像「橘色玻璃珠」一樣閃亮的光芒。牠的頭被底下一根細長的脖子支撐住，像顆大西瓜的形狀，幾乎和身體其他部位一樣大。除了超大的頭部以外，這個生物非常瘦小，細長的手臂和雙腿上分別是相對較大的

手掌和腳掌；桃色的皮膚上沒有半根毛髮，看起來像砂紙般粗糙。目測不到四呎高的怪東西一副不確定的樣子沿著矮牆移動，細長的手指頭纏繞著牆頭的碎石，被突如其來的車燈嚇了一跳。

注意力在其他地方的巴勒特兩個同伴都沒有看到牠，而這個怪東西出現在他的視線裡也不過只有幾秒鐘的時間。然而根據兩人事後的證詞，他們的朋友巴勒特在那時看起來確實有點不對勁。當巴勒特到家後，他父親注意到兒子心神不寧的樣子，在得知整起故事之後他畫下兒子看見的景象素描。

在正午十二點三十分左右，剛離開女友家的十五歲少年約翰・巴克斯特走在回家的路上，當時他看見一個矮小的形影向自己走近。以為那是他一個矮個子的朋友，巴克斯特便開口叫他的名字，但對方沒有回應。那個人越走越近，突然停了下來，逼得巴克斯特也跟著停下腳步。為了看清楚眼前的人的長相，巴克斯特往前跨了一步，但那個人卻急忙往左邊離開，跑入一個植被茂密的小峽谷後再跑上另一頭的田埂。

巴克斯特跟牠跑下山坡，然後停了下來，環視整個隘谷。那個形影——樣子完全不像他以前看過或聽過的任何東西——側面對著他，站在距離約莫三十呎外的地方，雙腳「包覆」在一顆離樹旁只有幾呎的石頭上。牠的身體略微往樹傾斜，雙手的長手指全都纏繞在樹幹上。儘管他聲稱在當時並沒有聽說過巴勒特的故事，但兩人對這怪東西的描述卻是如出一轍。巴克斯特小心翼翼地走上身後的山坡，快步離開現場。

隔天巴勒特告訴他的好友——十八歲的威爾・騰特關於他前一天的經歷。當晚騰特開車送十五歲的艾比・布拉伯漢回家，艾比在路上告訴騰特她看見車燈照到了某個東西。她說在路的左邊有個全身光溜溜、沒有毛髮的生物縮著身子蜷伏在地上，面朝向

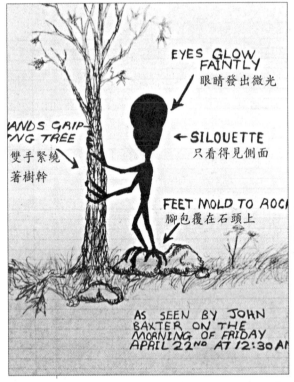

EYES GLOW FAINTLY
眼睛發出微光

←SILOUETTE
只看得見側面

ANDS GRIP-
ING TREE
雙手緊繞
著樹幹

FEET MOLD TO ROC
腳包覆在石頭上

AS SEEN BY JOHN
BAXTER ON THE
MORNING OF FRIDAY
APRIL 22ND AT 12:30 AM

約翰‧巴克斯特所畫的多佛
惡魔。
© Fortean Picture Library

他們的車。牠的身體瘦小，像隻猴子，頭很大、是橢圓形的，上面沒有鼻子、耳朵和嘴。眼睛附近的面部區域顏色很淡，兩眼則閃爍著綠光。即使在調查員告訴她巴勒特已經說過那是對橘色的眼睛後，艾比還是堅持這最後一項細節。騰特本人則說他只是匆匆瞥見那個東西一眼而已。

當時住在附近的異常現象研究家羅倫‧科曼，透過一位認識這幾位青少年的朋友得知巴勒特的故事，之後他和兩位幽浮研究家沃特‧韋伯以及艾德‧佛格分別訪問了巴勒特和其他幾位目擊者。他們找不到任何指出這是惡作劇或串通好的騙局的證據；相反的那些認識這幾個青少年的人都說他們是信得過的孩子（不過

有位老師則對巴勒特表現出不置可否的態度）。一家當地的報紙報導了這則消息，將這個怪東西稱爲「多佛惡魔」。

馬汀・科特梅爾表示這些目擊者都嚴重地誤認了他們所看見的東西，他還認爲他知道多佛惡魔的可能眞實身分——一隻年幼的北美麋鹿。他指出除了約翰以外，所有目擊事件都只持續不過幾秒鐘，而且一切都發生在伸手不見五指的黑暗中。科特梅爾提到：「巴勒特對眼睛位置的描述正好符合北美麋鹿的眼睛位於吻部上的位置，看不到鼻子和嘴的說法可輕易地聯想到北美麋鹿的鼻孔和嘴都長在吻部最下面的事實。在北美麋鹿的畫像上我們可以看到耳朵就長在頭部稜線的後面，並沒有顯著地凸出來，這點也可以解釋爲什麼目擊者都看不見耳朵。」

由於之後再也沒有傳出任何類似多佛惡魔的目擊案例，科特梅爾認定整起事件全出於純粹誤認的理論——儘管不甚完美——讓人很難有質疑的空間。

3-3 精靈

一九一九年的某個夏夜，當走在威斯康辛州一條靠近巴隆郡的偏僻鄉間小路上時，十三歲的哈利・安德森看見了一件超乎尋常的怪事。在皎潔的月光下清楚可見的二十個矮人成單一縱列，踏步朝他的方向走來。當他們從安德森面前經過時，沒有任何人抬頭看他一眼。年輕的安德森注意到他們都穿著及膝的吊帶皮褲、沒穿上衣，全都是光頭，而且皮膚是毫無血色的蒼白。雖然所有人嘴裡都發出「咕噥」聲，但是看起來不像是在和任何人交談。被嚇壞了的安德森繼續趕路，連頭都不敢再回過去看。在他嚥下最後一口氣前這場奇遇始終是他最鮮明的記憶之一。

對美國人而言，甚至對大多數的現代西方人而言，精靈不過

是煽情幻想下的虛構角色，只適合用來逗逗小孩子罷了，而且他們總是千篇一律被描繪成個頭嬌小、長著翅膀，而且心地善良。這種版本的精靈印象深植於浪漫文學中，而不像世界各地的民間傳說中所相信的那樣，各種隱匿的神祕種族和我們共同生活在地球上，時間幾乎和人類歷史一樣長久。

精靈的傳說與神祕

　　如果在一兩個世紀以前，哈利・安德森遭遇這場他只知道是空前怪異的現象，那他對這群人的身分應該不會有太大的疑問。特別是如果他生活在居爾特鄉間的話，那更可以肯定自己親眼所見的事實，那裡的每條路、大小石頭和洞穴、田野與河流、湖泊和森林──有共同的民間信念可以為證──都有這種性情活潑、動作飛快的實體附在上面，而只有那些思慮不周、行事魯莽的人會把他們叫作「精靈」，因為他們不想聽見有人稱呼他們更高尚的名字。由於經常可以聽見他們的聲音，純樸的鄉下人便採用各種委婉的稱呼語──例如好人們、貴族們、正直的良民、公正的族人等等──打算給予他們讚美，而不願冒險觸怒他們。就像十七世紀記錄精靈信仰的編年史家羅伯特・科克牧師所寫的一樣：「愛爾蘭人……祈神賜福給他們害怕會加害他們的一切事物。」

　　精靈信仰以多到讓人眼花撩亂的形式存在於世界各地，甚至光一個地方就存在著各式各樣不同的精靈實體。雖然如此，傳說中的精靈還是或多或少具有人類的外型，有時較一般人高或矮（身上從來沒有翅膀），而且他們的行為舉止大多與人類相同。他們有政府、社會組織、勞工階級、藝術和音樂，以及紛爭和衝突。他們也會結婚、生子、發動戰爭，也會死亡。同時他們擁有的超自然力量，使得他們的行為在好的時候無法預測，在最壞的

時候極度危險。只有極少數人會去尋求與精靈爲伍，大多數人都不會去打擾他們，避免任何接觸。

關於精靈信仰的起源相當模糊，至今依舊無法確知。民間傳說研究者和人類學家歸納出的理論是，一開始的精靈是被征服而逃亡到山上的民族，之後在極少數的情況下有人看見他們的後裔，便將他們誤認爲超自然的生物。也有人認爲精靈是在基督教出現後被取代的舊神靈遺族，他們以無形的生命繼續存活在民間信仰中，地位在上帝、耶穌和聖靈之下。某些作家指出，精靈信仰只不過是一種古代膜拜死者的教派所遺留的觀念罷了。的確偶爾會有死者在精靈陪伴下出現的傳聞。居爾特民間傳說研究者艾倫‧布拉福德表示，一種現代較流行的說法則是主張精靈以擬人化的型態代表了野性自然界的神祕與超自然的部分，一種以人類的智慧永遠無法理解的世界。

除了學者的臆測之外，特別是在基督教國家裡，民間說法通常將精靈與墮落天使聯想在一起。目前唯一能夠肯定的是不論他們的起源爲何，精靈信仰以各種形式存在於每個傳統社會中。

精靈最常出現在神話、傳說以及民間傳說研究者從鄉野間收集而來或在古老文稿中發現的寓言故事。早期最重要的一項研究是羅伯特‧科克的《神祕共和國》（*The Secret Common-Wealth*，一六九一）。在蘇格蘭高地服務的長老派教會科克牧師對當地的超自然傳說有極熱烈的興趣，他深信精靈存在的事實。他在書中提出他的疑問，畢竟這麼一個流傳甚廣的信念，如果「連十分之一的眞實都沒有，那麼究竟它是從哪裡無中生有出現的？」他認爲只要他不孜不倦地持續探聽調查，當他收集到足夠的資訊時，就能鉅細靡遺地描繪出精靈生命的本質與所有面貌。

科克牧師表示，精靈是一種「具有介於人和天使各半性質的

生物」，他們的肉體具有雲朵精華的性質，他們的穿著與言談和他們生活圈的人類相似。偶爾精靈路過時你會聽得見他們的聲音，但看不見他們。他們經常旅行，多半透過空氣移動，能夠輕易地偷取任何他們想要的東西——從食物到人類的嬰兒——沒有信仰特定的宗教。因為人類的肉眼通常無法看見精靈，具有第二視覺（千里眼）的凡人是最有可能看到他們的人。事實上，精靈（fairy）這個字是從更早期的 fai-erie 演變而來的，指的是一種著魔般的入迷狀態，而不是個別的超自然實體。

少數幾位現代學者承認他們相信精靈，最重要的例外是伊凡斯‧溫茲，著有《居爾特國度的精靈信仰》（*The Fairy-Faith in Celtic Countries*，一九一一）。致力於研究宗教的人類學家伊凡斯‧溫茲在牛津大學取得博士學位後足跡踏遍大不列顛群島，更擴及法國西北岸的布列塔尼。他將所見所聞全記錄在這本至今仍被視為民俗學研究的經典之作中。除了記錄下千年口語相傳後殘留的精靈信仰之外，伊凡斯‧溫茲博士對東方宗教和西方的神祕主義也相當感興趣。他表示：「從靈學研究顯示的資料看來，我們可以在科學上假設這些無形的智慧體，諸如神、地方守護神、惡魔、所有的真實精靈和脫離肉體的人類存在的可能。」

但是就連那些決心對精靈信仰跨出一大步的忠實信徒——這一步可不小——在做全盤考慮時，面對精靈傳說太過錯綜複雜、多變，以及超現實到無法以任何清楚的條理一言蔽之的事實往往為之語塞。任何人在接觸到成千上百冊的精靈學文獻時，腦海裡第一個出現的經常是人類天馬行空的幻想力，而不是無形世界的神祕不可解。此外，任何自願擁抱精靈的信徒還必須接受神祇、美人魚、巨人、變形怪物、狼人、吸血鬼和其他民間傳說中的生物同時存在的可能性；當然如果有「證據」的話情況就樂觀許

多。不過常識警告我們還是儘早劃清界線比較好。

然而神祕氣氛始終存在，即便這些事件不足以構成超自然現象的證據，或讓天生不信鬼神的人改口承認精靈王國的存在，他們也不見得會因此而被以簡單的答案來搪塞過去。人們看過或以為他們看過千奇百怪的事物，而其中他們認為看過最奇怪的就是精靈。這些目擊事件即使沒有精靈信仰的陪伴，如同哈利‧安德森的案例，依舊層出不窮。很有可能的是在傳統社會中至少有部分人相信精靈的存在，因為他們能夠「被看見」；也就是說精靈並非只存在故事裡，他們也存在於一般人認定的感受和經驗裡。

誠如偉大的愛爾蘭民間傳說研究者道格拉斯‧海德的文章所述：「民間故事必不能與民間信仰混淆，那……故事比起信仰是種更難理解、更複雜的事，是種經過深思熟慮後的產物。任誰都能輕易分辨兩者間的差異，信仰是較簡短、會話式的，大部分描述的都是『真人』，也沒有如滔滔江水綿延不絕的事件；而民間故事則是長篇大論、結構複雜，多少帶點傳統成分，最顯著的是它感興趣的地方都圍繞著一個中心人物打轉，不是英雄就是英雌。」

對伊凡斯‧溫茲、詩人葉慈（他在《居爾特晨光》以及其他著作中生動地詮釋許多愛爾蘭精靈傳說與遭遇的故事）以及現代的神祕學歷史學家雷斯利‧薛帕德而言，這些「目擊事件」已經足以證實精靈世界的存在，不是在四度空間就是在平行現實世界中。諸如史都華‧桑德遜和凱薩琳‧布利格斯等的民間傳說研究者，對「目擊事件」的態度則是聳聳肩，不屑發表任何評論；而超心理學家對於這個問題更是完全興致缺缺。

對行為科學家大衛‧哈佛德而言，這是一種激進的懷疑論，企圖用更科學的方式將超自然信仰解釋為受到未經驗證的文化偏見毒害後的結果，讓目擊事件本身得以不啻為一種信仰的表現方

式，迫使我們承認自己對於某方面的人類歷程在知識上的不足。換句話說，不管是常見的「易輕信而受騙」或「多疑」的解釋法，都不足以概括地說明這些目擊報告的真相，無法以讓所有人都相信的方式來回答所有問題。即使我們不了解這些故事——可能是心理因素或者超自然現象——的根本原因，我們還是只能把它們當作故事看待；畢竟那是我們現在唯一能做的事。

目擊事件與傳聞

　　這則由一位盲眼的老愛爾蘭農夫親口告訴蕾蒂·坎貝爾的故事，是一位民間傳說研究者在精靈信仰依舊存在時所收集的直接口述紀錄。這位老農夫聲稱幾年前他活捉到一隻精靈，身高兩呎左右，戴紅帽、穿綠衣，腳上蹬著一雙靴子，深色的面容看得出清楚的五官。

　　「我用手臂緊緊夾住他，帶他回家，」農夫娓娓道來，「我叫家裡的女人來看看我抓到了什麼東西。『你手上抓的是哪門子的娃娃啊？』她大叫。『是個活娃娃！』我把他放在廚具櫃上，但是擔心失去他，於是把門上了鎖。他開始說話，喃喃自語一些奇怪的語言……就在我們抓到那隻精靈快二個禮拜左右，我對家裡的女人說：『如果我們把他帶到大城裡去展覽，那我們肯定會大賺一筆。』於是我們將他關在另一個籠子裡，到了晚上我們就把籠子的門打開，聽著他在屋裡四處走動的聲音……我們用湯匙餵他吃麵包、米飯和牛奶。」

　　但是精靈很快就逃跑了。不久之後他就失去了視力，他們夫妻也跟著破產——老農夫認為這一切都是精靈的懲罰。

　　另一則早期的精靈故事就有個比較快樂的結局。這是出自於十七世紀的瑞典牧師萊姆的宣示聲明：

「在一六六〇年，當時我和妻子到我們距離拉官達牧師宿舍四分之三英里的農場去。我們坐在那兒聊了一會兒，到了晚上入睡時有個小矮人來到門前，他求我妻子去幫幫他即將臨盆而痛苦不堪的妻子。他的個子很小，臉色黝黑，身上穿著一套破舊的灰衣服。我妻子和我都不可置信地看著他；因為我們知道他是隻山精，也聽過在農夫間流傳的維達（山精的別稱）恐怖故事。但是當這個矮人懇求了我們第四或第五遍時，我們心裡想的是維達讓那些鄉下人吃了這麼多苦頭，讓他們一逮到機會便用低俗的髒話詛咒這些山精下地獄的種種景象；但這時我決定為妻子禱告，求上帝賜福給她，要她以上帝之名和他一起去幫助他的妻子。妻子匆忙地帶了幾條舊亞麻布和矮人離開了，留下我獨自坐在那裡。

蘇伊·萊斯是南威爾郡的農家女孩，圖為她和精靈共舞的情景。
© Fortean Picture Library

妻子回來時告訴我當她和那男子走出門口時，她覺得自己好像被風帶著走了一段路，然後就進到一個房間裡。在那個狹小暗室的另一邊，矮人的妻子正躺在床上，顯得極度痛苦。妻子走向床前，不久後她用和人類一樣的方式協助她順利將孩子生下。這時男子端上食物要款待妻子，被婉拒之後他再次向妻子道謝，陪她走出屋外，然後她以和來時同樣的方式乘風離去，一會之後回到我們家門口，時間剛好是十點鐘。就在同一時間，客廳的櫃子上出現了大量的舊錢幣和碎銀子，第二天妻子在整理客廳時才發現這些東西，我想應該是維達拿來放在那裡的。這都是千真萬確、在我親眼目睹之下發生的事實，我在此署名以茲為證。拉官達，一六七一年四月十二日。」

來自威爾斯安格爾西島蘭都村瑪莉・錫安將她在二十世紀初期遭遇精靈家庭的親身經歷完整告訴一位民間傳說研究者。她說在一個明亮的月夜，她和先生以及孩子們坐在爐火旁取暖時突然聽見外頭的敲門聲。她開門一看，來人竟是一個小個子的男人和一名手上抱著小嬰兒的女人，其中最高的那名男子也只有兩呎高。女子開口說話：「如果您可以給我們一碗水和一塊煤炭的話，我們會很感激您的。我想替這個孩子洗澡。但我不是現在就要這些東西，我們會在你們都睡了才回來拿。」

瑪莉將他們要求的物品放在外面後全家人才就寢，在夜裡他們聽見了小人來來去去的腳步聲。第二天早上一家人醒來時發現，除了裝水的碗被倒放在地上外，所有的東西都擺得很整齊。他們把碗掀開後發現下面有四先令的錢幣。

十八世紀的著名牧師愛德華・威廉斯寫到在一七五七年，當時還是個七歲男孩的他有天和其他小孩在威爾斯的郊外遊戲時，看見在一百碼以外的地方有七到八對矮小的夫妻，全都穿著紅

衣，手上都拿著一條白手帕，其中一個矮人跑過來追這些孩子。威廉斯說根據其中一個差點被抓到的同伴表示，他在逃離矮人的掌握之前清楚地看見矮人蒼老而黝黑的臉上冷酷的表情。在追逐的過程中另一個矮人用他們完全聽不懂的語言對著追捕者大聲喊叫。這則神祕事件困惑了威廉斯牧師一生，他唯一的結論是：「看來我必須將它歸類為不可知的領域。」

維多利亞時代的歷史學家兼傳說研究者，同時也是牧師的薩賓・巴林・顧爾德寫到在他四歲那年和雙親搭馬車出遊時，看見路邊有一群約兩呎高的侏儒跟著馬一起跑；有些坐在柱子上大笑，有些攀住馬具想爬到馬背上。但他的父母親什麼都沒看到。巴林・顧爾德另外還記錄下他妻子在十五歲那年，獨自走在約克夏郡時的遭遇。她在那裡看見一個小綠人，他的身材勻稱，用兩顆圓珠似的眼睛瞪著她瞧。她嚇得不知所措，三步併作兩步地跑回家。顯然他們一家人都與精靈目擊事件有緣，有次他的一個兒子到菜園裡摘豆莢，回來告訴他，他看見一個戴紅帽、穿綠夾克和及膝短褲的小人。他飽經風霜的臉上帶著倦容，蓄著灰鬍，眼睛和黑刺李的果實一樣又黑又冷酷。他目不轉睛地直瞪著他，把他嚇得拔腿就跑。

英屬曼島的國會議員克默德告訴伊凡斯・溫茲：「大概在四十年前的十月，有天晚上我和一位朋友到克朗克參加收穫節的活動。我們邊走邊聊，到了比瑞農莊附近的格蘭・海倫路上時，我的朋友碰巧抬起頭往河的對岸看過去，說：『快看，那裡有精靈。你有看過他們嗎？』我也往他說的方向看過去，映入眼簾的是一圈鬼火圍成的的亮光……出現亮光的地點是遠離河岸邊、被低矮山陵圍繞住的一塊平地；然後我清楚的看見從那個光圈裡走出來的是三五成群、比拇指仙童湯姆和他妻子還矮一點的矮人

們。他們在光圈內外走進走出，像一群訓練有素的士兵排成某種隊形。我提議走過去看個仔細，但我的朋友反對：『不，我要去參加派對。』接著我們隔著河觀察了他們幾分鐘後，我的朋友再也捺不住性子，用手上的棍子往路旁的牆壁敲，並且大聲叫了出來。於是眼前的燈和矮人也跟著一塊消失了。」

根據英格蘭斯托馬基特郡的歷史學家從當地一名男子口中得知的消息，一八四二年的某個晚上，當他穿越一片草地打算回家時，在月光下看見一群精靈。

「他們的人數可能有一打之多，最高的大概三吋，矮小一點的看起來就像娃娃一樣。他們身上的衣服像鑲了亮片似地閃爍著，他們手牽手圍成一個圓圈不停走動，沒有發出任何聲音。他們看起來像光影一般模糊，不像有血有肉的身體。我邊走邊向上帝禱告，天哪，他們一定是精靈，如果你也一個人站在那個地方，肯定可以看得和我一樣清楚。當我搞懂他們是什麼以後，我繼續待在那裡觀察他們維持同樣的繞圈動作好一陣子，然後我飛奔回家，叫了三個女人和我一起回去看精靈。但是當我們到現場時他們全都消失了。我看不清楚他們臉上有什麼特徵，我們之間有大概有四十桿①的距離，而且我可不想仔細端詳他們的臉。我很確定自己那時相當清醒。」

一百多年後的一九七三年四月三十日，一名受過高等教育的倫敦女子瑪莉·特雷德戈德搭乘的巴士行經蘇格蘭高地。行駛到莫爾鎮附近的一條狹窄小路時，司機將車靠邊停好讓來車通過。百無聊賴的瑪莉便望向車窗外的泥土地，就在石楠花叢前，站著一個小小的人影，大約十八吋高。那是個年輕男子，他一隻腳踩在鐵鍬上，維持著挖地的姿勢一動也不動（像鳥或松鼠在發現有外物接近時的警覺動作）。瑪莉描述道：「他的臉龐消瘦、眼神銳

利，一頭濃密的褐色捲髮，穿著吊帶長褲和一件非常白的襯衫，袖子還捲到手臂上。一個打開的麻布袋（也是縮小版的）就放在他的腳邊。很明顯他既不是侏儒也不是小孩子，更不是塑膠做的花園精靈（這是懷疑論者最鍾情的答案）。他和我們都一樣，是個四肢健全、活生生的人，只不過縮小了很多。」當巴士再度上路後，小人便消失在瑪莉的視線中。

瑪莉寫道：「當我回家後，我詢問過一位來自高地的熟人，她告訴我她的幾個朋友也在那裡看過相似的小人，莫爾鎮還因此出了名。她補充提到那些小人的臉色都很蒼白，而且非常亮。第二點讓我回想起他的頭髮和衣服的亮度，以及他整個人呈現出的活力和機靈。」

偶爾收集這些民間傳說的研究者會遭遇和當地人如出一轍的精靈目擊事件。華特·史考特爵士[2]數度抱怨過一位學識不淺的記者，這位他認為是個「學者兼紳士」的朋友向他坦承，自己「經常」看見「雪地上的小腳印」，還有一次他說：「我想我聽到一聲口哨聲，就像在我耳邊一樣，但當時我旁邊沒有離我這麼近的人。」史考特將這些他認定的幻覺歸因於「迷信氣氛底下蔓延的感染效應。華頓（該記者）在曼島生活了這麼久，他幾乎完全相信了當地人的傳說。」

對跨越世紀的希臘農村傳說，包括高大的女精靈涅羅妲，有深入研究的約翰·葛斯博·洛森則評論道：「目擊者對於精靈的形貌與服裝的描述有著驚人的一致性。我本身也有一次由我的嚮導向我表示涅羅妲就在附近的經驗，在他所指的地點確實有個比一般人高大、覆蓋著白色布幔的女子形體，就坐在老橡樹園多節扭曲的樹幹交織而成的一片昏暗中。至於那個影像究竟是何方神聖，當時的我可沒有閒暇時間停下來仔細研究一番；因為我那位

不斷在胸前比劃著十字的嚮導嘴裡不停念著聖母瑪利亞的祈願文，一邊喝斥我的騾子冒險地快速通過那段崎嶇的山間小徑。」

也有許多人宣稱他們聽過精靈的音樂。曼島小提琴家威廉·凱恩就曾發過誓說有天晚上他聽見陣陣仙樂從峽谷裡一座光輝耀眼的玻璃宮殿傳出。他駐足傾聽良久後回家反覆練習這悅耳的曲調，此後便成為他的招牌作品。在一九二二年夏天，作曲家湯馬斯·伍德坐在英國達特穆鎮的廷河岸邊休息時，聽見一個陌生的聲音正在叫他的名字。儘管他透過望遠鏡四處張望，還是找不到聲音的來源。這時他又聽見頭上傳來一陣微弱的呼吸聲，然後聲音變得更大。空氣中傳來的音樂持續了二十分鐘，伍德告訴作家哈洛德·威金斯說：「在一九二二年當時還沒有攜帶式的無線收音機這種東西……基本上那音樂相當悅耳，不只是一段旋律或曲調。聽起來像是游絲般的精靈聲響交織而成的音樂。」伍德專注地聆聽後寫下其中的旋律。一九七二年，美國民歌手亞堤·托拉姆漫步在蘇格蘭西高地省的某個半島岸邊時，聽見一個無形的聲音伴隨著小提琴和笛子音樂，對他低吟著：「跑啊，人類，快跑啊！」當托拉姆跑進附近的樹林後，他聽見連續的爆裂聲和巨大的動作聲。他回憶道：「在那一瞬間我的腦袋裡湧進了成千上百種聲音，數千種我完全聽不懂的語言。」而在托拉姆找到路走出樹林後這些聲音就消失了。

儘管在大多數的西方國家幾乎已經絕跡，精靈信仰依舊以最傳統的方式在冰島延續著。若干年前在冰島一所大學進行的調查顯示，多達百分之五十五的冰島居民認為精靈（在當地稱為 huldufolk，亦即「躲藏起來的人」）的存在是確定、極可信或有可能的事實；相對的，只有百分之十的民眾斷然否認這是種不可能的事。這種對精靈的信仰堅定到有時甚至連建築工事或開路工程都

會因爲住在田野、森林、山岩和港灣間那些看不見的人的希望而必須延期，這時靈媒會被請來和他們溝通。和其他精靈相同的是，凡人的視力不見得一定看不見這些實體。《華爾街日報》在一九九〇年刊出的一篇文章評論道：「人類和 huldufolk 通常都能和平共存。不少助產士告訴民間傳說研究者霍斐度・艾力克森她們接生過精靈的孩子，農夫也說他們擠過精靈牛的牛奶。偶爾會有兩族的男女陷入愛河，不過他們的情事結局往往都不太好。」

精靈或類人族？

一九三八年都柏林的《愛爾蘭報》（*Irish Press*）刊登了一篇文章，標題爲〈留意西利默瑞克快速興起的精靈風潮〉。當地若干男性和男孩說他們見過成群的精靈，甚至還追趕過他們，只不過徒勞無功。一位目擊者表示：「他們跳過大水溝的動作像獵犬一樣快。」而自從有人目擊精靈出現以來，儘管他們穿過樹籬、水溝和沼澤，他們的外觀始終保持得非常整齊與清潔。這些神祕人物都有「類似人類、多毛而冷峻的臉孔，但是沒有耳朵」。

這股精靈熱要從男學生約翰・基利在路上碰見一個身高僅兩呎的紅衣小矮人說起。當基利問矮人打哪來時，矮人回答道：「我從深山裡來，我做的事和你們每個人類都一樣。」男學生回家後通知了幾位親友，第二天和他們一起回到現場。當這些親友躲在一旁的樹叢中觀察時，基利獨自走向一群精靈，其中一位還讓男學生牽起他的手。他們並肩走了一段路，直到精靈們發覺在樹叢中的人類後才飛也似地離開。

如果這起事件晚個十年、而且發生在愛爾蘭以外的地方，很有可能會被視爲與幽浮乘坐者的接觸。一九五九年十一月，根據《貝爾法斯特電訊報》（*Belfast Telegraph*）報導：「卡洛郡一名男

子打算開推土機剷除田裡的大片雜草時，被從機器底下竄出的三呎高小紅人嚇了一跳。矮人跑了約一百碼的距離，跳過柵欄跨入隔壁的農田。另外還有三個人也看到這個逃跑的小人。」不過愛爾蘭當地人始終將它視為一起幽浮事件，儘管沒有人看見幽浮出現。的確，在幽浮文獻中記載著好幾起會讓熟悉精靈信仰的人發現許多相似處的事件。以一九四七年六月二十四日那場眾所皆知的目擊事件揭開了幽浮時代序幕的肯尼斯‧阿諾，在一九五〇年四月，訪問了一位來自奧勒岡州干比郡的女子愛琳‧約納森，當時她才剛目擊一個十二吋高、面容黝黑、體格健壯，穿著格子襯衫的矮人。他走起路來一搖一擺的，鑽過一輛汽車底下後就消失不見。

當然某些作家會認為幽浮現象與精靈現形兩者脫不了關係。偶爾，例如著名的揭祕者羅伯特‧西佛與他諷刺意味濃厚的作品《幽浮裁定書》（*The UFO Verdict*，一九八一），這層關聯會被視為對幽浮報導大肆嘲諷的一種方式。其他時候，就像法國天體物理學家傑克‧瓦雷的著作《到馬格尼亞的通行證》（*Passport to Magonia*，一九六九）的主旨，這種關係支持一般人假設超自然的變形實體可能存在的神祕學觀點，認為這些超自然實體視觀察者心中的先入概念而定，可能以精靈或外星生物的型態出現。更現代的理論家，包括《神、靈魂、宇宙守護者》（*Gods, Spirits, Cosmic Guardians*，一九八七）的作者希拉蕊‧伊凡斯，則主張所有的「實體」遭遇都發生在意識狀態改變的情況下，而且都是幻覺。但儘管他們的話表面上聽起來頗具吸引力，像希拉蕊所舉的這些理論一點也比不上瓦雷的論點來得有說服力；這種主張心理社會的方式缺乏實質證據的支持，容易遭受像大衛‧哈佛德這類評論家的無情攻擊。哈佛德要求我們承認自己對於某方面的人

類經驗在知識上的不足。

　　無論如何，幽浮傳說和精靈學之間的關係相當薄弱，理論家必須非常審慎地選讀兩者的文獻以做出最接近事實的判斷。民間傳說研究者湯馬斯・布拉德認為所有被點名的關係充其量只是「歪斜而取巧的言論」。任何讀者只要親自比較過這兩本碰巧在同一年出版的書籍內容——可洛和吉姆・洛倫岑夫婦合著的《與幽浮乘客的異類接觸》（*Encounters with UFO Occupants*，一九八七）以及凱薩琳・布利格斯的《精靈百科》（*An Encyclopedia of Fairies*），就能輕易看出這個端倪。

　　另一項重要的差異是民間和官方研究員至少深入調查過並記錄下某些「第三類近距離接觸」，反之儘管精靈「目擊事件」有多麼聳動，卻頂多只能稱得上鄉野軼事。這也難怪，因為那些耳聞目擊傳聞的人看不出任何足以讓他們親身參與調查的原因；不是他們徹底相信精靈的存在，因而默認這些故事的真實性，就是他們完全不相信有精靈這種東西，便認定這些全是虛構的故事，抑或是他們只是在收集彼此間的真實狀態互不相關、且被他們認為是「民間傳說」的所有故事。無論是哪種情況，似乎都看不出有任何進一步深入調查的必要。

　　或許一場真槍實彈的調查能讓信者或不信者轉變成根據實情與資訊，而非憑空臆測或個人看法做出判斷與回應。然而精靈「目擊事件」很有可能繼續待在長久以來從未更動過的位置——就在人類歷程的邊緣地帶。

3-4 扁木林的怪物

　　一九五二年九月十二日，在西維吉尼亞州的扁木林（Flatwoods）小鎮，人口約數三百。有三個男孩子看見一個移動

緩慢的紅色球體飄過一座山頭，短暫盤旋便落到另一座丘陵之後。從山的那頭發出一陣像是某個飛行物降落後的耀眼光芒。在這三個孩子動身前往調查的路上還加入其他夥伴，包括美容師凱薩琳‧梅、她的兩個小兒子、兒子們的朋友湯米‧海爾、十七歲的尤金‧雷蒙，還有雷蒙的狗。

小狗跑在調查隊的前頭，一會兒就失去蹤影。突然間聽見牠發怒的吠叫聲，但幾秒鐘後眾人看見牠的雙腿夾著尾巴狂奔回來。這時現場瀰漫著一股噁心難聞的濃霧，讓所有人都淚流不止。帶頭的兩個孩子，尤金‧雷蒙和尼爾‧納雷率先登上山頭，往山下看時發現在他們右下方五十呎處有個「大火球」。另一位目擊者則表示火球的大小和馬一樣大。

凱薩琳‧梅於 1952 年在西維吉尼亞州所看到的扁木林怪物。© Fortean Picture Library

在這群人左邊，同樣在山頂上，就在一顆橡樹的樹枝底下，有兩個小光點。在凱薩琳的建議下，雷蒙打開手電筒對準這兩個光點。這一照讓在場每個人都嚇得說不出話來——出現在光束另一端的是個怪模怪樣的東西，事後有好幾位目擊者都指認出它那像「黑桃 A」的頭部特徵。怪物的頭部有個圓形的「窗孔」，裡面除了那兩盞發出微弱藍光的光點之外是一片漆黑。在短暫的目擊過程中，這群人都沒有看見任何像是手或腿的部位。

這個目測超過六呎高的怪東西開始往目擊者移動，它看起來像是用滑行而不是用走的。幾秒鐘後它改變方向，轉向山腳下的火球而去。

這一切過程據說發生得非常快，雷蒙在這短短的幾秒內就昏了過去。其他人邊將他拖走邊逃離現場。

半小時後當《布列斯頓民主報》的李・史都華二世打算訪問他們時，幾乎所有人都還無法開口好好說話，有幾個人還需要送醫院急救，因此他認為毫無疑問地他們看見了某種讓他們嚇到半死的東西。不久之後史都華二世就找到雷蒙，還讓他陪著自己到那座山去。這次史都華二世察覺草堆裡傳出一股異常惡臭，讓他的鼻子和喉嚨過敏難受。隔天早上七點鐘再回到現場調查時，史都華二世發現一列往山下走的「滑行痕跡」，終點是一塊被壓平的草地，顯示不久之前有個大型物體停在上面。

這起被報紙稱為「扁木林怪物」的遭遇大致和當地傳出一連串目擊不明飛行物體的恐慌發生在同一時間。附近樺樹河鎮的男子貝利・富蘭表示，他看到一個明亮的橘色光球在報上刊登怪物出現的地區上空盤旋，光球出現約十五分鐘後就往薩頓郡機場的方向疾行而去。之後薩頓郡也傳出有人目擊不明飛行物體。

根據其中一則傳聞，在扁木林鎮事件發生前的一個禮拜，在

距離十一英里遠的韋司頓鎮有名女子和她的母親在開車前往教堂的途中也遇見過同一個或類似的生物。兩人都表示它發出一股難聞的惡臭，而女兒更是被嚇到需要住院治療。然而這則真假不明的傳聞卻從未登上任何報紙版面，揭露它的是兩位來自洛杉磯的民間飛碟研究機構的調查員。

幾年之後在一九六○年代，作家約翰・基爾訪問了一對夫妻，兩人宣稱在八年前首起事件發生的當晚，在距離事發當地西南方十到十五英里處，他們碰上一個十呎高、散發出硫磺氣味的怪東西。它先往他們無故拋錨的車子靠近過來，然後才退回它出現的樹林中。不一會兒他們看見一顆光球從樹林間快速升起，消失在天際。

懷疑論者認為凱薩琳和她的小同伴們看見的是顆隕石和一隻貓頭鷹，而只有突然發作的歇斯底里才有可能讓他們認為他們看見的是其他東西。但是在事件發生過後不久對目擊者的個別訪談中，讓調查員大感驚訝的是，所有人對整起事件的敘述竟是出乎意料的一致。這使得懷疑論者的進一步假設必須建立在否定所有目擊者口述證詞的基礎上。

在一九九○年代初接受訪問時，凱薩琳・梅・霍納回想起當時有兩名男子，先是自稱為新聞記者，後來又改口表示他們其實是政府調查人員，找上她並問了一些話。這並不難讓人信以為真；因為眾所皆知美國空軍在當時派了兩名便衣調查員到事發現場。如同其他不信者的一貫作法，這兩名調查員將整起事件歸因為隕石和貓頭鷹所引發的幻想情節。

然而凱薩琳在與西維吉尼亞州記者巴伯・提茲的談話中宣稱，在她結束和兩位自稱政府調查員的訪談後不久，一名當地報社的男子（可能是李・史都華二世）接到一封來自「政府」的信

函：

「他……打開信封，裡面是一張他們拍到我形容的那個東西的五乘七照片。他們說我的說明幾乎沒有漏掉任何細節，甚至連那些參與製作它的人形容得都沒我好。他們說這是他們建造來要發送到月球的太空船。當天晚上原本應該有四艘飛船升空，但他們就是找不到這一艘。他們說這艘太空船是因為燃料問題而墜落，當時他們正在船艙內……那不是什麼怪物，那只是某種飛船而已。」

這段說辭完全不足為信，因為凱薩琳可能被自己的記憶所欺騙，或者她只是上了某種惡作劇的當罷了。沒有任何證據指出曾經有哪個國家進行過這種類型的火箭實驗。

將空間往北延伸、時間也拉到二十年後，在加拿大魁北克省的喬利葉市傳出有名女子目擊一個會使人聯想到扁木林怪物的生物。她表示在一九七三年十一月二十二日的清晨，她看見這個怪東西站在她家窗外凝視著她。她連忙叫醒先生，當他走到外頭一探究竟時，除了一隻看起來被「嚇到半死」的狗以外，什麼都沒有發現。當地警察也肯定該名女子的誠信，認為她不可能會編造出這種玩笑。

3-5 鱗蟲

十八世紀中，挪威的卑爾根主教艾力克·彭托皮丹在其傳世名著《挪威自然史》中對存在於北歐沿岸民眾之間的某種觀念提出他的評論。他在書中寫道：「大海蛇，並非生於海上，而是來自陸地；當牠們長大到無法在岩石間順利移動時，牠們便進到海裡，之後才長成完全的長度。」他接著指出，有許多農夫都曾經在陸上看過足足有「好幾噚長」（一噚為六呎）的大蛇。農夫們將

丹麥哥本哈根動物學博物館
裡收藏的鱗蟲模型。
© Fortean Picture Library

這些大蛇稱為「鱗蟲或是巨蛇」。根據流傳甚廣的民間傳說，斯堪
地那維亞半島上的淡水湖裡也棲息著類似的生物。

　　這些生物，或至少相信這些生物存在的觀念，安然無恙地邁
入十九世紀。牠們不只出現在傳說裡，各種繪聲繪影的第一手目
擊傳聞中也有大蛇的蹤跡。一八八五年瑞典科學家兼民間傳說研
究者甘納・歐羅夫・赫爾頓・卡維留斯，在他的《論龍，又稱鱗
蟲的生物》（*On Dragon, Also Called the Lindworm*）一書中刊載了
四十八則逐字收錄的目擊事件紀錄，其中超過半數有多位目擊者
在場。在此節錄書中摘要如下：

　　在瑞典南部的法里蘭——或許也包括瑞典其他地方——依舊
存在著某種被稱為龍或鱗蟲的巨蛇族群。鱗蟲的體型一般是十呎
長，但也發現過十八和二十呎長的標本。牠的軀體和成年男性的
大腿一樣粗，體色全黑，只有腹部呈現亮黃色。舊時發現的鱗蟲
標本在頸部有一層長毛或鱗片包覆著，很類似馬的鬃毛。牠的頭
部扁平，有時圓有時方，滿嘴白得發亮的利牙，間或吐出分叉的
蛇舌；眼睛像圓盤一樣大，桀驁不馴的眼神閃著炯炯的火光。牠

的尾巴又粗又短，整個身軀顯得遲鈍而笨重。

從赫爾頓‧卡維留斯的描述看得出鱗蟲是種力大無窮、易怒的生物。他寫道：「當鱗蟲感覺不安時會發出巨大的嘶嘶聲，收縮身體成波浪狀；然後牠會用尾巴抬起身體四到六呎高，再撲向牠的獵物。」鱗蟲有雙向外凸出、會催眠人的大眼睛，而頭部的形狀則眾說紛紜，但不論是貓頭和馬頭狀，兩旁總是包覆著類似鬃毛的物體。牠最有可能出現在荒涼的地區，例如：沼澤、濕地、洞穴和湖泊等。然而與鱗蟲的遭遇總是讓目擊者受到嚴重傷害，經常不是缺手斷腳，就是在往後幾年都擺脫不了惡夢的糾纏。需要多人團結、大費周章才能殺得死的鱗蟲，屍體還會散發出一股駭人的惡臭。

因為相信這些案例敘述的都是真實的動物——其中的目擊者包括一位瑞典國會議員和其他大致可信的民眾——赫爾頓‧卡維留斯還廣發海報，懸賞徵求鱗蟲的屍體骸骨。以他的觀點看來，這是個相當合理而且也可能成功的方式，畢竟他收到了十二則關於這類生物死亡的報告，但始終沒有人出面領賞。

現代瑞典作家司凡‧羅森表示：「至今沒有任何人提出能真正說明十九世紀那幾則鱗蟲紀錄的解釋。」之後他又提出這些大蛇可能來自「癲癇症發作所引起的幻覺」。他接著補充道：「關於這種心理學上的解釋有個大問題，那就是來自多方目擊者的證詞。其他三十一則我所熟悉的案例大多發生在有多位目擊者的現場。任何人都可以脫口而出『集體幻覺』這個不具任何實質意義的名詞。」

對民間傳說研究者米歇爾‧穆爾格而言，十九世紀的鱗蟲紀錄只是「龍的歸化過程」中的一部分，混合了「古老與現代的元素，牠保留了怪物的傳統特性」。但現在大多人相信鱗蟲是頭蛇，

而非超自然生物。他認為目擊者可能是把傳說中的生物影像投射到當地動物（例如「草蛇」）身上；而在特定的目擊狀況下將牠們誤認為怪物。

如果真是如此，我們只能做出一個世紀以前的斯堪地那維亞人普遍擁有驚人想像力的這個結論，同時相信鱗蟲是種真實動物的赫爾頓‧卡維留斯肯定是錯得離譜。如同其他結合了各種寓言以及傳說元素、而使人誤以為是「真實」經歷的聲明一樣，沒有任何解釋能讓所有觀點都教人信服——連一點可能性都沒有。

3-6 人魚

「我們是否可以相信那些生物都共同生存在地球上，然而無風不起浪，我們是否還能堅持一般人認為世上沒有女妖（banshee）、矮妖（leprechaun）或美人魚等生物存在的主張，並否認沒有關於牠們的故事流傳嗎？」愛爾蘭歷史學家兼民間傳說研究者道格拉斯‧海德問道，「如果這些生物確實不存在，那我們偶爾目擊的神祕生物又是什麼？是森林裡的毛腳燕還是海裡的魚狗？」

海德將他的不滿與憤怒發洩在他的同事伊凡斯‧溫茲身上，伊凡斯‧溫茲還在自己的著作《居爾特國度的精靈信仰》（*The Fairy-Faith in Celtic Countries*，一九一一）裡給了海德一個位子，讓他可以對伊凡斯‧溫茲認為精靈可能是存在於超自然界的真實生命體的異端觀念大肆撻伐。任何人在聽說人魚目擊——從以前到現在這題材始終不虞匱乏——傳聞後，肯定都會想問幾個和海德類似的問題。

就以一七二三年的一場官方人魚調查結果為例，舉辦這項調查的丹麥皇家委員會原本的用意是要平息人魚的爭論；如果他們

裁定人魚純屬虛構，屆時那些繼續將人魚傳說掛在嘴邊的人可就有觸法的麻煩了。然而丹麥民眾公開、自由地討論人魚話題的權利並未受到限制，因為該委員會的成員在法羅群島附近親眼看見一頭雄性人魚。雄人魚在接近他們的船後，先是沉入水中，接著很快又浮出水面，用牠深邃的眼眸專注地看著他們。幾分鐘後雄人魚的凝視讓船上的人忐忑不安，他們連忙將船掉頭駛離。當船緩緩離開現場時，雄人魚鼓起了腮幫子，發出一陣低沉的吼叫聲後潛入水底，再也沒出現過。

三十年後，艾力克‧彭托皮丹主教在《挪威自然史》中提到有關人魚目擊事件的紀錄：「在卑爾根的主教轄區以及諾爾蘭（挪威北部）一帶，都有數以百計品德與名譽兼具的民眾信誓旦旦地堅稱他們親眼看過這種生物出現。」

人魚的神話背景

關於人魚的傳說或其他同類型故事的起源歷史悠久，目前已知牠們最早的祖先是巴比倫神奧安尼斯（Oanes），這位有魚的尾巴和男子上身的神明從紅海中升起，傳授人類知識與文化。（到了現代再度現身的奧安尼斯則被認為是早期外星訪客的首選角色，提名牠的就是已故的著名天文學家卡爾‧薩根博士。）在敘利亞、印度、中國、希臘和羅馬都有外型類似人魚的神祇與女神的信徒和神龕，近幾個世紀以來幾乎世界各地的民間傳說中都有牠們的蹤影。我們知道的人魚（merfolk）、美人魚（mermaid）或雄人魚（merman），全都來自古英文「海」（mere）的字根。這種名稱多變的生物不只聞名於全西歐以及世界其他各地，目擊事件更是層出不窮。

其中一位最早記錄人魚現象的編年學家就是老普林尼，這位

一世紀的羅馬自然學家接受人魚存在的事實，他認為：「人魚並不是虛構的故事，只是牠們的身體粗糙、布滿鱗片，甚至連某些類似女性的身體部位也不例外。」他還提到一則沿海民眾目擊這類生物的事例，而且很明顯出現不只一次。後來他們聽說牠快死了，發出一種悽慘的呻吟和猛烈而連續的哭喊聲。老普林尼也指出有人看過牠們的屍體：「很多人都看過這些涅羅妲或美人魚，像被扔在沙灘上似的，就躺在那邊逐漸死去。」

人魚的民間傳說在北歐還有另一種版本，亦即所謂的海豹人或塞爾奇（selkie）。在《蘇爾史凱立的灰塞爾奇》（*The Grey Selkie of Sule Skerrie*）這首經典民謠抒情曲裡直接提到：「在陸地上我是人，在海裡我是塞爾奇。」

當塞爾奇要偽裝成人類上岸時，只需要脫下自己的海豹皮藏起來即可。許多民間故事都有相同的情節，不少人魚因為這樣和陸地上的凡人結婚，甚至還生兒育女。無可避免的是到最後牠們還是抗拒不了對海洋家鄉的思念，撲通一聲就消失在浪花裡。

水手通常將目擊美人魚視為會招致立即死亡的惡兆，在遭遇美人魚之後的暴風雨中滅頂。《美人魚》（*The Mermaid*）這首傳統民謠，描述一群船員看見一隻美麗的人魚手拿著梳子和鏡子坐在礁石上。於是船長開口說：「這隻美人魚警告我們的大限將至，我們將沉沒在海底……牠繞著我們雄偉的船艦轉了三圈，然後縱身潛入海底。」

被目擊的人魚

然而美人魚可不只有出現在傳說和民間故事裡。一位民間傳說研究者曾經提到：「在中古世紀相信人魚存在的觀念……不但流傳甚廣，而且還有實體證據。」這裡的「實體證明」，如同前

述，包括民眾宣稱的目擊事件，其中至少有幾位被視為神志正常且理智的目擊者。無論如何，這類「理性而清醒的目擊事件」並非只是中古時代的產物。

一八〇九年一月十二日，兩名蘇格蘭東北部開斯納斯郡的女子在桑塞德的海邊看見一張類似年輕女性的臉孔——圓潤豐滿的明亮粉紅膚色——出現在波浪中。然後牠消失在海水裡，不一會兒再度出現。當她們好不容易觀察到更多牠的上半身部位時，兩人清楚地看見一對形狀良好的女性乳房。偶爾牠會舉起一隻細長而蒼白的人類手臂到浪花上，將牠的一頭綠色長髮往後撥。值得注意的一點是，二十世紀的蘇格蘭民間傳說研究者麥當勞·羅伯森在書中提到：「在所有美人魚的傳說故事裡牠們都是金髮，但是目擊者的說法從黑髮到綠髮都有。」

就在其中一位目擊者公開說明這場經歷，毫無疑問地引起了軒然大波之後，開斯納斯郡的學校教師威廉·曼洛寫了底下這封信給《倫敦時報》，刊登於一八〇九年九月八日：

「大約在十二年前，當時我還是個在雷伊教書的老師。有天我在桑塞德灣的海邊散步，那是個天氣晴朗、溫暖的夏天，於是我打算走到桑塞德灣的岬角。這時我突然注意到在岸邊的礁岩上坐著一個像是沒穿衣服的人類女性的身影，牠的樣子明顯是在梳頭。長髮覆蓋住整個肩膀，是種淡淡的褐色。

牠的前額飽滿、雙頰豐滿而紅潤，眼睛則是藍色的，整個嘴唇的形狀很自然，就像人類一樣。我看不見牙齒，因為牠的嘴是閉著的；胸部和腹部、手臂和手指的尺寸都和成年人類的身體一樣。從手掌的動作看來，牠的指間似乎沒有長蹼；不過這點我就不是很肯定了。

在我發現牠之後的三到四分鐘內，牠一直都坐在石頭上。這

段時間牠一直重複梳頭的動作，牠的頭髮又長又多，而牠似乎對此感到相當自豪。這時牠突然跳進海裡，之後我就再也沒有看過牠了。牠的五官我看得相當清楚，因為從我站的高處和牠坐著的岩石間的距離並不遠，而且當天是個大晴天。

就在牠回到海裡的前一刹那似乎發現我的存在，因為牠的眼睛看向我所站的高處……在我目擊到這個東西之前，我聽說過有幾個人經常看到牠，而且他們看見的和我敘述的景象如出一轍，雖然在當時我也和其他人一樣，不相信他們的目擊證詞。但我說句實話，只有在親眼看到這個不可思議的場面後，我才完全相信牠真的存在。

假如上述內容能有助於確認這種至今自然學家依舊不相信的奇蹟生物存在，或有助於消除那些隨時會對他們無法全盤了解的事實而爭辯的人提出質疑，歡迎您到……」

顯然這段期間人魚在蘇格蘭沿海一帶相當活躍。《倫敦鏡報》（*London Mirror*）在長期調查雌雄人魚目擊事件後，在一八二二年十一月十六日發表了以下這則報導：

「一八一一年一位來自蘇格蘭金泰爾區的科爾汎、名為約翰・麥伊薩克的年輕男子，在坎貝爾頓接受審問時當著金泰爾代理警長的面前發下重誓，說他在十月十三日的下午，在海邊的一塊黑色岩石上看見一隻不可思議的動物。接著約翰・麥伊薩克便開始詳述這段令人難以置信的漫長故事。

他表示這隻生物的上半身是白色，形狀和人類身體相同；下半身一直到尾巴的部分則是斑紋或紅灰相間的顏色，顯然長滿了鱗片，但是尾巴的尖端部位則是發亮的綠紅色。牠的頭被長髮覆蓋住，偶爾牠會把頭髮都撥到背後；還會像扇子一樣展開牠的尾巴。在伸長的同時尾巴始終保持微微顫抖，收回來之後就靜止不

動，證人認爲尾巴似乎有十二到十四吋寬。牠的頭髮很長，呈淡褐色；身長介於四到五呎間。牠的頭、頭髮、手臂和上半身都和人類一樣；手臂和身體比起來略短，身體的厚度大致和年輕小夥子一樣，往尾巴尖端逐漸變細。當牠如上述的動作觸碰牠的頭時，因爲牠的手指始終都是併攏的，因此他無法確定指間是否有蹼連接著。他觀察牠大約兩個小時，由於當時退潮，因此牠躺臥的位置是乾的，岩石露出在水面上的部位大約有五呎高；然後牠笨拙地翻滾進海水裡，一分鐘後他看見牠浮出水面，這時他才看清楚牠的臉，上面有著和人類一模一樣的五官，只不過眼神空洞許多。

牠的臉頰顏色和臉上其他部位相同，脖子看起來頗短，而且牠經常用雙手撫摸和清洗牠浸在水中一半的胸部；因爲這樣他才不敢肯定地說牠的乳房形狀是否和人類女性相似。他在牠身上既沒有看見鰭也沒有看見腿，一切所見都如上所述。這隻生物在水面上待了幾分鐘，然後消失在水底下。」

三位當麥伊薩克作證時都在場的榮譽市民，包括牧師喬治‧羅伯森博士、坎貝爾頓的牧師諾曼‧麥克勞德，以及律師詹姆斯‧麥斯威爾，他們表示：「我們不明白爲何有人會質疑這名年輕人的誠實……從他講述證詞的說話方式，我們很確定他是個完全眞誠、不欺僞的人。」

而在十一月二日，另一位目擊者凱薩琳‧洛納強也在金泰爾代理警長鄧肯‧坎貝爾面前發誓指證，表示自己看見了這個東西。她說在十月十三日的下午，當她將牛隻帶到海邊附近時，看見有個怪東西從岸邊一塊岩石上往下滑進海水裡，浮在水面的部位約有六碼。牠有一頭深色的長髮，上半身的皮膚很白，而下半身則是像魚皮般的深褐色皮膚。

根據坎貝爾的紀錄，凱薩琳在證詞中提到：「牠轉過身來，臉朝向這位宣誓者所站立的岸邊，伸出一隻像小男孩的手，攔在靠近之前牠跳下水的第一塊岩石旁邊的另一塊礁石上。這時這位宣誓者才第一次清楚地看見牠的臉，五官和人類的小孩子全都一樣，也很白，這時牠的另一隻手則不斷地在胸部上做著摩擦或清洗的動作，手指全都併攏…… 之後這個生物繼續朝宣誓者看了大約半分鐘，接著牠就游離現場消失了。但是不到幾秒鐘她又看見這個生物的頭和臉再度浮出水面，往南朝科爾汎農場的方向游去，很快地又不見了。這一次宣誓者就再也沒看到牠了。」

　　凱薩琳很不情願承認這是出於她本人的判斷所做的證詞，因此一開始她告訴自己那只是一個不慎落船、正在呼救的小男孩。坎貝爾是在和小女孩的父親談過話後才取得這段證詞。凱薩琳的父親表示他還記得當時女兒一路跑回家，喘著氣告訴他有個長得很奇怪的男孩子正在岸邊游泳。事後當他連同妻子、女兒三人再回到現場時卻什麼也沒看到。

　　一連串目擊事件發生在一八一四年夏天的蘇格蘭西海岸。當一個飽受驚嚇的孩子向人哭訴他看見一個半人半魚的怪東西時，除了換來一陣譏笑之外，沒有任何人將他的話當一回事。一個月後一群在海邊玩耍的孩童以為他們看見了一個溺水的女人，走近一看才知道完全不是這麼回事。於是一八一四年九月一日的《約克紀年報》（*York Chronicle*）刊登了一封當地民眾的投書。

　　「牠的上半身和人類女性一模一樣，皮膚看起來很白，臉頰更白，還有一頭深色的長髮；上臂的比例很正常，但以下的部位變得越來越細，手掌更是像只有八到十歲的兒童那麼大。尾巴像條超大的鱈魚尾巴……顏色和形狀都很像。」

　　其中有幾個孩子跑去通知附近的農夫。當大人們趕來時這東

西已經游到岸邊，距離近到讓一名拿著來福槍的男子想要開槍射擊，但被其他人勸阻下來。男子很不甘心，於是他改成對怪東西吹口哨來滿足自己。口哨聲吸引了水中生物的注意，牠轉過身來直瞪著他。牠保持在眾人視線裡的時間大約兩個小時，偶爾會發出像鵝叫的嘶嘶聲。在這之後牠又被接連目擊到兩次，都是在大清早，而且總是在海面風平浪靜的時候。

同年八月十五日在高登港這個小村子，兩位漁夫湯瑪斯・強斯頓和威廉・高登在離岸邊四分之一哩的海面上看見一隻雄人魚，就出現在距離他們不遠的地方。當地的學校教師喬治・麥坎錫在事件發生後不久就訪問了他們，隔天將這份報告寄給《蘇格蘭水星報》（*Caledonian Mercury*）的編輯。麥坎錫表示，這隻雄人魚面容黝黑、小眼、塌鼻、大嘴，兩隻手臂卻很長。十五秒以後牠就潛進水底，然後在離船更遠的地方重新浮出水面，這次旁邊多了另一隻被兩人視為女性的人魚，因為他們看得出來牠有明顯的乳房，此外牠的頭髮不是捲髮，而是長度約莫過肩的直髮。這隻人魚的皮膚比第一隻要白多了。嚇得魂不附體的強斯頓和高登拚了命地往岸邊划；即便兩人已經上了岸，這兩隻生物還是一直注視著他們。

被捕獲的人魚

一七六二年，法國一家報社報導兩位諾曼提爾島的女孩，在石縫中撿拾貝殼時，碰見「一個趴著的人形生物」。其中一位女孩立刻用小刀刺過去，牠發出一陣呻吟後當場死亡。事後一位醫生到現場驗屍，發現牠和成年人的體型一樣大，膚色則像溺水者一樣慘白。「牠有完整的女性乳房、塌鼻子、大嘴巴，下巴長了某種形狀類似貝殼的鬍鬚。全身上下布滿相同的白色殼狀物，還有

條魚尾巴，在尖端部位則類似人類的兩條腿。」

一八三○年前後，在蘇格蘭西北外海的本貝丘拉島（隸屬赫布里底群島之一）岸邊討生活的民眾看見一個半魚半女性的小型生物，漂流在幾呎外的海面上，當時牠像在玩耍似地正在水裡翻筋斗。幾名男子想活抓牠，但都被牠躲開。最後有個小男孩用幾顆石頭砸在牠背上，牠就跟著消失了。幾天後屍體被海水沖到兩英里外的岸上。

當地警長鄧肯‧蕭在仔細查看過屍體後表示：「這隻生物的上半身大約是三到四歲、成長狀況正常的兒童身體大小，不過胸部倒是異常地發育。深色的長髮帶有光澤，皮膚白而柔嫩。牠的下半身像鮭魚，但沒有鱗片。」

「當著大群赫布里底人面前牠被埋葬在納敦的墓園，至今墳墓上仍有清楚的標示。」麥當勞‧羅伯森在一九六一年時提出說明：「我親眼看過牠。」

底下是一份據說捕捉到一隻美人魚或類似生物的宣誓書，地點在蘇格蘭北方的謝德蘭群島：

「在洛坎德的亞瑟‧尼柯森見證下——北耶爾教區古利弗村的威廉‧曼森、丹尼爾‧曼森以及約翰‧韓德森以至誠發誓底下所言絕無半句欺偽。在去年（一八三三）的七月一日，三個人到三十到六十哩的外海進行深海釣魚的工作，約莫在午夜左右拉起了一隻頸後被釣鉤勾住的生物。牠約有三呎長，身體最寬的部位約是三十吋，就在肩膀周圍。從肚臍以上的部位像人類——有著和人類女性一樣大的乳房。

上半身兩側連結著約九吋長的手臂，上面的腕關節和手掌都和人類相同，除了指間長了約有手指一半長的蹼以外。手指的數量和外觀也都和人類一模一樣。細小的手臂緊貼著胸部，在兩邊

肩膀邊緣上都長了一片圓形的鰭，張開後可以包覆住胸部和手臂。

這隻生物頸部很短，長度只有普通人類的一半，而且也不是呈圓柱狀，在頭頸相連的部位比較尖。牠的臉上有眉毛但沒有頭髮，在眼皮底下是一雙藍色的小眼睛，和人眼很類似——不像魚眼。牠沒有鼻子，代替的是兩個進氣的孔。牠的嘴大到張開時可以放進一個成人的拳頭，潔白的嘴唇比人類還厚。臉上也看不見下巴，但他們認為下半部的顎部比上半部還要向外凸出一點點。此外牠也沒有耳朵。

整個身體正面都覆蓋了像亞麻布一樣白的皮膚，背部則是帶點淡灰色、像魚的皮膚。兩個乳房距離很近，是往尾巴下垂的形狀，周長大約是四吋。扁平的尾巴上有兩片葉片組織，張開後併在一起約有六吋寬，就長在右邊。至於牠的臉則像隻大比目魚。

牠的身體在肩膀附近的部位幾乎是圓形的，似乎長了肩胛骨，而且中間還是空的。身體部位似乎從胸部以下約九吋的肚臍開始急速縮小。在那兩個鼻孔之間長了一塊九吋長、類似軟骨的物體，很像一根粗厚的鬃毛。在頭部的兩邊也都各長了一根類似的東西，但是沒那麼長，而且牠能夠讓這兩根東西任意往前往後蠕動，還可以讓牠們在頭顱頂端會合。

當他們以人類的語言問話時牠還會回答，一邊舞動著兩根鬃毛，讓他們以為這東西是牠的聽覺器官。他們看不見牠有任何像是牙齒的東西，也沒有生殖器官；全身上下除了眉毛以外沒有任何毛髮，整個身體則是既軟又黏滑。

在漁夫間流傳著一個古老的觀念，認為殺死美人魚會招來厄運，因此他們將牠留在船上一段時間後就讓牠回到海裡去了。以上所述句句屬實，願主保佑我。」

一名訪問過船長和以及其他船員的男子將這份紀錄轉寄給愛丁堡大學自然歷史系：

「這些人裡面沒有任何人想過要懷疑這是不是隻美人魚……通常對人魚的懷疑觀點起源於某些情況下出現的海豹和其他海洋生物，可能會激起一種讓人過度興奮的想像，因而產生視覺上的幻象，但這種說法並不適用於本案例。這幾位謝德蘭的漁民不可能同時出現這種錯誤。」

蘇格蘭沿海的人魚傳聞持續了整個十九世紀，甚至在二十世紀還偶有所聞。一九四九年八月，從奎格摩爾出海的漁夫聲稱他們看見好幾次人魚出現。

新世界的人魚

在所有自稱是美人魚的目擊者之中，克里斯多福・哥倫布無疑是最著名的一位。在他的西印度群島發現之旅中，他看見過三隻「在海面上跳躍自如」的美人魚，還發現她們並不像圖畫裡那麼好看。事實上，如果我們可以從這段模糊的敘述中得出任何結論的話，那麼將會和儒艮③的行為模式一致。

這則更詳細、但內容也變得更不可信的故事來自於十七世紀的美洲探險家約翰・史密斯。史密斯在一六一四年航行經過西印度群島時發現了一個他原先以為是落入水中的女子。在他帶著欣賞而不帶批評口吻的評價中，她有雙大眼睛，不過有點太圓；形狀美好的鼻子，但有點過短；長得很好的耳朵，但是有點長；以及一頭綠色長髮。這些她原始的特徵怎麼看都不會讓她顯得不嫵媚動人。正當他開始感覺出愛戀的甜美痛苦時，她游動了一下，展露出她「從腰部以下由女性的身體變成一條魚」。

「可能有人會質疑易受感動的史密斯船長他的誠信問題，」研

究人魚傳說的學院派權威亞瑟‧瓦渥說，「但要懷疑清醒而富有責任感的人……如此詳細的紀錄難度又更高了。」他指的這些人其中還包括了懷波恩船長。一六一〇年，懷波恩船長駕著一艘小船進入紐芬蘭的聖約翰港時，注意到有個怪異的生物朝他的方向游了過來，而且從那愉快的神情，以及臉孔、眼睛、鼻子、嘴巴、耳朵、脖子和額頭來看，好像是位女性。不過來者卻沒有接受同樣愉悅的對待，受到高度驚嚇的懷波恩船長匆忙將船後退。水中的生物見狀便跟著轉過身去，試圖登上懷波恩的朋友威廉‧霍克里奇的船，後者毫不猶豫地重擊牠的頭部，牠隨之消失在水面下。事後霍克里奇發表一則簡潔的評論：「不論牠是美人魚還是什麼……我都留給別人去判斷。」

這隻美人魚應該慶幸自己的遭遇不像同世紀的另一隻雄人魚那麼悽慘，後者嘗試登上一艘停在緬因州南部外海堪斯科灣的船。據說當時在船上的乘客米特先生砍斷了牠一隻手臂，牠沉了下去，血將周圍的海水都染成粉紅色。

第二次目睹人魚出沒的目擊者包括三艘法籍船艦的船員，與發生在加拿大新斯科細亞省外海的第一起間隔極短。這次他們發動追逐，企圖用繩索活捉這隻雄人魚，但無功而返。「牠拂去遮住眼睛的青苔狀長髮，似乎全身都被長髮遮住（大部分水面上看得見的身體部位都被頭髮蓋住，有些地方比較多，有些地方較少）。其中一位船長記錄下他的所見。雄人魚潛入水底後就再也沒出現了，讓漁夫們十分沮喪。

瓦渥口中的另一位「清醒而富有責任感的人」，就是著名的新世界探險家亨利‧哈德遜④。他在一六一〇年六月十五日的航海日誌上寫下這些紀錄：

「今天晚上，我們的一個夥伴在往船外看時發現了一隻美人

魚,他立刻呼叫其他人過來看。當一位船員聞訊上到甲板時,牠游得更靠近船舷,用殷切的眼神一直注視著他們。不久之後一個浪打來將牠吞沒。

根據目擊的船員們表示,從肚臍以上牠的前胸和後背都像個女人;牠的身體和我們每個人都一樣大,皮膚很白,長髮垂在背後,是黑色的長髮。在牠潛水下去的一瞬間他們看見了牠的尾巴,形狀像海豚、上面的斑點則像青花魚。看見牠的船員名字分別是湯瑪斯·希爾斯和羅伯特·雷納。」

關於這起事件,維多利亞時代的傑出自然學家菲利普·古斯的評論是:「海豹和海象對這些極地水手而言就像乳牛之於擠奶女工一樣熟悉。除非這整起故事是兩人毫無理由地串通、共同捏造並目的不明的謊言,但以這位可敬的資深航海家無疑對他下屬的個性是再清楚也不過來判斷,他們肯定看到了某種至今尚無法辨識的生物。」

一七七九年,齊思蒙博士造訪位於加勒比海的小島——伯比斯。接待他的人除了總督凡·班廷堡以外還包括幾位民眾,這些人告訴齊思蒙,他們曾經在島上的不同河流看過好幾次印第安人稱為海洋之母(mene mamma)的詭異生物。齊思蒙博士在一八〇一年出版的著作《西印度群島的惡性熱病》(*Malignant Fever in the West Indies*)中寫出他聽見的傳聞:

「牠們的上半身和人類都一樣,但是頭部的比例小了點,有些是光頭,但多半都是長著一頭烏黑茂密的長髮;肩膀很寬闊,胸部也很大,而且形狀完美。下半身則類似魚的尾部,只不過體積大了許多,尾巴是分岔的,不同於海豚……皮膚的顏色不是黑就是黃褐色……一般人看見時牠們都坐在水中,除非受到打擾,否則看不見下半身。牠們潛入水中時尾巴會露出來,攪動出不小的

漣漪。被發現時牠們總是在弄直頭髮，不然就是用手或是類似手的器官撫摸臉或胸部。就因為這個動作，牠們常被誤認為是在沐浴的印第安女人。」

最後是一篇刊登在一八二〇年的《美國科學學報》上的文章：

「節錄自由紐約出發、開往法國勒哈佛爾港的萊奧尼達斯號的紀錄簿，船長亞薩·史威夫特，時間是一八一七年五月，北緯四十四點六度。早上颳著風向不定的微風，多雲，下午兩點在左舷方向、約半個船身的距離，出現一隻形狀怪異的魚。牠的下半身完全像條魚，腹部全白；上半身的背部呈褐色，看得見頭頂有些不長的毛髮。從胸部以上的部位和人類幾乎完全相同，用非常殷切的眼神注視著牠的目擊者。因為牠和船身的距離很短，整個下午我們都能清楚地觀察牠的動作和形貌。船上沒有人看過像這樣的魚，從來都沒有；所有人都相信牠是隻美人魚。

二副史蒂文斯先生，這位聰穎的年輕人告訴我牠的臉幾乎全白，而且和人類的臉極度相似；牠的手臂只有他一半長，手掌則完全相同；牠直立於水面上的高度約有兩呎，用極為誠摯的眼神看著我們的船。牠維持這個姿勢，靠著左船舷很近，大約經過十到十五分鐘之後潛入水中，然後出現在右船舷，在那邊待了六個小時。史蒂文斯還提到牠頭上的毛髮是黑色的，簡直就像人類的頭髮一樣；手臂以下的地方是完全的魚形下半身，從頭部到尾巴的完整長度大約有五呎。」

眾說紛紜的解釋

一九七八年夏天，菲律賓漁夫賈欣托·費塔維洛不小心洩漏了他最近這次豐收的祕密。在某個月色滿華的夜晚，他遇見一隻

有著「友善的藍眼睛、紅潤的臉頰、尾巴上長著綠色鱗片」的美麗美人魚。在牠的幫助下費塔維洛抓到了一籮筐的魚。可是遭受到連珠砲的揶揄嘲諷之後，從此費塔維洛拒絕與任何人談論這件事。

如果至今依舊有人「看見」人魚出現，姑且不論這背後的意義為何，至少我們可以肯定的是，像費塔維洛如此純樸，能完全接受他看見的一切的人實在不多。畢竟在一般人的觀點中，連目擊幽浮這種更常見的現象都還無法放開心胸接受；甚至像大海蛇和湖怪這種更接近現實世界的怪物——不論牠們存在與否，完全都不可能和動物學有關——都還是大多數人茶餘飯後尋開心的話題，也是對沒什麼幽默感的人而言證明社會大眾的「易信」以及容易被「偽科學」牽著鼻子走最主要的證據。

那麼人魚存在的可能性有多高？毫無疑問的是牠們的外觀極度違反生物學常識，而相信他們是真實生物的信念也因此製造出不勝枚舉、甚至還包括幾個幾可亂真的惡作劇與騙局，也是不爭的事實。民間傳說研究者霍瑞斯‧貝克告訴我們古怪的羅伯特‧霍克在一八二○年代中期的故事：「在他披上牧師的聖袍之前常常將自己裝扮成美人魚，在月光下坐在岩石上唱歌——嚇壞了附近的村民。」十九世紀中期的日本漁民賺外快的方式，就是用死猴子的上半身接上魚的尾部製造出假的美人魚屍體；包括馬戲團大師巴南以及在他之後的任一個業餘騙子，也都靠著展示美人魚的屍體與活體愚弄觀眾而大發利市。

今天或許只有極少數人還知道他們的祖先，或者他們之中的幾位在當時相信自己真的親眼見識過人魚。如同我們所見，刊登在地位崇高的報紙、雜誌和期刊上的各種報導都強調目擊者的可信度，偶爾還會附上他們發過誓的證詞。在現代分析這種證詞的

人士——大部分都是科學家和民間傳說研究者；異常現象和超自然現象研究家幾乎都會迴避——倒是很認真的看待這些供詞，而且都同意其中的問題值得深入探討。曾被提出過的可能解釋包括海牛和儒艮，就像十九世紀的科學家理查・卡林頓所說的：「在看見牠們的迷信水手的預期注意（expectant attention）心理下『轉變』成美人魚。」幾乎完全不關心目擊者證詞的科學作家理查・艾利斯相當肯定這種說法，他甚至還寫出「海牛／美人魚」的詞來。

然而這些身分指認會立刻遭遇到的問題有兩個：

（一）根據關・班威爾和亞瑟・瓦渥對目擊事件的調查，幾乎有四分之三都發生在遠離目前已知的海牛和儒艮棲息地。

（二）除此之外，儘管某些可能發生視覺錯誤的遠距離目擊案例乍看可信，但這兩種生物（巧合的是都在熱帶氣候地區）從任何角度來看，幾乎都和最受關注的目擊事件中所描述的生物沒有絲毫相似之處，這些具代表性的案例都不是近距離觀察，而是相距甚遠。就像班威爾和瓦渥所指出的：「這等於要求許許多多靠海維生的人去相信受過高度訓練的水手，他們敏銳的觀察力是他們自身、甚至他們船隻安全的依靠，也會犯下這麼重大的視覺錯誤。」

不過光憑這個說法就要放棄所有案例中的這類解釋也未免不盡合理，且讓我們思考底下的這起事件。

自然生物學家派克拉夫特在一九二七年的《倫敦新聞畫報》上評論一則最近發生的美人魚目擊傳聞：

「一位記者帶了封信來請問我的意見，作者是位不久前才在紅海安寧離開人世的女士，信裡頭提到她看見一隻『如假包換的美人魚』。這位女士堅稱在那之前她始終將人魚視為只存在於想像中

的虛構生物，但現在她不再有任何懷疑，因為她才親眼看過了一隻。牠大約九呎多長，與人類女性非常相似，但是明顯醜多了。牠的臉極為醜陋，手掌看起來像塞在某種無指手套裡似的。而且牠沒有腿，身體的尾端是一條碩大扁平的尾巴；牠的皮膚光禿禿的，呈暗灰色。毋庸置疑，牠一定是『美人魚』！看得出來整封信從頭到尾都用一種認真嚴肅的口吻寫成。」

　　派克拉夫特理所當然地推論這位女士看見的是頭儒艮。他從這起事件得出一個較不具說服力的結論，亦即現在起可以確定儒艮就是造成美人魚目擊事件的原因。可惜的是派克拉夫特無法為這個不能說不相關的理論提供任何獨到的見解；儘管那位女士認錯動物而且錯得離譜，但她的描述卻是一字不差，而且她並沒有把牠形容成美人魚。

　　另一方面，在巴布亞新幾內亞的一省，新愛爾蘭島上的居民確實形容出人魚的特徵。這種被當地人稱為「瑞」（ri）的生物，據說在外觀直到生殖器都是人形；沒有腿的下半身尾端則是一對側鰭。大約在一九七〇年代晚期，當地的知情者告訴來訪的美國地質學家羅依・華格納關於人魚的傳聞，根據目擊者指稱他們看到的生物讓他們聯想到鮪魚罐頭上的美人魚圖畫，不過他們不認為那是有智慧的生物。有次華格納本人親眼看見一個「長而黑的身體在水面上水平游動」，與他隨行的土著表示那是「瑞」。

　　但是華格納很肯定那些生物不是儒艮，然而事實上居住在新愛爾蘭島最北邊的土著卻認為「瑞」只是儒艮的別名。一九八五年二月由美國神祕動物學家所率領的考察隊成功拍攝到一隻「瑞」的水底照片——是隻輪廓清楚的儒艮——終於解開一部分的謎團。其他未解的神祕現象讓考察隊員之一的湯瑪斯・威廉斯陷入沉思，因為他找不出「人魚之謎如何能發源於儒艮已然存在的顯

著事實之下且歷久不衰」的答案。

我們無從得知上述這段插曲的教訓能夠作用到多廣、多深的層面，理由很簡單，因為在我們的時代裡再也沒有其他人曾經對任何發生過的人魚目擊傳聞進行認真的科學研究。幾乎所有關於人魚事件的評論都集中在遙遠的過去到十九世紀的傳聞上，因而造成純推測性的理論。

或許最巧妙的理論來自於兩位《自然》雜誌作家，他們結合了挪威雄人魚傳聞與透過「一般的大氣反轉方式」而產生的視覺效果，證明海平面上的空氣扭曲的結果能夠讓殺人鯨、海象或凸出的普通礁石變得有多像船員們自稱看見的某種東西。這兩位作者尊重所有目擊者的證詞，包括他們指證歷歷隨著人魚出現的暴風雨。就像行為科學家大衛‧哈佛德對這項研究的評論：「認真思考顯然是個傳說的中世紀信仰之後就會對自然產生的大氣光學異象有更正確的了解；再者這些科學家們能夠以高度自信證明自己對中世紀傳說的發展有最精準的觀察，並指出這些觀察所得與即將到來的暴風雨之間準確的相互關係。顯然這是少了對歸納推理法和經驗性通則（empirical generalization）的巧妙運用所辦不到的。」

這一類的解釋不一定有助於我們揭開前述的蘇格蘭和新世界目擊傳聞的疑案，假使它們有任何用處的話，只是讓原本已經夠模糊的見解變得更混亂而已。如果我們假設這些目擊事件並非全屬虛構的話——確實有少數研究學者如此相信——那我們也必須假設這些目擊者錯得離譜，因為他們認為他們看見的東西其實和他們真的看見的東西只有一點點可有可無的關係。請記得，這些目擊事件中有不少應該是發生在不超過兩呎以上的近距離。

如果在這種情況下會發生誤判實在令人難以想像，請想一想

「瑞」的案例。但可不要只記得「瑞」；我們也不能忘記挪威雄人魚，如果牠們不如那些船員們所認為的確實存在的話，傳聞中對牠們的描述已經準確到足夠讓好幾世紀後的學者們辨識清楚牠們的來源了。

總之，對於我們是否應該相信傳聞的這個關鍵問題，目前沒有一個確切的答案能夠肯定地消除我們的疑慮。確實有部分目擊者的觀察不但精準而且可信，其他的只是迥異於現實到讓人驚奇的地步罷了。此外，缺乏現代化的調查行動更無益於進一步的了解，只會逼使那些提起這個問題的人小題大做，將所有推測性的理論導向唯一的資訊上。

人魚是未知生物？

米歇爾·穆爾格，法國民間傳說研究者和水怪傳說權威，嘲笑對人魚提出的生物學解釋是種幼稚而且過度簡化的說法。他將這些目擊事件視為「靈視體驗」或高度逼真的幻覺，賦予一般迷信中的形象確實的形體而走入現實世界。穆爾格的說法對於大多數的案例可以說是幾乎完全正確，但如果對照多數目擊者的證詞，這樣的假設便開始顯得有點吃力而不自然。

另一個問題是經驗中的人魚和一般迷信中的人魚是兩種截然不同的實體。後者是具有超自然力量的智慧生物，會像正常人類一樣說話，甚至還能夠蛻去魚的下半身生活在陸地上，和人類有段浪漫戀情或甚至步入禮堂。目擊經驗中的人魚既不會說話也沒有傳達任何訊息，如果有也只是發出動物般的聲響罷了；這僅僅表示牠們除了動物的智慧之外別無任何長處。所以這意味著人魚是某種未知生物嗎？在早期著作中幾乎完全不屑一顧，後來才極不情願地討探這個問題的神祕動物學之父伯納德·霍伊維爾曼，

在一九八六年的論文中提到：「只有一種最近發現、尚未列入紀錄的海牛目生物（儒艮和海牛等），或可能是——儘管可能性微乎其微——某種適應了海洋生活的原始未知生物，才足以解釋盛傳於某些海域而至今未曾間斷、源源不絕的人魚傳聞。」班威爾和瓦渥，當代討論人魚傳說中最出色的著作《海上妖婦》（*Sea Enchantress*，一九六五）的兩位合著者也得出這必然的相同結論。

　　縱使與超自然無關，像這樣的生物也確實夠驚人的了。很難教人相信這種東西真的存在，除了因為在先天上牠似乎超出動物學常識，還有就是至今始終沒有被沖刷上岸的屍體可供科學家研究判斷。應該要強調的一點是，這些不是生活在偏遠的深海底下、到死後連屍體和殘骸都永遠不會浮出海面的生物，而是經常被目擊到在近海的淺水區跳躍嬉戲的動物。如果人魚是真實的生物、共約現實的海洋裡有血有肉的棲息者，除了目擊事件之外，我們勢必還要有更多可以證明牠們的方式。

　　當然，沒有任何定理可以解釋所有現象。任何人都可以證明人魚傳聞能吸引我們注意的理由，就如同扁木林怪物、天蛾人、人形幽浮、長毛兩足類生物和爬蟲人等，沒有一個看起來有任何意義。但是其他人也能夠立刻反駁，表示還有至今還活著的目擊者可以訪問求證，有時還有更誘人的實體證據——腳印、毛髮或模糊的照片——可援引說明，更別提還有一整個圖書館的參考資料了。

　　然而，這些離奇生物或異常現象的傳聞都有個共同的特性，就是雷聲大雨點小，幾乎總是只有口沫橫飛的指證，拿得出證據的卻少得可疑。人魚存在的證據，包括過世很久的男男女女的片面之詞，更是微不足道，而且一年一年地式微。最後我們將不被允許嘲笑那些依舊存在的問題到忘我的地步。然而我們卻是自由

的，不必被迫發明出一個人魚能夠無憂無慮地生活的世界。

3-7 密蘇里怪獸（摩莫）

密蘇里怪獸——摩莫（Momo）是密蘇里州的縮寫英文 Mo.，加上怪獸（monster）的前兩個字母合成的新字。在一九七二年夏天的新聞淡季時期一連好幾天成為報導的重點，成為全美國各大報諷刺的最佳題材。

密蘇里怪獸的恐慌在路易斯安那——密蘇里州東北部的小鎮（人口數四千六百人）——市郊告終。據傳聞一九七一年七月，兩名在小鎮北方的林地裡野餐的鎮民，發現一隻「半猿半人」的生物，散發著一股難忍的惡臭。牠從灌林叢大步邁出，朝兩位目擊者走了過去，一邊發出一種小小的「咯咯聲」，嚇得兩人把自己緊緊鎖在車裡。怪獸吃掉一個丟棄的花生醬三明治後又緩緩地走回樹林裡。兩人事後向密蘇里州巡警報案，但過了一年這件事才對外曝光，之後才又陸續傳出許多人也看見相似的生物。

摩莫的名字來自於一九七二年七月十一日下午開始發生的一連串目擊事件，當時有三個兒童看見一個怪東西，有六到七呎高、長滿黑色長毛，出現在樹旁。牠的身上沾滿斑斑血跡，顯然是來自於牠夾在手臂下的死狗。同個下午一位鎮民聽見奇怪的嚎叫聲，之後他的農夫鄰居就發現他剛帶回家的狗竟然消失了。

第三天晚上，這群孩子的父親艾德加・哈里森站在家門外和幾個朋友聊天，這時幾個大人看見一顆「火球」飛過附近的馬佐夫山後墜落在一座廢棄校舍後方，五分鐘後又墜下另一顆。不久後山頂上傳來一陣如雷的咆哮，而且聲音聽起來似乎往山下走，朝著他們而來，但就是連個影子都看不見。獲報前來搜索的警方也是一無所獲。

一兩個小時以後，當他們在黑暗中繞著山頭毫無頭緒的摸索時，哈里森與其他人發現一棟空屋充滿了刺鼻噁心的氣味，讓人聯想到摩莫出現時的那種臭氣。有好幾位目擊者聲稱他們分別在不同地方都看見一個發亮的小光球，在爆開後留下一陣惡臭。

這莫名的恐慌持續了兩個禮拜，在這段期間也傳出有其他人看見一個長毛的兩足動物，同時具有人類和猿猴的特徵。有人說他們聽見奇怪的聲音但看不見聲音的來源，有的對他們說：「你們這些男孩子不要接近森林。」另外就是向他們討杯咖啡喝。在好幾個地方都發現據說是怪物留下的足跡，但是唯一送交科學分析的腳印卻被揭穿是奧克拉荷馬市立動物園的園長勞倫斯・克提斯的惡作劇。許許多多路易斯安那鎮民表示他們看過火球和其他異常的飛行物體，其中包括一個窗戶全亮的幽浮，據說降落在山頂上還停留了五個小時。有一家人宣稱他們看見「一隻完美的黃金十字架出現在月亮上……十字架發出的光芒把路上照得和白天一樣亮。」

3-8 天蛾人

天蛾人可能是史上讓幽浮年代增光或加重恐懼的最詭異生物。雖然這個有翅膀的怪物難得與幽浮有直接的關聯，然而牠最著名的那幾次現身——也讓牠因此而得名——的時間點卻碰巧與一九六六年和一九六七年發生在俄亥俄河谷的連續幽浮目擊傳聞和其他異常事件不謀而合。

一九六六年十一月十五日深夜，兩對新婚夫妻在開車經過西維吉尼亞州快樂鎮（Point Pleasant）附近的一座廢棄炸藥工廠時，看見兩隻各兩吋寬、間隔六英尺的大眼睛附著在某個「形狀像人、但是體型更大的東西上。牠大約有六到七呎高，背上還有

1967 年於西維吉尼亞州目擊到的天蛾人。© Fortean Picture Library

對交疊未張開的翅膀」。所有目擊者都同意這是對會「催眠」的眼睛。當牠開始朝工廠大門移動時，他們四個人慌了起來，油門一踩加速逃離現場。不久後他們又在公路附近的山坡上看見同一隻或類似的怪物。牠張開蝙蝠般的翅膀，飛到空中緊緊跟著他們的車，當時他們的時速已經是每小時一百英里。

「那隻鳥很快就趕上我們，」他們其中一位羅傑・史卡貝瑞告訴調查員約翰・基爾事情的經過，「牠甚至連翅膀都沒有振動一下。」這些目擊者向副警長米拉德・霍史提德說牠發出一種像「用高速播放的唱片或老鼠的吱吱叫聲」。牠跟著他們上了六十二號公路，一直到快樂鎮的邊境。

這兩對夫妻不是當晚唯一看見這個怪東西的人，另一群四位目擊者也宣稱他們看到這隻怪鳥不只一次，而是三次；但最引人側目的則是第三起傳聞。

十五日晚上十點半，住在西維吉尼亞州沙崙鎮外（在快樂鎮東北方約九十英里）的建築承包商紐威爾・帕垂齊正在屋裡看電視，突然間電視螢幕變得漆黑，「出現一大片人字形的小圖案，

還發出一種分貝高到破音的嘎嘎聲，好像把某個音階調到最高後又落下，然後再反覆一樣的過程……聽起來像是作用中的發電機聲響」。帕垂齊的狗班迪特在門廊上開始嚎叫，直到他把電視關了牠還是不肯停止。

帕垂齊走出屋外一探究竟，看見班迪特對著一百五十碼以外的乾草穀倉不斷吠著。「我用手電筒往那個方向照，」帕垂齊在接受西維吉尼亞州作家蓋瑞·巴爾克的訪問時表示，「照到了兩個紅色的圓形物體，像是眼睛或是腳踏車的反光片之類的東西。」看到這個景象讓帕垂齊心裡湧起一股莫名且強烈的恐懼感，他很肯定那絕對不是動物的眼睛。

經驗豐富的獵犬班迪特邊咆哮著邊衝向紅眼睛的人影。帕垂齊喚聲要牠停下來，但班迪特不理他。這時帕垂齊衝進屋裡拿了把獵槍，但他突然決定不出去了。當晚他入睡時把槍放在床邊伸手可及處。隔天早上他發現班迪特失蹤了，兩天後當帕垂齊在報紙上看見快樂鎮的其他目擊報導時狗還是沒回來。

報導內容有段話讓他頓時心裡一震。在羅傑·史卡貝瑞的敘述中提到當他們進入快樂鎮邊境時，這兩對夫妻都看見了路邊有隻大狗的屍體。然而幾分鐘後當他們循原路離開鎮上時，狗卻不見了。他們和另外開車跟在他們後面的副警長霍史提德甚至還停下來找過狗的屍體。帕垂齊立刻就想到那晚之後就不見蹤影的班迪特，只留下泥巴上的腳印。帕垂齊回憶班迪特道：「那些腳印繞成圓圈狀，好像牠在追著自己的尾巴跑似的，可是牠從沒做過這種事，此外那邊也沒有任何其他腳印。」

帕垂齊和快樂鎮目擊者的遭遇之間有項值得注意的巧合，當副警長霍史提德到炸藥工廠附近查看時，他的警用無線電出現異常的干擾。雜音非常大聲，聽起來像是用高速播放的錄音機或卡

帶。最後他只好關掉無線電。

隔天在警長喬治·強森召開記者會說明調查經過後，整起故事立刻登上報紙版面。一位記者立刻用出現在《蝙蝠俠》電視影集裡的壞人「天蛾人」（Mothman）的名字為這個怪物命名。

從那時候起一直到一九六七年十一月，一年之間陸續傳出無數的目擊事件。例如在一九六六年十一月十六日的晚上，三個帶著一個嬰兒的大人在拜訪完朋友後打算走回他們的車上。突然間有個東西緩緩從地上升起，其中一位目擊者瑪思樂·班尼特甚至還嚇到連手中的嬰兒都掉在地上。這個大型的灰黑色物體，體型比人還大，看不出來哪裡是牠的頭，但是在軀體的最上方有兩個斗大、閃著紅光的圓形物體。當牠展開背後的大翅膀時，雷蒙·萬斯萊一把抱起地上的嬰兒、帶著其他兩位女性跑進他們才剛離開的屋子裡。很顯然怪物跟著他們到了門廊外面，因為他們不但聽得見聲音，更糟的是還看見那對紅色眼睛正透過窗戶往內窺視。而當警察趕到的時候牠已經消失了。過了好幾個禮拜班尼特太太還是沒從過度驚嚇中復元，最終還是像其他天蛾人目擊者一樣必須尋求心理治療。

天蛾人事件的主要紀錄者約翰·基爾在他的紀錄中寫到，至少有一百人親眼看過這個東西，他還參考他們的證詞編撰出一篇描繪天蛾人的說明。根據目擊者的口述，牠的身高介於五到七呎之間，身寬大於正常成人，用一對類似人的腳走著蹣跚歪斜的腳步，還會發出一種短促尖銳的吱吱聲響；而眼睛似乎比怪獸本身龐大的體型要來得更駭人，就位於靠近肩膀上方的位置。牠的翅膀像大了好幾號的蝠翼，飛行時完全不會振動。根據一位目擊者的形容：「牠起飛的方式和直昇機一樣直接升空。」大多數人都說牠的毛皮是灰色或褐色，還有兩位目擊者提到當牠飛過他們頭

上時聽見一陣機械式的嗡嗡聲。

　　一九六七年後天蛾人和牠突然出現一樣神祕地消失了——唯一已知的目擊傳聞發生在一九七四年十月的紐約艾瑪市——但基爾卻找到一名西維吉尼亞州的女子，說她在一九六一年的某個晚上就遇見過天蛾人，地點是在俄亥俄河的西維吉尼亞州流域的「高個子酋長狩獵區」邊境。她告訴基爾：「牠比一個正常人要大多了。一個巨大的灰色身影就站在路中間，背後張開一對翅膀，幾乎占滿了整條路。牠看起來就像一架小飛機，然後牠原地起飛……不到幾秒鐘就消失在我的視線裡。」

大型鳥類？

　　不論天蛾人究竟是什麼東西，在眾多對目擊現象有所研究的調查員口中，他們一致認為這絕對不是人為的惡作劇。最廣為流傳的保守解釋來自於西維吉尼亞大學生物學教授羅伯特‧史密斯，他認為目擊者看見的其實是沙丘鶴。這些鶴不是俄亥俄或西維吉尼亞州的本土種，但理論上可能會有幾隻從加拿大的平原往南遷移。一九六六年十一月二十六日，有一小群人在俄亥俄州羅威爾來看（距離快樂鎮北方七十英里）附近傳出看見一群體型超大的鳥類停駐在幾棵樹上。一靠近牠們這幾隻鳥立刻飛到附近的山脊上。從這些目擊者的敘述——這些鳥約四到五呎高、有長脖子和六吋長的鳥喙，以及頭部的「大片紅頂」——這些鳥毫無疑問就是沙丘鶴，但牠們和目擊者們口中看見的天蛾人沒有任何相似之處。事實上，所有天蛾人目擊者都否決了沙丘鶴的身分指認。

　　另一方面，基爾也懷疑在一小部分的案例中，這些容易激動的目擊者可能受到他們聽說過的故事所驚嚇，誤將在漆黑的鄉間小路上短暫遭遇到的貓頭鷹認為是某種更不可思議的東西。即便

如此，天蛾人這種最不可能存在的怪物，可不是三言兩語就可被輕易帶過。不像其他怪物，發生在這一隻生物身上的故事可多了，特別是那些有多數目擊者在場、且被調查員和警察認定爲無欺詐之嫌的案例。任何對天蛾人的「理性」解釋必須將所有證詞都視爲離譜的錯誤。只有將目擊者的描述改編成更激進版本才有可能將天蛾人轉變成這個共約宇宙裡的生物。

一九七六年，「俄亥俄幽浮調查聯盟」的成員重新訪問了幾位主要目擊者。所有人的說法都與他們之前一致，少數幾位則給了更讓人好奇的細節，例如其中一位表示在遭遇時牠控制了他的思想。另一位目擊者則說之後她在其他地方還看過這隻怪物好幾次。牠看起來似乎不想傷害她，牠只是想要和她溝通，但是她光是看到牠就被嚇得什麼事都做不成了。

其他地方的天蛾人

據說在英國也出現過某種類似天蛾人的東西，就在一九六三年十一月十六日肯特郡海斯鎮桑德林公園附近的鄉下。四名年輕人看見一顆「星星」從夜空中升起後消失在離他們不遠的幾棵樹後面。心生恐懼的他們不由自主地拔腿狂奔，但不久之後就停了下來，因爲他們看見一個橢圓形的光球飄浮在前方八十碼的空地上幾呎高的空中。接著這個幽浮移動到林地後就失去蹤影。

突然，這群目擊者看見一個黑暗的形影搖搖晃晃地穿過那片空地，朝著他們走來。牠全身漆黑、體型似人但是沒有頭，背上還有對類似蝠翼的翅膀。在這個節骨眼他們四個人決定選擇不再逗留，飛也似地逃離現場。

之後的幾個晚上都傳出其他人看見類似幽浮的傳聞。十一月二十三日，兩名前來調查的目擊者發現「一大片被踏平的歐洲

蕨」。他們宣稱還看見了三個巨大的腳印，有兩呎長和九吋寬，壓進土壤裡有一呎深。

在過去幾十年來波多黎各島也是各種光怪陸離且駭人的生物經常出現的地區之一。一九八九年島上盛傳著「吸血鳥」的謠傳，六年後據說一位老甘蔗採收工遭到一隻有翅膀的詭異生物攻擊，引起他心臟病發作。另一起間接傳出、未經確認的消息指出在一九九五年十一月，某天深夜一群美國政府派駐在島上聖雲基雨林區的人員在開車回家時遇到一隻「巨型蝙蝠」。這隻怪物降落在他們車子的引擎蓋上，牠張開了翅膀將擋風玻璃完全遮住，用猩紅的眼睛瞪著嚇得魂不附體的眾人。然而彷彿遇上怪獸還不夠糟似的，汽車引擎還突然拋錨。好不容易逃離現場後，狼狽不堪的眾人跑進他們發現的第一家餐廳，告訴餐廳老闆他們不可思議的遭遇。

3-9 目擊翼龍

我們都知道翼龍是會飛的爬蟲類，另外還包括翼手龍和牠們

至今仍不乏翼龍及翼手龍的
目擊傳聞。
© Fortean Picture Library

的表親羽齒龍，生存年代介於中侏儸紀到白堊紀後期——也就是說從距今大約一億六千萬年前到六千萬年之間。

過了將近六千萬年後的一九七六年一月十一日，兩名牧場工人在德州聖安東尼市南方的波提特鎮，看見一隻五呎高、外型似鳥的生物站在儲水槽的水中。其中一位工人傑西・賈西亞敘述當時的經過：「牠突然飛了起來，可是我沒看見牠有拍動過翅膀。牠沒有發出任何聲音就飛走了。」

大約在同一時間，麗比和蒂妮・福特兩位姊妹也在位於德州與墨西哥邊境的布朗斯維爾市東北方的池塘附近目擊一隻「大黑鳥」。麗比說：「牠和我一樣大，臉則像隻蝙蝠。」事後這兩位女孩翻遍了相關書籍，想找出這隻不明怪鳥的真實身分，果然被她們找到了。

一九七六年二月二十四日早上，三位同車的小學老師在上班途中行經德州聖安東尼市西南方的一條偏僻鄉間小路時，看見一個黑影遮蓋住了整個路面。黑影的主人從他們頭上低空飛過，看起來像隻翅膀張開有十五到二十呎寬的大鳥。「我可以透過牠的皮膚、羽毛或不管什麼東西看見這隻鳥的骨骼，在灰色羽毛的背景襯托下更顯出牠的黑。」其中一位目擊者派翠西亞・布萊恩表示。另一位老師大衛・蘭登則說：「牠不是用飛的，而是用滑翔的，飛行高度不會超過電話纜線。牠的胸部很大，每隻腳長得都不一樣，而且牠的大翅膀看起來也很詭異。牠身上的骨頭結構特別明顯，你知道的，就是像抓住蝙蝠將牠的翅膀張開時的樣子，好像頭頂和身體中間都是骨頭。」

他們三人之前從沒看過任何有一點點像這隻怪鳥的東西，於是到學校後他們以最快的速度找出百科全書，搜尋好一陣子之後終於發現了他們要找的東西。他們這才知道不久前他們才親眼目

睹過的怪東西並不是什麼未知生物。

一九八二年九月十四日下午三點五十五分，救護車技師詹姆斯・湯普森剛完成到南帕德拉島的檢查後，正開在距離德州羅斯弗雷斯諾思東方四英里的一百號公路，介於哈靈根市和布朗斯維爾市之間的回程路段上。突然間他察覺一隻「巨大的鳥形物體」從他前方約一百五十英尺的公路上低空飛過，牠形狀怪異的尾巴差點擋在他的行車路線上。湯普森踩下煞車將車子停在路邊，專注地看著這個莫名的怪東西，一開始他還無法相信這竟然是隻活生生的動物。

湯普森說：「我原先以為牠會像模型飛機那樣落地，然而牠拍動翅膀讓自己飛過草坪……牠的皮膚粗糙，是帶點灰的黑色。我沒有看見羽毛，但是我很肯定那是種偽裝。牠細瘦的軀體尾端是一根『鰭』，張開後超過八呎；雙翼展開有五到八呎寬。翅膀表面有鋸齒狀的凹口，背面可能也有。頭部後方有個像牛背上的腫丘，幾乎完全沒有脖子。」

之後湯普森查閱了許多書，試圖找出這隻「鳥」的資料。就像六年多前的福特姊妹和聖安東尼奧的小學老師一樣，他沒有遭遇太大困難就發現自己看見的是什麼東西。然而困擾他的是這些書告訴他自己看見的是隻翼龍。

走出非洲的翼手龍

二十世紀初，旅行家兼作家法蘭克・梅爾蘭在北羅德西亞（今尚比亞）的英國殖民地工作，在這段期間他得知在某些河流附近棲息著一隻會飛的生物。這隻生物被稱為毀船怪物（kongama-to），被當地人視為高度危險的生物。看過牠的土著將牠形容成：「像隻有蝠翼般膜翅的蜥蜴。」梅爾蘭在一九二三年出版的《在巫

術禁錮的非洲》（*In Witchbound Africa*）中寫道：

「進一步詢問後得知的『事實』，是牠的翼幅寬約四到七呎，大致上體色算是紅色。一般認為牠身上除了一層皮以外沒有羽毛，據說還有一口利齒。當然最後這兩項沒有人可以證實，因為沒有人在近距離觀察過毀船怪物後還可以活著說話。我從家裡拿了兩本裡面有翼龍圖畫的書去，所有在場的土著都毫不猶豫地立刻指著圖畫裡的翼龍，說那就是毀船怪物。其中一位是酋長坎應加，他來自夐都（Jiundu），這個在當時據說還有毀船怪物出沒的地方……

土著堅稱這隻會飛的爬行動物真的存在，但在我看來不管是真是假，我可以從間接推論的證據指出牠確實存在於這些人的記憶裡。至於中生代的爬蟲類動物能存活於現今的氣候狀況下的科學可能性有多高，那就不是我的知識所能討論的範圍了。」

一九四二年，陸軍上校皮特曼在自傳《清點存貨的狩獵警察》（*A Game Warden Takes Stock*）裡回顧他在非洲的那段日子：

「在北羅德西亞時我聽說有隻謎一般的怪獸，據說有致命的危險，讓我感到相當好奇。聽說牠從以前、或許到現在依舊經常出沒在安哥拉和剛果邊境一帶濃密的沼澤林地，看見牠你就沒命了。然而關於這隻神祕獸最不可思議的地方是，從關於牠那像蝙蝠又像鳥，而且比例超大的形貌敘述會讓人強烈聯想到史前生物翼手龍。這些原始的非洲人究竟是從哪裡生出這麼古怪的想法來呢？」

佛雷德里克‧凱依在他一九四七出版的《非洲的巫術與魔力》（*Witchcraft and Magic in Africa*）中提到，在羅德西亞及剛果邊境、靠近夐都沼澤東北方，一個惡臭難忍、讓人毛骨悚然的地方，根據當地土著的說法，是具有強大而邪惡的超自然力量的翼

手龍的棲息地。

飛蛇與其他恐怖傳聞

　　一八八八年五月三十日，《紐約時報》刊登了一則來自南卡羅萊納州哥倫比亞市的消息。報導中指出在三天前的黃昏，三名到達靈頓郡的森林散步的女子，被一隻突然從她們頭上飛過的大蛇嚇呆了。她們剛看見這隻蛇時確定牠只有兩到三桿的長度，以相當於老鷹或美洲鷲的速度在空中飛行，而且沒有借助任何看得見的堆進力。牠在飛行中的動作和蛇高度類似，而且看起來也和蛇一樣可怕，因爲牠扭曲成十五呎長的軀體蜿蜒前進……同天下午稍早在達靈頓郡的其他地方也有一些人看見這隻飛蛇，這些目擊者還說他們清楚地聽見牠在飛行時發出一種蛇的嘶嘶聲。

　　可惜的是當地的報紙都沒有報導這則傳聞，所以聰明點的話——除了其中荒誕而難以置信的角色外——還是抱持存疑的態度比較好。然而關於類似飛蛇的生物傳言倒是時有所聞。

　　例如在土耳其的布爾沙，伊澤特・古克蘇就有則他母親在一九四七年遭遇怪異飛行實體的故事。當時她才十二歲，住在保加利亞，她說：「我習慣到離家二百公尺外的地方去提清涼的泉水。在一個怡人的夏夜，我拿起兩個水桶，朝泉水的方向出發。走了大約四十公尺後，我注意到路上有個看起來像一堆樹枝的東西，但當我走近一點看時發現牠們竟然會動。這些樹枝狀的東西參雜著黑、灰、白三色，又細又長，約有一到二公尺。我停下腳步，心裡想著那可能會是蛇，但是牠們直線移動的方式完全不像蛇。

　　當我又再靠近一點時，不曉得是什麼驚動牠們或是牠們看到我了，先是發出一陣我聽過最詭異的叫聲，接著原地升起到離地

面兩、三公尺高，然後像弓箭一樣直直地飛出去。牠們一路飛了約一百五十公尺到泉水附近，然後消失在一旁的樹後。我記得我沒有看見牠們身上有任何翅膀，然而每當我想起那陣叫聲時，手臂上的寒毛總是不由自主地倒豎起來。」

古克蘇寫道：「當母親告訴我這個故事時，我清楚地看見她手上寒毛豎直的樣子。」

目前的紀錄中最精采、但始終無法證實的飛行爬蟲類動物傳聞來自非洲。

一九三〇年代後期，熱中於研究魚類學的南非化學家史密斯，和他的同事瑪喬麗・寇特妮・拉帝默兩人因為共同發現了腔棘魚，這種原本只應存在於化石紀錄中、被認為已經絕跡超過六千多萬年的大型魚類，而在動物學史上留名萬世。

史密斯也著迷於一般認為已不存在的其他動物傳聞，還因此一度和德國的一個傳教士家庭通信聯絡，信件雖已遺失，但在他的腔棘魚著作《古代四條腿生物》（*Old Fourlegs*，一九五六）中曾經提到過。這家人告訴史密斯當年他們住在吉力馬扎羅山（位於坦尚尼亞北部、靠近肯亞邊境）一帶時，其中一人曾經近距離目擊一隻「飛龍」。在這事件發生之前他們已經聽無數看過牠的土著說過關於這隻飛龍的種種傳聞。

至於寇特妮・拉帝默，她曾到過納米比亞（當時的德屬西南非洲）南部調查多起類似生物的傳聞。其中一則事件是因為他們的雇主，大農場的白人老闆，老是不把他們堅稱在附近的山區裡看見一條巨大飛蛇的事放在心上，這群當地的牧羊人憤而集體請辭。頓失所有幫手的農場主人只好派他十六歲的兒子先頂替一陣子。當天晚上眼看著兒子還沒回來，心急如焚的農場主人組織了搜索隊到山區找人，等到發現他時早已失去了意識。

即使回來以後恢復了神智，連續三天這名少年都無法開口說話。照顧他的醫生表示，這是受到過度驚嚇所導致。後來少年終於能談起那天的事，當時他正躺在樹蔭下休息，突然一陣如狂風大作般的怒吼聲嚇了他一跳。他抬起頭，看見一隻巨大無比的「蛇」正從山脊上往下飛。隨著牠越接近，怒吼聲就變得越響亮，周圍的羊群早就驚慌四散。怪物落地時揚起一陣塵土，少年聞到一股像燒銅時的強烈臭味，然後就昏了過去。

不久之後來到事發現場的寇特妮‧拉帝默訪問了幾位目擊者，包括其他農夫和當地警察，也勘驗了地上據說是怪物留下的痕跡。有人告訴她一組警察看過牠消失在山裡的某個洞穴裡。他們從洞口丟了好幾根炸藥進去後，斷斷續續聽見一種低沉的哀號聲，接著是一片鴉雀無聲。從那次以後怪物再也沒有出現過。

神祕動物學家羅依‧麥考多年後與寇特妮‧拉帝默通信討論這起事件。他在信上表示：「一條蛇，不管牠有多巨大，衝撞或掉落在岩石或山間斷崖上時，幾乎不可能像那位少年所形容的發出那樣的風切聲。事實上，我很難將這種騷動歸咎到是隻大型滑翔生物上，一定會有翅膀的動作才能產生這種效果。」麥考的問題是：「難道會有任何身體和尾巴極端細長的翼手龍還存活的可能嗎？」

瑞典自然歷史博物館的卡爾‧普雷傑也有這麼一則一九七四年在肯亞目擊類似翼手龍生物的故事，傳聞中的目擊者是一群英國探險隊的成員。普雷傑告訴記者揚‧奧維‧桑德伯格整個故事的經過，並要他將自己形容成一位他認為可以信任的匿名人士。於是桑德伯格「訪問了一位瑞典當地的博物館高層，但他的名字在這裡不方便透露……經由他，桑德伯格還聽說了另一起發生在一九七五年下半年、一組美國考察隊在納米比亞沼澤的目擊傳

聞。但之後就再也沒有進一步的詳細報導。

　　如果來自瑞典的這些傳言算是含糊不清而且無法列入紀錄，那麼納米比亞持續傳出的目擊傳聞就顯得更為真實而且可信。一九八八年夏天，麥考帶著一小群工作夥伴到非洲南部的國家旅遊。他說從一塊德國人在納米比亞的後裔所擁有的偏遠私人沙漠區傳出的「飛蛇」傳聞始終未曾中斷過。麥考訪問過的目擊者都說那些怪物真的有翅膀——至少有三十呎長——但是沒有羽毛。牠們顯然住在星羅棋布的小山丘中大小洞穴或缺口。探險隊成員在這些幾乎無法到達的小山丘頂上發現了鴕鳥骨頭，也許可以作為這些飛行怪物將牠們的獵物帶回洞裡享用的證據。一位在麥考返回美國後繼續留在納米比亞的探險隊員也看見一隻飛蛇，不過是相隔一千英尺的遠距離目擊。他說這隻黑色怪獸身上有明顯的白斑，還有一對用來在空中滑翔的巨大翅膀。一九九五年，南非一家電視台拍攝的紀錄片《尋找納米比亞大飛蛇》，報導目擊者在證詞中估計怪物的長度約九到十五英尺長。

　　翼手龍在牠們的時代結束後還繼續存活了幾千萬年的這種推測，聽起來不但荒唐而且可疑，但也並非全無可能。不論牠們可能的真實身分為何，那些偶爾被看似神智正常且清醒的民眾所目擊的大型有翅爬蟲類生物，毫無疑問地成為神祕動物學中最引人入勝的懸案之一。

3-10 爬蟲人

　　一九五四年，一群在亞馬遜河沿岸探勘的地質學家遭遇一隻怪異的水生兩足類動物，身上有鰓也有鱗片。一九五八年十一月，加州河濱市的一名男子駕車經過聖塔安納河附近時遭到一隻類似的生物攻擊，特徵是「類似稻草人的圓頭、一對發光的眼睛

和一身的鱗片」。牠在擋風玻璃上抓下數道長刮痕，男子情急之下加速前進，撞倒怪物後再輾了過去。

第一則傳聞出自於一部經典科幻電影——環球電影公司出品的《黑湖妖譚》（*The Creature from the Black Lagoon*，一九五四）；第二則據說發生在查爾斯・維瑟這位目擊者的眞實生活當中；隔天晚上又有一位駕駛人宣稱同一種怪物從草叢裡跳到他的車上。

儘管極度罕見，但不時還是會有以雙腳行走的爬蟲類動物傳聞出現，通常見於短暫的目擊案例中。但早在一八七八年就有人認同這類生物確實存在，當時在路易斯維爾市的大都會劇院曾經展出過一個「森林野人」，據形容牠有六呎五吋高，全身長滿「魚鱗」。姑且假定這個爬蟲人類穿上那套特殊服裝是爲了配合展覽，向無知易受騙的民眾大撈一筆，但在不到一百年後的一九七五年十月，同樣在肯塔基州路易斯維爾市北方的米爾頓小鎮，傳出有人看見一隻用兩隻腳行走的「大蜥蜴」。

米爾頓和路易斯維爾都和俄亥俄河接壤，印第安納州的伊凡斯維爾也是。一九五五年八月二十一日，正在游泳的達爾文・強森太太突然被水底下一隻爪子般的手抓住膝蓋後往下拉，她挣扎著擺脫這看不見的偷襲者，但是當她好不容易浮出水面立刻又被拖了下去。載浮載沉之間她撲向一位朋友的救生圈，手掌重擊水面的聲響似乎把攻擊者給嚇跑了。雖然始終沒有現出眞面目，但這隻怪物卻在強森太太的膝蓋上留下一個綠掌印以及好幾道抓痕和瘀傷，讓她必須就醫治療。

在俄亥俄州拉夫蘭市（位於辛辛那提市東北方）的邁阿密河沿岸，斷斷續續傳出有人在這附近看見只用兩隻腳走路的爬蟲類動物，時間可以回溯到一九五五年。那年的三月二十五日凌晨三

1955 年俄亥俄州開始出現「愛地蛙」出沒的報導。© Fortean Picture Library

點，一位下班回家的駕駛人說他看見路邊有三隻胸部長得不對稱、像青蛙的大嘴上沒有嘴唇、頭上只有皺紋沒有頭髮、長相極度醜陋的怪東西，其中一隻將一根發出火花的棍棒型裝置高舉過頭。他停下車觀察了牠們三分鐘，然後才打算離開去向拉夫蘭市的警長約翰・弗利茲報案。然而當他發動車子時，聞到了一股像是「現採的新鮮苜蓿，再加上一點杏仁」的強烈氣味。弗利茲警長雖然什麼都沒有發現，但他完全相信目擊者並沒有對他說謊。

十七年後的一九七二年五月三日凌晨一點，兩名拉夫蘭市警察碰上一個相差無幾的怪物——身高四呎、蛙臉、皮膚粗糙的兩足類動物。他們看著牠跳過護欄，走下通往邁阿密河的堤岸。兩個禮拜後其中一位警察又看見了這個怪東西，先是躺在地上，然後爬了起來，越過路旁的護欄。他朝怪物開了一槍，但是沒擊中。當地一位農夫也表示有看過這樣的動物。

一九七二年夏天，在加拿大英屬哥倫比亞省的塞提斯湖傳出兩起目擊湖裡冒出一隻銀色生物的傳聞。第一例發生在八月十九

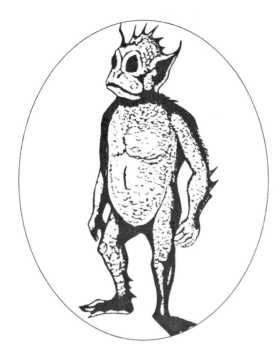

1972 年出現在英屬哥倫比亞省塞提斯湖的爬蟲人。© Fortean Picture Library

日，牠上岸後還趕走幾位在湖岸邊的年輕人，其中一個人的手掌還被怪物頭上的六根尖角類的東西割傷。第二起事件發生在八月二十三日，目擊者說牠身體的形狀很普通，和一般人一樣，但是有張怪物的臉，而且全身都是「鱗片」。牠的頭上有好幾根尖銳的凸出物，和一對「超大的耳朵」。

隔年夏天，在紐澤西州的紐頓到拉法葉一帶，當地民眾表示他們看過好幾次一隻像人類和鱷魚混種的大型生物。

3-11 彈簧腿傑克

維多利亞時代的英國有段時間流傳著一個怪人或不明生物的謠言，報紙給他起了各式各樣的稱號，如「小夥子」⑤、「彈腿傑克」或「彈簧腿傑克」等。關於彈簧腿傑克的第一次目擊紀錄發

彈簧腿傑克的典型穿著：身上披著斗篷，腳穿長靴，鞋跟處並裝有彈簧。© Fortean Picture Library

生在一八三七年九月，他分別在倫敦市區內外的不同地點攻擊四位民眾，其中三位是女性。據說其中一位名為波莉‧亞當斯的女子還被他扯下上衣，被像是用鋼鐵做的手指抓傷了她的腹部。

讓這幾則事件不同於一般的性犯罪之處在於攻擊者的外貌。據目擊者描述，他是個身材高瘦而且強壯的男性，在黑色斗篷底下有雙火焰般的紅眼睛，偶爾也有傳聞他會從口中噴出藍白色的火焰攻擊被害者的臉。他有能輕易跳過高聳障礙物的彈跳力，再加上他敏捷的步伐，讓被害者無法逃脫、緝捕者只能空嘆。

一八三八年一月倫敦市長約翰‧科恩爵士公開宣布彈簧腿傑克是個威脅大眾安全的危險人物，並號召志願者成立保安委員會每晚守夜，勢必將這個不尋常的罪犯繩之以法。但攻擊事件依舊層出不窮。一個多月後的二月二十日晚上，一個陌生人出現在倫敦一間民宅的門口喊叫著：「看在老天爺的份上，提盞燈過來好

嗎？我們在巷弄裡逮到了彈簧腿傑克！」當十八歲的珍・艾爾索拿出蠟燭時，根據《泰晤士報》（一八三八年二月二十二日）的報導，她看見的是一個「穿著大斗篷的身影」，她將點燃的蠟燭靠近胸前，火光映照出一張她看過最醜陋、最可怕的臉，嘴裡還吐出大量藍白色的火焰，眼睛活像兩顆燃燒的火球……他戴了頂大面罩，身上那件非常貼合的上衣在她看來像用白色油布做成的緊身衣。」

陌生男子撲向珍，爪子般的雙手扯掉她的洋裝。珍奮力要掙脫他的魔掌，幸好一位路過的修女救了她。她費了好大的力氣才把珍從攻擊者的手中拉進房裡，再用力把門甩上。然而這並無法阻止他，他還是彷彿要把門敲下來似的用力拍打門板；直到艾爾索家人從樓上的窗戶探出頭來高聲叫喊警察時才停手。他匆忙穿越一塊空地離開，連斗篷都掉了。後來斗篷被另一個不明人士撿走，這讓艾爾索一家人和警察認定傑克還有個同夥。

幾天後二月二十八日的晚上，在倫敦的萊姆豪斯區也發生了一椿大致類似的攻擊事件。根據《倫敦晨報》（*London Morning Chronicle*）在三月八日的報導：

「露西・史凱爾小姐表示，在大約晚上八點半左右她們兩姐妹拜訪完弟弟正準備回家，在經過綠龍巷時看見幾個人站在轉角處。當時她走在前面，突然一個罩著大斗篷的神祕人物冒了出來，對著她的臉吐出大量藍白色的火焰，不但讓她頓時眼前一片黑暗，更當場倒地不起，陷入數小時的激烈抽搐之中……

史凱爾小姐說剛看見那個人影時她原本以為那是位女性，因為頭上戴了頂類似無簷女帽的東西，後來她才知道是名男性。他看起來又高又瘦……

史凱爾先生說事發當天晚上他的姊姊們離開他家幾分鐘後，

他聽見其中一人發出驚恐的尖叫聲，於是他立刻跑進綠龍巷裡，卻發現露西躺在地上不斷抽搐，另一個姊姊則努力抱緊她，要讓她站起來。露西被抬回家後他才從清醒的她口中得知事情的經過。

她說襲擊者是位高大、削瘦、外表看起來像位紳士的男子。他披著一件大斗篷，胸前提了一盞小燈或牛眼燈之類的東西，和警察拿的燈很像。當她遇到他時，他丟開斗篷、露出手上的燈，從嘴裡往她的臉上噴出大量火焰，立刻使她昏倒在地……她還說神祕男子一個字都沒有說，也沒有染指她們，只是馬上離開現場。」

攻擊事件過後不久，治療露西的外科醫生查爾斯·普利契告訴調查當局：「她有嚴重的歇斯底里，而且非常激動，可能是受到極度驚嚇造成的後遺症。」

儘管那名男子的詭異外貌和行為，調查當局還是認定彈簧腿傑克真有其人。當時盛行的謠言暗指傑克的真面目就是沃特福侯爵亨利，這位常因酒醉鬧事、性喜惡作劇的年輕愛爾蘭貴族；但就物理上而言，在過去不可能、現在也一樣無法憑著將彈簧藏在靴子的後跟裡就能越過數呎的高牆。

無論如何，備受爭議的沃特福侯爵在一八五九年過世。到了一八六〇年代——一位目擊者在數年後如此告訴英國作家艾略特·歐唐納——某個月夜裡兩名女子走在路上看見一個高大的身影，他披著「一件怪異的外衣」，縱身飛越過路邊的圍籬，在距離她們幾碼的前方落地。接著他又跳躍過路的另一邊更高的圍牆，消失了蹤影。一八七二年，一個被目擊者稱為「畢克漢之鬼」的東西在該區出沒，嚴重擾動人心。據說他可以輕鬆翻越過一般人只能攀爬的高牆和圍欄。

1877 年，彈簧腿傑克出現在
艾德蕭軍營的北營區士兵面
前。© Fortean Picture Library

　　隔年在雪菲爾，當地民眾多次傳出目擊一個「像鬼一樣彈跳」
的高大人影。一八七七年，傑克肆無忌憚地來往於諾福克凱斯特
區的民宅屋頂間，幾乎所有市民都目擊了這不可思議的景象。觀
察較仔細的民眾表示，傑克有對招風耳，披著類似羊皮的東西。
同年八月，傑克（或如同有些人的懷疑，這次是個裝扮成他的惡
作劇者）出現在艾德蕭軍營的北營區士兵面前。如果是開玩笑的
話，那這可是個會要命的玩笑，因為幾名哨兵立刻朝他開槍。一
九○四年九月在利物浦也傳出傑克或非常類似他的怪人出現。

越過大西洋的傑克

類似傑克的人物在二十世紀起開始出現在英國以外的世界。一九三八年的夏天，四名新墨西哥州銀城的兒童看見一個穿著灰衣的男子以跳過一棵樹的高度越過他們頭上。目擊者之一安‧艾利表示：「他身上似乎繫著一條寬大、上面有尖物凸出的皮帶，還戴著一頂閃電俠風格的帽子。」

到了秋天，麻薩諸塞州的鱈魚角成為重演正好發生在一個世紀以前的恐怖事件的舞台。當地傳出一個眼神兇惡、長著一對尖耳——部分民眾認為他超過七呎高——的神祕攻擊者四處從事破壞。他會朝被害者的臉吐出藍色火焰，而且他驚人的彈跳力引發眾人懷疑他在鞋後跟加裝彈簧的推測。一位對他開槍的農夫宣稱：「那個該死的東西得意地笑了笑，然後一躍而過我那片八呎高的圍欄。」雖然當時報紙並沒有漏掉這位神祕人物的報導，卻沒有人將他與英國的彈簧腿傑克傳說聯想在一起，後者在美國的知名度並不高。

因此當巴爾的摩市附近的歐唐納高地居民，紛紛向警察方抱怨有個體格高瘦、穿著黑衣的神祕客四處徘徊嚇壞了他們時，也沒有人想到彈簧腿傑克這個名字。雖然他巧妙地逃避追捕——警方終於懷疑他的存在——目擊者發誓指稱他擁有不可思議的彈跳能力。其中一位目擊者表示：「他跑步和跳躍的方式像頭瞪羚。」而另一位看過他清楚面容的民眾則說那是一張「恐怖」的臉。

來自外太空的傑克

在彈簧腿傑克的傳說中始終沒有出現與不明飛行物體有關的情節——直到一九五三年的這起事件。六月十八日凌晨二點半，三名休士頓市的居民坐在他們的公寓大樓外頭乘涼，突然見到一個「巨大的影子」穿越過他門面前的草坪，然後跳到一棵胡桃樹

上。路燈微弱的光線照出了樹梢間的人影，是名「穿著黑斗篷、緊身褲和長靴」的高個子男子，黑斗篷底下則是件黑灰色的緊身衣。其中一位目擊者認為她看見了翅膀，但那或許是斗篷產生的光學幻覺。幾分鐘後他的人影就這麼平空消失了，緊接著街道上傳來一陣強風吹過的嗖嗖聲，還看得見一個火箭形狀的物體快速往天空竄升。

負責調查的警員肯定幾位目擊者的誠信不成問題，而且他們顯然被嚇壞了。不過這次的目擊者和警察還是沒有想到這個蹦跳的神祕人物與他們從沒聽說過的英國傳說之間可能的關聯。因此在一位英國作家投稿給《人人》雜誌（*Everybody's*）的文章上（一九五四年三月六日出刊）表示這是有史以來第一次討論傑克是外星人的言論後，這位可能未曾聽說過休士頓這則第三類近距離接觸事件的英國作家就顯得相當諷刺。一年後在一本討論利物浦的歷史與傳說的著作中，利物浦當地的作家理查・惠廷頓・艾根提到：

「甚至還有人同意他（傑克）是來自太空的訪客，他們認為這種主張能夠解釋他驚人的彈跳能力，因為他已經習慣了在另一個重力牽引更強的星球上的生活。同樣地，身體構造上的差異或許讓他能夠在地球上存活得較一般人久，也可以解釋他為何能從口中吐出類似火焰的物體。」

彈簧腿傑克被當作外星生物而在幽浮文獻中被討論，首見於一九六一年英國雜誌《飛碟月刊》（*Flying Saucer Review*）裡的一篇文章。屬名維納的作者推測傑克是個受困於充滿敵意的土地上，過著離群索居、偷竊衣服和食物的外星人，等待著他的同胞前來救援。

幾年後神祕學作者約翰・基爾訪問了一位俄亥俄州的農家婦

女和她的兒子，他們告訴基爾一個弔詭的故事。在一九六三或一九六四年，一群神祕的「盜牛賊」殺害了他們農場的牛，但奇怪的是，他們只帶走了無法食用的器官，例如眼睛、腦和乳房。有一次他們看見這群罪犯的身影，一群高大、罩著白色大衣的不明人物，他們能夠原地起跳越過高牆。

雖然俄亥俄州的這兩位目擊者並沒有提到與這些跳躍高手有關的幽浮事件，但底下這起發生在一九七五年華盛頓州的事件不但牽涉到幽浮，連牛也成了故事的主角之一。十二月十四日深夜，一名年輕男子開車行經雅克馬印第安保護區的塔本尼許山裡的石子路上，看見一頭牛和兩隻小牛往他的方向奔跑過來，有三個人影跟在後面追著牠們。當這位目擊者被眼前的景象嚇得下巴都快掉到地上時，其中一個人影以慢動作往空中跳躍，飛行了十五呎後落地，就在他的卡車正前方。車燈照出的是一個皮包骨的七呎高男子，瘦削、慘白的臉上長著又長又尖的鼻子。他穿著貼身的黑色服飾和靴子；胸前有塊不規則四邊形的記號，還高舉著雙手。

而將這起事件寫在他的書《檢視地光理論》（*Examining the Earthlight Theory*，一九九○）裡的葛瑞格‧隆恩表示：

「他的上嘴唇看起來像用線縫住固定在後面，露出潔白的牙齒，下嘴唇不是缺了就是小到看不見。男子留到肩膀高度的頭髮是褐色或紅金色，糾結成一條條雜亂的髮辮。沒有穿戴任何物品的雙手手指細長，左手還緊抓著某個紫色的東西。這東西上面有條線，沿著他的手臂垂了下來。目擊者吉姆注意到其他兩個人靠得緊緊地，站在路的另一邊一動也不動。他們都穿著相同的服裝，以及白色的標誌。」

被嚇壞了的吉姆決定不停車，但當他的車繞過正前方的不明

男子時，他跟著轉過身去，雙手同樣高舉在空中。這時一具明亮狹長的幽浮出現在吉姆後方，射出一道類似探照燈的光線越過他的車頂。

第二天調查員威拉德·弗吉和大衛·艾克思前去拜訪吉姆與他的雙親，吉姆的雙親提到當他們的兒子前晚回家時一臉驚魂未定的樣子，他還叫醒他們聽他說剛才發生的怪事。三個月後一位原住民警察接獲當地民眾報案，在距離最早的遭遇現場約十英哩的一處農場也傳出目擊高度相似的生物。農場主人一家表示他們看見兩個像是人類的生物正在追逐他們的牛。

另外還有兩則現代已知的目擊類似傑克的人物傳聞。其中一則明確地指出與傑克的關係，另一則只是含糊地帶過。第一起事件據說發生在一九八六年的夏天、靠近英格蘭與威爾斯邊境的鄉間小路上。一名叫作馬歇爾的男子看見一個身影跳躍著——幾乎是用滑翔的——越過大片高聳的灌木樹籬。這個身著黑色滑雪裝的神祕人物細長的下巴特別醒目，他快速地朝一臉錯愕的馬歇爾蹦跳而來，賞了他一巴掌，然後發出一陣狂笑，跳著離開現場。

著名的英國幽浮研究家珍妮·藍道斯曾調查過一樁克倫威爾的異常事件。一九九六年六月四日的夜裡，一名婦女剛開始以為自己看見的是個飄浮在「兩層樓高」的袋子，但她走近一看才發現那是個五呎高的男子穿著深色的維多利亞式服裝。他的衣服在風中不斷拍動，一隻狗跟在後面跑了兩分鐘後看著他消失在視線裡。這位目擊者否定了珍妮認為那是個新式氣球或男子乘坐的是架自轉旋翼機的說法。

超越傳說色彩的傑克

上述這起事件幾乎和彈簧腿傑克的眾多傳說沾不上邊。在

「彈簧腿傑克」的大標題下，所有傳聞、荒誕的故事和謠言已經盛行超過一個半世紀的歷史了。其中有不少單純是由尋求感官刺激的作者所捏造的虛構情節，還有些是惡作劇者開的玩笑，然而也不乏不知爲何被大眾拿來與彈簧腿傑克連在一起的惡徒犯罪和攻擊事件。

我們的論述試圖在所有僞造和無關的情事底下，發掘出這樁隨著時光流逝愈發顯得眞實的神祕事件最深層的眞相。然而也有些人認爲並沒有什麼眞相存在，例如廣泛研究傑克現象並著有重要參考價值文獻的麥克・戴許。他主張傑克只不過是與維多利亞時代的鬼怪傳說有較深關係的民間傳說人物，而不是什麼如假包換的異常現象或神祕怪人。爲此寫了一本專書探討傑克現象的彼得・海寧則重新審視對沃特福侯爵的身分指證，他以無法證實的聲言以及全然捏造的指控爲例試圖證明自己的主張。

然而這些神祕的彈跳人之間都存在著一種引人好奇的相似性。並非所有情節都可以簡化成謬誤或謊言，而在發現任何足以揭開那層神祕面紗的實體證據之前，目前我們唯一的結論是彈簧腿傑克依舊還會是世界上眾多神祕事件中最吸引人、最富傳奇色彩的一個。

3-12 水獵犬

愛爾蘭歷史學家羅迪克・歐弗萊赫提在他一六八四年出版的《又稱康那特的西部記事》（*A Description of West or H-Lar Connaught*）中，描述一個發生在面具湖（Lough Mask），這個愛爾蘭西部湖泊的恐怖故事。

「還有一項罕見的珍品，或許我們可以稱爲愛爾蘭鱷魚，而對生者而言，這是一樁發生在十年前不堪回首的往事。

有一個男人緊沿著岸邊走過面具湖，遠遠看見一隻野獸露出頭部正游在湖水中。他一開始以為是隻水獺而不以為意，但野獸似乎抬起頭來觀察男人的位置，然後又潛進水中，一直游到湖岸邊。突然間牠衝了上岸，迅速往停下腳步的男人手肘咬下，硬是將他拖入水中。男子在掙扎落水前碰巧緊抓著地上的一塊石頭，又想到在夾克裡有支小刀，他掏出刀子奮力刺向攻擊者，野獸隨即鬆開牠的獵物逃回湖裡。

現場附近的湖面被染成一片血紅色，至於那是野獸的血、他的血，還是兩者混合的，男子並不確定。他只知道攻擊他的野獸是隻再普通也不過的獵犬，身上黑色的皮膚滿是泥濘，不像他認為的獵犬一樣長有狗毛。

熟悉面具湖的當地耆老確實說過湖裡有這樣一頭野獸，多年前有位帶了條狼犬的壯漢也在湖邊遭遇到同樣的野獸。儘管受到壯漢和他的狼犬聯手攻擊，在對抗了好一陣子之後野獸還是順利逃脫。很久以後在湖水消退後露出的岩洞裡發現了牠早已腐爛的屍體。耆老們說在愛爾蘭的其他湖泊也都有同樣的野獸，他們把牠稱為 Doyarchu，亦即水狗之意，另外也有人叫牠 anchu，指的都是同一種生物。」

這種更常被稱為水獵犬（Dobhar-chu）的生物除了出現在民間傳說以外，更是幾個世紀前那些以第一人稱敘述、耐人尋味且撲朔迷離的目擊證詞中的主角。儘管之後再也沒有傳出或有人相信牠的存在，「水獵犬」一度曾被認為是愛爾蘭地區真實且具有高度危險性的一份子。

這個觀念所帶來的影響，最明顯的證據就位於利特里姆郡內、班布班山北方的格蘭戴鎮墓園，一位名為葛瑞絲的女士長眠之處。墓碑上銘記著她的過世日期為一七二二年九月二十四日，

282
283

上面還刻了一隻像水獺的生物被長矛刺穿的圖案。根據當地傳說，葛瑞絲正是死於水獵犬的受害者。

她和先生住在格蘭戴湖西北方的小村裡，在某一天，她拿了衣服到湖邊去洗。發覺葛瑞絲遲遲未回家後，她先生便出門去找她。當他在岸邊發現妻子血淋淋的屍體時不禁嚇得全身發抖，但讓他更震驚的是竟然有隻水獵犬正睡在她的屍體上。

他不發一語地走回家，拿了把刀子回到岸邊刺進水獵犬的心臟。然而就在斷氣之前，牠發出最後一聲嗥叫，通報牠的水獵犬同伴自己的死訊。

接近崩潰邊緣的葛瑞絲的先生和一位朋友各騎一匹馬逃離現場，聞訊而來的水獵犬則在後頭死命追趕。當他們發覺擺脫不掉兇惡的追兵時，他們掉過頭去和牠正面對峙。水獵犬鑽過其中一匹馬底下打算攻擊他們，但其中一人在牠傷害到他們之前就用手上的長矛將牠刺死。

如果這些傳聞並非全是虛構杜撰的傳說，那我們就不知道該怎麼來看待它們了。這些故事提供給我們關於水獵犬的外觀資訊趨近於零，除了匆匆一瞥時和水獺有幾分相似處以外。然而牠的習性卻和水獺截然不同；水獺很怕人類，和牠們接觸時也完全沒有攻擊性。牠聽起來也完全不像據說出沒在大不列顛群島上的淡水域裡的湖怪。

水獵犬唯一會讓人聯想到的其他生物，是據說橫行於加州北方小鎮馬加利亞路上的怪獸。一九九六年五月二十四日早上，雪拉．查爾斯在開車送兒子謝恩上學的途中，有頭怪獸突然從路邊衝過車前。雪拉為了閃開牠猛轉方向盤，車子因而失控發生事故，所幸沒有造成嚴重的傷亡。

雪拉會有這種反應毫無疑問地和這怪東西的外型有關。她說

這頭野獸有四到五呎長，外型大致上和狗沒兩樣，除了約三十吋的細長脖子上連著顆蛇一般的腦袋以外。牠的眼睛像「爬蟲類動物」，全身長粗而雜亂的軟毛或短毛；比起前腿牠的後腿較長，而且沒有尾巴。開在雪拉後面的駕駛也看見了這隻怪獸。

3-13 狼人

一九七一年初春，阿拉巴馬州莫比爾市附近的居民紛紛表示他們在晚上碰見過一隻最不可思議的生物。「牠的上半身是女人，」其中一位目擊者表示，「而下半身是狼。」這名目擊者畫蛇添足地補了一句：「牠看起來很不自然。」

諸如此類讓莫比爾市警方的調查徒勞無獲的傳聞，是古代相信狼人存在的觀念的現代版——顯然以前的人認為人能夠讓自己的身體部分或全部轉變成狼。狼人（werewolf）這個字的前半部來自於條頓族（日耳曼族）薩克森語系的 wer，指的是「人」；因此狼人也就是半人半狼的意思。

儘管我們大多數人都從恐怖電影和小說中知道狼人是種恐怖可怕的怪物，事實上狼人還曾經一度是活生生的人類的威脅。文獻中首次使用狼人一詞要回溯到十一世紀，但從一世紀的小說《薩蒂利孔》⑥中就開始有狼人的故事了。此外，希臘神話中也有人變狼的角色，向來不敬神的阿卡迪亞國王萊孔竟然用人肉當作食物，就為了測試座上嘉賓是否真的是神明。宙斯得知後怒不可遏，將他變成一匹狼。這個神話也解釋了在阿卡迪亞居民中用人當祭物的宗教儀式和一直流傳的人變成狼的傳說——如果在變身成狼的時候嘗了人血將暫時失去變回人形的能力，除非九年不再接觸人血。其他散見於古代文獻中的作品也證實了早期人類對狼人這種幻想生物的欽慕。

狼人的起源

歷史學家、民間傳說研究者和精神病學家提出了各種不同的理論，企圖找出這個幾乎流傳於全世界的變狼觀念的起源。而由人變形成的野獸除了狼之外，還包括了熊、大型貓科動物、土狼和其他猛獸。

在所有變形傳說中，狼人毫無疑問是最著名的一個，至少就西方而言，因為狼是歐洲人最害怕的掠食者。中世紀和後來的編年史都談到過狼群攻擊人類的事件（請見前述「吉瓦登神祕獸」一節的詳細說明），通常都發生在戰時或酷寒的冬季。儘管現代的動物學家證實狼對人類是無害的動物（事實上會造成傷害的完全是另一方），民間傳說研究者羅素和克萊兒·羅素卻主張「很難相信這些過去所有的傳聞，其中大多有詳盡的敘述都只是傳說而已。」此外他們還提到：「現在的狼身上已經累積了好幾代對抗槍砲的經驗，比牠們的祖先要小心謹慎得多了。」狼人傳說和掠食性狼群之間的關係在十五到十八世紀之間關於狩獵的書籍中已經闡明：變得嗜食人肉的狼，於是被稱為狼人或 loup-garou（法文的狼人）。

在北歐，狼人或狂戰士——披著狼皮裝的戰士——都以極度兇殘、嗜殺成性讓人聞名色變。然而在同一時間，德國人卻相信生前備極尊榮的先人在死後會化身為狼。他們的後代有時會以狼為字首取名為沃夫哈德（Wolfhard）、沃夫布蘭德（Wolfbrand）或沃夫岡（Wolfgang），理由是狼的靈會因此進到他們身上，給他們力量和勇氣。在波羅的海和歐洲的斯拉夫語系地區，當地人會敬拜一種喜怒無常的狼神；祂會保護信徒，也會毫無預兆就降禍到他們頭上。當基督教興起後，教會將這些異教徒信仰貶抑為撒旦的邪說。

也因此狼人逐漸被視爲撒旦在地上的代言人。神學作家爭辯的是究竟人是眞的在生理上變形成狼，抑或只是被那些受到撒旦迷惑的人當作狼而已。一般大眾的輿論一致認定是後者，理由是只有能力勝過撒旦的上帝才能進行物種的生理變化。

　　中世紀基督教哲學家聖奧古斯汀說過：「一般人深信不疑透過某些女巫的咒語和撒旦的力量，人可以變身爲狼，但他們不會喪失身爲人的理性和判斷力，他們的智力也不會變得像野獸一樣。關於這個觀念，現在我們必須瞭解的一點是：那就是說撒旦並沒有創造新生物，但他卻能夠讓某些東西的外表變得和他的眞實本質完全不同。因爲沒有任何咒語或邪惡力量能夠改變心靈，甚至肉體都不會變成任何野獸的四肢或面貌……但是人類卻會在想像中和受到幻覺影響變成野獸，將自己視爲四足獸。」

　　相信他們自己是狼的人證實，包括在遭受拷問和其他方式下，他們在開始變形前會用一種軟膏塗抹在身上。這種軟膏含有如天仙子等會導致幻覺的植物成分以及會致命的龍葵。在十八世紀中葉的法國有則耐人尋味、但就某種程度而言難以想像的紀錄敘述一名女子因爲被懷疑是狼人而接受審判。因爲法官允諾如果她招出所有祕密就從寬量刑，於是女子要人從她家裡拿了一罐軟膏來。當她把軟膏塗在頭、頸和肩膀後，女子隨即陷入三小時的昏迷。她醒來以後表示剛才她變成了一匹狼，而且還殺了一頭牛和一隻羊。法官派人去一探究竟，果不其然在女子指定的地點發現了那幾隻動物的屍體。

　　這則傳聞裡的軟膏是「女巫的軟膏」，在飛往參加薩巴斯（女巫集會）之前女巫會用它們塗滿全身。在文藝復興時期歐陸各地的女巫大審中，許多作家都提到這些軟膏會讓人產生幻覺的效果，他們的結論是，薩巴斯和人狼變形都只存在於或發生在被藥

物激發的想像中。其他人則提到有時在魔鬼的力量鼓動或唆使之下，心理疾病（憂鬱症）會混淆感知能力，使受到誘惑的人相信他們能夠變身成狼或認為他們真的看見了別人變成狼。

變狼妄想症也和我們今天視為患有極度兇殘的心理疾病患者有關。這些連續殺人犯中最惡名昭彰的當屬史都伯・皮特，這名德國人在一五八九年因為犯下令人髮指的罪行，包括謀殺二十五名成人和小孩（包括他的親生兒子）、食人肉、亂倫和殺害動物等接受審判。皮特堅稱他與撒旦達成了協定，獲得了一個可以讓他變成狼的腰帶。九年後法國當局逮捕了賈奎斯・羅特這名乞丐，他被發現時正渾身是血地蜷曲在樹叢中，旁邊還有一個十五歲少年支離破碎的屍體。羅特坦承他在塗了軟膏後變身成狼人時屠殺了這位少年。

現代的精神病理學文獻也將由古時遺留至今的變狼妄想症視為嚴重的心理疾病。至少有這一則案例（記載於《加拿大精神病學會期刊》一九七五年十一月號），敘述一名美國軍人在歐洲的一座森林中——一個充滿過去變狼幻想和狼人傳聞的靈異之地——濫用迷幻藥的結果。精神病學家芙麗妲・蘇拉維茨和理查・班塔表示，大致上變狼妄想症是種「嚴重的人格解體症狀」，可能因為嗑藥、妄想型精神分裂症、腦部受傷或其他病變而觸發。心理分析學家南道・福多爾寫到：「變狼妄想症的起源無法追溯到某個歷史時刻點或特定的文明中。人類的靈魂和經歷，就是產生變狼妄想症的所在……在我們的夢裡，古老、野性的人變狼觀念都是活生生的真實狀況。就功能性而言，變狼妄想症可以被利用作為犯罪動機；在象徵性方面，變形代表的是對不可告人的祕密或慾望的自我譴責。」榮格派的心理醫師羅伯特・艾斯勒認為狼的原型代表人性中最兇猛的獸性，深埋在集體潛意識中，是某種原始

人類在還以狩獵維生時殘存下來的種族記憶[1]。在某些情況下這些原型可能會興起而取代意識，使個人在病理上認同自己是狼的身分。

目擊事件

和其他神祕生物一樣，狼人不只存在於神話、野史和通俗文化中，狼人的目擊傳聞和牠本身一樣引人注目。然而，已知的目擊案例數量非常稀少。當然，如果狼人——半人半狼的生物——就像每個有理智的人所認定的確實不存在的話，這種狀況完全在我們的預料之內。而另一方面，大多數我們所知道的狼人傳說全來自於人類學者和民間傳說研究者篩選過後的著作；他們當然是有理智的人，不但會漠視當地知情者的目擊傳聞，或許連想都沒想過要親自訪問他們，因為他們早已認定既然狼人是種不存在的生物，就不可能會有人看見牠們。

儘管如此，狼人比起普羅大眾看到的、或他們以為看到的其他東西，如同本書所提及的各種怪奇生物，只有那麼一點不難以置信罷了。也就是說我們對於目擊報告不必表現得太過驚訝，即使狼人不是真的，報告本身也夠真實的了。然而大多數目擊事件不是未列入紀錄就是嚴重殘缺，雖然不是每個案例都能讓那些鐵了心要將每則證詞中提及的怪人怪事，都當作一種令人感到安慰的普通刺激性話題的人稱心如意，而來自誠信顯然不成問題的正直目擊者口中的證詞也可能被導向其他方面的解釋。無論如何，如果底下的這幾則故事加起來還不足以拼湊出一則真實狼人的案例，它們仍然值得一讀，而且毫無疑問的是相當有趣的故事。

在一九六〇年的《命運》（*Fate*）雜誌上，刊登了來自德州格雷各頓市的黛博特・葛瑞格太太親口闡述她與一隻變形怪物遭遇

的故事。這一類的目擊案例在現代極度罕見，而底下其他經過調查的目擊傳聞也證實只是看起來像狼人的生物；沒有任何目擊者宣稱親眼看見牠變形的過程。葛瑞格太太也沒有做出這種聲明，但是她比起任何像是在講述狼人小說初章的說故事者，更多了幾分真實生活的感受。

她的故事開始於一九五八年七月的一個夜晚。那幾天她先生出遠門談生意，獨自在家的葛瑞格太太把床移到紗窗附近，希望捕捉到些許正在西南方地平線上醞釀的大雷雨吹來的涼意。她才剛睡著沒多久就聽見紗窗上的刮擦聲，在一道閃電的亮光照射下，她看見一隻「高大、毛髮蓬亂，像狼一樣的生物」正抓著紗窗，一雙泛著血紅色、像兩道裂縫般的眼睛惡狠狠地瞪著她。

葛瑞格太太嚇得從床上跳了起來，當她找到手電筒時怪物已經逃離她家的院子，進入附近的一大片灌木叢中。「我仔細盯著灌木叢，注意看牠什麼時候要跑出來。」葛瑞格太太在投書的文章中寫道：「但是一會兒之後出現的不是隻毛茸茸的大野狼，而是一個身材高大的男人突然分開茂密的枝葉走了出來，然後加快腳步走回到路上，消失在黑暗中。」

另一則出自馬克‧薛寇曼口中的美國狼人故事則帶有更多的狼人色彩。一九三六年的某個晚上，他往東開在十八號公路上，行經威斯康辛州東南部的傑佛遜鎮附近的路段時，他看見一座印第安人的小丘有個人影正在那裡挖著什麼。薛寇曼仔細一看，那竟然是隻渾身是毛、超過六呎高、站得直挺挺的怪物。從側面看牠的鼻吻部同時具有人猿和狗的特徵，耳朵又長又尖。牠的手掌也很詭異，大拇指和食指好像已經萎縮，其他三根則完全正常，渾身還散發著腐屍般的惡臭。很多地方都看得出來牠就像隻典型的狼人。

希望能再看到一次這隻怪物的薛寇曼第二天晚上又回到同個地點。這次當怪物出現時，牠正發出一種聽起來完全不像人類、只有三個音節的咆哮聲。身爲虔誠信徒的薛寇曼立刻閉上眼睛大聲禱告。他和看起來跟他一樣害怕的怪物同時不斷後退，直到牠消失在他的視線內爲止。數年後他擔任肯諾夏一家報社編輯的兒子寫道：「父親第一個想到的就是那一定是撒旦派來的東西。」（幾十年後、也是在威斯康辛州東南部附近，又出現了一批同樣的神祕獸，引起了不小的騷動和謠傳。）

　　在一九七二年七月和十月間，據傳有不少俄亥俄州的居民都看見了一隻狼人般的奇怪生物。他們表示這隻怪物的身高介於六到八呎間。一位目擊者描述牠的外型：「是個人，有個超大、像狼的腦袋和細長堅挺的鼻子。」另一位目擊者說：「牠有雙巨大多毛的腳，露出獠牙，像電影裡的原始人一樣左右兩邊跑來跑去。牠還有雙火紅色的眼睛。據說有天清晨牠偷偷溜到一位在迪法恩斯市中心的鐵軌旁工作的工人背後，用一根二乘四英寸的木頭痛打了他一頓。」據推測這大概是個惡作劇者或是瘋子穿了特殊服裝出來嚇人的案例。

　　墨西哥州蓋洛普市有四名年輕人宣稱他們在靠近白水鎮的路邊遇見一隻他們口中的「狼人」，時間是一九七○年一月。牠企圖追上他們的車，當時的時速是四十五英里（超過七十公里）。根據當時駕駛的目擊者說：「牠大約五呎七吋高，我們驚訝牠能跑這麼快。一開始我以爲是我的朋友在跟我開玩笑，但當我發覺並非如此時我簡直嚇壞了。我們用最快的速度捲起車窗，鎖上所有車門。我開始加速到大約六十英里，但是因爲那條公路上有很多急轉彎，速度一直上不去。終於我們裡面有人掏出槍來射牠。我知道牠被擊中後倒了下來，但是沒有看見血。我確定牠一定不是

人，因為人是不可能跑那麼快的。」

上述這則傳聞聽起來像是「剝皮行者」——北美洲西南部的納瓦賀斯族印第安人給狼人取的名字。在一九三六年的《耶魯人類學刊物》（*Yale Publications in Anthropology*）中，人類學家威廉·摩根發表了一篇他和屬名為哈哈寇的納瓦賀斯族人之間的對話。哈哈寇提到「剝皮行者」時表示：「牠們跑得很快……可以在一個半小時內跑到阿布奎基（美國新墨西哥州中部城市）。」摩根說開車到那裡要四個小時。

一九七三年秋天，在賓州西部傳出數十起目擊類似猿人的不明生物傳聞，偶爾牠會和幽浮一起出現。據一位目擊者說：「牠有雙在一片漆黑中會發出火焰光亮的眼睛，身高介於七到八呎之間，還散發著一種濃烈難聞的氣味。」調查員始史坦·古登指出：「另一種不明生物據說是五到六呎高。牠被形容成全身布滿濃密長毛、肌肉相當發達的男子。同樣地這些目擊報告也都提到了長到垂過膝蓋的手臂。牠的動作遠比鹿要來得靈敏。從發現的腳印看來，這些不明生物的步距從五十二到五十七英寸都有。這幾則報告中都沒有提到臭味。」在《飛碟月刊》上刊登的兩幅素描（一九七四年一月號第五頁），顯示出這些怪物都有著和傳說中的狼人驚人的相似處，但卻沒有任何目擊者或調查員談論到這項事實。

一九九一年十月三十一日晚上八點三十分，一名年輕女子開在威斯康辛州德拉文鎮——距離薛寇曼在一九三六年遭遇狼人的現場、傑佛遜鎮東南方約三十英里——附近的布萊路上時，她感覺右前輪好像壓到了什麼東西似的跳了一下。她停下車，探頭看向窗外瀰漫著霧氣的夜色，突然發現一個深色、毛茸茸的東西朝她疾奔而來，看得出來牠的胸部粗厚而且「向外膨脹」。她縮回車

裡，剛發動好準備前進時那個黑影已經跳到她的後車廂上。不過車上溼重的水氣任誰都抓不穩，她立刻聽見牠滑下去的聲音。稍晚她在同年紀的友人陪同下回到現場，這時她瞥見路邊冒出一個巨大的形影，但隨即消失在黑暗裡。

就這起目擊事件單獨來看，充其量不過是樁少見的軼事罷了，但事後證明它竟僅是當地眾多目擊傳聞其中之一而已。當這起事件傳開之後，其他當地民眾也紛紛站出來訴說他們自己的親身遭遇。例如在一九八九年秋天，蘿莉安妮‧安德里茲同樣行經布萊路，距離上述事發地點只有半英里。開著時她看見一個原先她以為是駝著背跪在路旁的人，當她減慢速度想看個仔細時，那個身影也回過頭來，目光越過副駕駛座，以不到六呎的距離瞪著她。

牠全身都是灰褐色的毛，露出大獠牙和尖耳朵。「牠的臉……很長，鼻子和嘴巴看起來很像隻狼。」蘿莉安妮告訴記者史嘉蕾‧桑基她的所見。雖然當時已經是晚上了，而且車燈沒有照著牠的眼睛，怪物的雙眼還是像兩團小火般發出金黃色的光亮。「那兩隻手長得真的很怪，像接在動物身上的人的手。牠掌心向上握住手掌。手臂上的肌肉像稍微有在健身的男人。而後腿看起來是長在身體後面，樣子就像一個人蹲在地上。」

整個目擊經過持續了最多四十五秒。蘿莉安妮完全沒概念那隻怪物有可能會是什麼東西，只確定那是個「怪胎」。直到她在當地的圖書館尋找資料時發現一張狼人的圖畫才恍然大悟。

大約在同一時間，位於德拉文附近的鹿角鎮一名酪農史考特‧布瑞在布萊路自家牧場上看見一隻「長相怪異的狗」。牠比德國牧羊犬來得高大些，有對尖耳朵和多毛的尾巴，身上披散著雜亂的灰黑色毛髮。牠前半身相當健壯，胸部長得很結實。布瑞將

牠趕到一處石堆附近，但當他在那裡不見怪狗的蹤影時不禁納悶了起來。然後他在旁邊的鬆軟土壤上發現了幾個巨大的腳印——直徑約四到五英寸長——朝著牧場的方向而去，最後消失在草原中。布瑞認為他看見的是「某種混種野狗」。

從一九八九年到一九九二年之間，在當地其他目擊者的口述證詞中都可以發現所有上述的特徵。這隻怪物不像任何已知的動物，不過在外表上有些地方看起來像狗、狼還有熊。位於明尼蘇達州伊利市的國際狼研究中心的丹・葛羅伯納直截了當地表示：「我願意用我下個月的薪水打賭，那絕對不是隻野狼。」而一九七〇年代發生在賓州的幾則類似沙斯夸奇的兩足類生物目擊事件讓這一連串事件變得更錯綜複雜。

如果這些故事並非全都是人為的惡作劇或騙局，那麼這很明顯地表示確實存在著有某種不可思議的異常生物，有悖於我們一般人對現實世界的看法。另一方面，確有幾則案例讓人無法在相信目擊者說辭的同時又要保持自己對事實的見解。例如一九七四年七月在堪薩斯州德佛斯市一帶，有好幾位民眾遭遇了後來被報紙形容為一個「渾身是血、披頭散髮、年約十到十二歲大的女童，衣衫襤褸地穿梭於德佛斯市西北方的葡萄藤和灌木叢之間的奇怪生物。她被冠上「女狼童」的稱號。儘管當地警方始終沒有找到她，很可能真有其人，或許她是逃離醫院的精神病患，也或許是一名棄童。

部分受過醫學教育的評論家指出，狼人目擊事件其實是患有一種叫做嘆瑳症的罕見遺傳性疾病。嘆瑳症患者的臉部和手指肌肉組織會遭到破壞、皮膚會受損，還會嚴重畏光。他們臉上的皮膚會因為褐色素累積而變色，人格也可能變得異常。厭惡光線再加上肉體上的缺陷，可能導致這些罕見疾病患者只敢在夜晚出

門。英國神經科專門醫師伊利斯在一九六四年的《皇家醫學協會公報》中寫道：「噴瑳症的這些病徵，都與古時狼人文獻中的描述一致。」

3-14 幽微

幽微（Yowie），澳洲版的沙斯夸奇／大腳，在澳洲和紐西蘭地區的神祕動物學歷史上由來已久。然而事實上沒有任何現代的澳洲神祕動物學家承認過牠的存在，這確實是很不可思議。澳洲大陸在七千多萬年前就已經脫離亞洲大陸版塊——年代久遠到不可能有類人猿越過千萬里而來並在此進化。而澳洲人，包括原住民和歐洲殖民者，目擊詭異生物的傳聞一百多年來未曾間斷。

目前已知的文獻第一次提到幽微——在當時稱為雅虎（yahoo）——的紀錄出現在一八三五年霍爾曼的《遊記》（Travels）中：「土著們很害怕看見一個戴面具的人出現，他們管他叫作『惡魔』或代表惡靈的『雅虎』。」一八四二年的《澳洲與紐西蘭月刊》上有篇標題為〈澳洲原住民的迷信：雅虎〉的文章提到：

「嚴格說來，澳洲土著完全沒有任何超自然生命體的概念；同時他們又相信一種想像生物的存在。他們以單數稱牠為雅虎，或有時也用英文叫牠做魔魔……另一方面，澳洲自然學家長久以來不斷爭論著像雅虎這類的生物是否曾經存在過，贊同的一方所持的理論是因為牠稀少的數量、狡猾且性喜獨處的習性，幾乎沒有人發現過牠的標本，而牠很有可能是某種猴子。」

查爾斯・梅芮迪斯夫人在她的《一八三九到一九四四年新南威爾斯殖民地生活隨筆》中提到對雅虎的恐懼在澳洲原住民身上產生的影響。她在書中寫到雅虎棲息在最陡峭、障礙最多的山頂上，是一般人完全無法到達的地方。

（作者註：沒有人知道雅虎這個字是怎麼進到澳洲原住民的字彙裡——通常它會讓人聯想到十八世紀的英國作家強納森·史威夫特。在他著名的諷刺小說《格列佛遊記》中雅虎是一群在馬國被奴役的人類。在一般用法裡它代表的是粗野或沒有教養的人，在十八和十九世紀的英語系國家，偶爾也有人將它引申為猩猩的意思。不曉得是否出於巧合，巴哈馬群島的原住民也將他們當地的猿人稱為「雅虎」。）

澳洲移民也開始看見這隻雅虎了。一八七七年十月十二日，《雪梨晨鋒報》（Sydney Morning Herald）刊登了底下這則報導：

「一隻不可思議的動物：擔任阿莫斯鋸木廠（位於薩頓森林附近、隸屬阿莫斯牆板公司旗下）企業經理的普洛瑟近來通知本報，有兩名住在新南威爾斯州薩頓森林的居民派崔克·瓊斯和派崔克·道爾，在一處樹叢中目擊一隻最古怪的動物。道爾先生本人也看過腳印；左右腳印的間隔有三呎，像是大象踩出來的痕跡。兩位目擊者描述不明生物有七呎高，臉孔似人、毛髮蓬鬆雜亂，還發出巨大的叫聲。鋸木廠的十四名員工，全副武裝打算下星期六出發活捉這隻『森林野人』。道爾先生向本報保證此事絕無誇大，而鋸木廠裡上上下下都相信有這隻怪物的存在。」

一八八一年的一則新聞報導提到，雅虎的第一次出現已經是相當久以前的事了。據說有兩個或三個當地居民看見一隻「像大猴子或狒狒、體型比人還大些」的東西。一八九四年十月三日，強尼·麥克威廉斯說當他行經新南威爾斯的荒地時，遇見一個從樹後面走出來「像野人或猩猩的」生物。野獸看了他一眼，立刻就衝進一英里外的山坡林地裡。同年十一月三十日的《坎培拉觀察報》（Queanbeyan Observer）讚揚麥克威廉斯是個「坦蕩的漢子」。該文章還補充道：「多年以來一直有傳聞指出不少獵人在當

地的荒山野嶺埋設陷阱時，發現某種未知生物的巨大腳印。」

在邁入二十世紀的初期，喬瑟夫和威廉・韋伯表示當他們到新南威爾斯的山區露營時，曾經開槍射擊一隻「長相恐怖」的猿猴類生物，牠留下像人一樣的長腳印，但是腳趾分得更開，而且長得更長；牠的步距也比人類大得多。約翰・蓋爾在《高山旅行》（*An Alpine Excursion*，一九〇三）中提到他們沒有發現「血跡或任何命中目標的證據」。一九〇三年八月七日，《坎培拉觀察報》刊登了一篇讀者投書，這位目擊者自稱親眼目睹一隻被原住民屠殺的雅虎。牠看起來像個黑人但是全身長滿灰色的毛髮。

牧者兼詩人的席尼・惠勒・傑夫卡提供了以下這段不可思議的故事給《雪梨先鋒報》（*Sydney Herald*），刊登於一九一二年十月二十三日。

「我聽我的鄰居喬治・薩莫瑞說他在星期天走捷徑從邦巴拉要到本博卡去。那天中午他走到距離派克沼澤南方約一英里的小溪附近，發現溪邊有個東西。他靠近過去看，竟然是一隻趴在那裡喝水的奇怪動物。因為牠全身布滿灰色長毛，薩莫瑞心裡第一個想到的就是：『好大的一隻袋鼠啊！』但是當牠聽見馬蹄聲接近後立刻從地上站了起來，身高竟然超過七呎。牠先是不發一語地看著馬背上的喬治，然後再度彎下身去喝水。牠喝完水後撿起一旁的棍子，接著走上路的右邊山坡，消失在一百五十碼以外的亂岩與林地之間。

薩莫瑞說牠的臉像猿猴也像人，額頭和下巴都比較小，肩膀到臀部的身體部位都一樣寬，像個大水桶，雙手幾乎垂到了腳踝邊。

聽他說完他的遭遇後隔天早上我就到了事發現場。我在那邊發現了大量腳印，證實了薩莫瑞的說辭為真，那頭野獸趴在溪邊

留下的掌印特別清楚。這些和身材高大的人留下的掌印又不一樣，主要的差異在於小指長在很接近大拇指的位置（這樣的結構解釋了在白橡膠樹上發現的三指加一指分開的抓痕）。

然而腳印揭露了更驚人的怪異之處：它們在腳後跟、腳背和腳踝處都類似大而醜陋的人類腳印，但卻只有四根腳趾——從圓柱形的長腳趾（將近五英寸）彎曲的印記看得出來極度靈活。但即便在幾個陷進土裡最深的腳印上還是看不出來有像是猿猴特有的『腳掌』上面那根『大腳趾』。

此外，從辨識得出較舊的那些腳印來看，旁邊還有一批新的腳印，或許這隻野獸至少在前晚就跨過了這條小溪。經過了幾天讓人煩躁不耐的等待後，我終於在星期三下午拿到了三個腳印的石膏模子——一個取自於極硬的泥土，另一個取自於極濕的泥土，而第三個模子則來自重疊在同邊腳印的前半部上的掌印。我把腳印模子轉寄給大衛教授，毫無疑問到了大學後那些感興趣的人就可以好好地研究它們。任何熟悉溪邊土質的人，都不認為在經過三天後還能取得原始腳印的完美模子，但是我相信任何通情達理的人只消看一眼這三個腳模心裡就有數了：某個至今科學界仍舊未知的祕密即將被攤在陽光下。」

傑夫卡說這起目擊事件引發的社會大眾關注給了其他人信心，那些原本害怕被取笑的目擊者紛紛出面，提供了「數量驚人的確定目擊案例」。一九一二年十一月十日的《雪梨太陽報》（Sydney Sun）刊登了這則由調查員查爾斯·哈波提供的詳細說明的報導：

「一個外觀像人的巨獸直挺挺地在離火堆二十碼外的地方，面目猙獰地咆哮著，還不停用那雙類似人類的巨掌拍打著胸膛……牠直立時的高度應該在五呎八吋到五呎十吋之間。牠的身軀、腿

1912 年澳洲新南威爾斯的查爾斯・哈波目擊幽微，此圖是根據他的描述所繪。© Fortean Picture Library

和手臂都長滿紅褐色的長毛，牠每動一下長毛就跟著飄動；肩膀和背部的長毛在火光較照不到的地方是一片烏黑。讓我最震驚的是牠那明顯與人類相似的外型，但又如此不同……我看見牠腳掌的蹠骨非常短，比正常人短得多，但趾骨卻很長，表示腳掌有極大的抓握力；腿的腓骨比人短很多，大腿的股骨非常長，占了整條腿的絕大多數長度。牠的身材魁梧，表示牠力大無窮而且耐力驚人；肌肉發達的手臂和前掌都又長又大，上面長著短毛。牠的頭和臉很小，但十分像人；眼睛大而黑，深陷的眼窩透出銳利的目光。最可怕的是牠那張大嘴，長著兩顆像狗一樣的大獠牙；當

牠合上嘴時，兩顆獠牙還露在下唇之外。牠的肚子像個麻布袋，下垂到大腿一半的部位；那是天生的還是外力造成的無法確定。這一切都是我在那頭怪獸像根木頭似地站在那裡、好像被那堆營火催眠似的幾分鐘內所觀察到的。」

從雅虎到幽微

幽微目擊事件和雅虎一樣，都局限在新南威爾斯州的中南部沿海一帶到昆士蘭的黃金海岸之間，只有幾則例外。「幽微」這個顯然較現代的字眼是出自何處，恐怕和它的前身一樣無解了。一位近代的原住民作家記得在他還是個青少年時，他的部落同胞（位於新南威爾斯州西南部的威拉祖利族）提到過「長毛的幽力（youree）」──這種長著濃密長毛、巨大的人形怪物，就是那些白人口中的「幽微」。或許「幽微」就是「幽力」的訛用。

無論是幽微或雅虎都好，目擊這種怪異兩足類生物的傳聞橫跨了整個二十世紀。一九七一年一隊澳洲皇家空軍的人馬搭乘直升機，降落在一般人無法攀登的哨兵山頂。他們驚訝地發現在前陣子下過雨的溼黏泥地上，竟然有巨大的人形腳印（人類不可能有如此大的腳印）。一九七六年四月十三日，據說有五名徒步旅行者在行經新南威爾斯州卡通巴城附近的葛洛斯山谷時遇到一隻發出惡臭、五呎高的幽微──從牠下垂擺動的胸部研判是雌性。一九七八年三月五日在黃金海岸的春溪國家公園附近，一名伐木的男子表示他聽見了像豬在呼嚕叫的聲音，於是他進到森林內要找到這隻豬：「然後有個聲音讓我抬起頭往前看，在他前面約十二英尺處站著一個渾身黑毛的高大人形怪物。牠看起來比較像猩猩而不像其他東西，牠有雙巨掌，其中一隻還抓著一株幼苗。牠扁平的臉烏黑得發亮，上面有兩顆黃色的大眼睛，還有張像個大洞

的嘴巴。牠就站在那瞪著我，我也瞪回去。其實我整個人愣在那邊，連手上的斧頭都舉不起來。」

在一九七〇年代後期成立「幽微研究中心」的雷克斯‧基爾洛表示，他手上收集了超過三千筆目擊紀錄報告，他還說自己也有一次以上的目擊經驗。身為熱中於對國內的各種怪奇事件發表驚人言論的爭議性人物，基爾洛是讓「幽微」在澳洲家喻戶曉的首要功臣。

澳洲科學家依舊保持他們堅定的懷疑態度。就像其中一位科學家所說：「最早而且唯一居住在澳洲的靈長類就是人類。」澳洲國家大學的人類學家柯林‧葛洛佛將所有傳聞貶抑為「幾乎沒有任何稱得上是證據的價值」。他說人的眼睛只會選擇他們想看的東西去看。他還駁斥哈波的幽微描述「實在誇張至極」。而在同意的一方，擅長爭議題材的作家葛拉罕‧喬納則極力強調——獨排眾家幽微記錄者的主張——雅虎是種型態大致類似熊、尚未被發現的有袋動物，在整個十九世紀和二十世紀早期斷斷續續被提出來討論。另一方面，幽微是近代的虛構產物，始於一九七五年……當然，牠還沒有任何歷史可言，儘管已經有人替牠創造了不少傳聞出來。

這種說法很難成立，有些目擊事件就任何標準來看都一樣令人費解。例如這則二十名學生在昆士蘭州東南方的萊明頓國家公園外露營時遭遇的事件。一九七七年十月二十二日和二十三日連續兩天他們都在大白天目擊幽微的出現。目擊者其中之一的比爾‧歐齊長大後不但成為獲獎不斷的運動員，後來更當選澳洲國會議員，頗受選民愛戴。在事隔多年後接受訪問時，歐齊不但證實了最初新聞報導的完整真實性（原文刊登於一九七七年十一月十七日的《黃金海岸新聞報》），還進一步透露更多詳情。

歐齊說那怪獸至少有八呎高。「牠實在不像隻猩猩，」他回憶起當時的景象。「事實上，牠還比較像電影《星際大戰》（Star War）裡走出來的丘巴卡（Chewbacca）──除了牠的毛沒那麼長，而且身體也魁梧多了。牠的肩膀周圍非常厚實，背駝得很明顯，一副垂頭喪氣的樣子。牠的雙手垂過膝蓋，用一種搖搖擺擺、歪斜的步伐來回走動著。好像牠只是出來閒晃而已。」

神祕動物學家東尼‧希利和保羅‧克羅伯還訪問了另一位目擊者，後來成為老師的克雷格‧傑克森。傑克森認為歐齊對牠的高度估計或許保守了點。他們兩人都記得曾經跟著怪獸的腳印進到森林裡，穿過一條被夷平的矮樹叢形成的小路。「看得出來一整片幼樹在我們頭部以上的高度位置剛被扯斷不久，我開始認為牠大概生氣了。」這兩個男孩子在地上發現了一個淺坑，他們懷疑那是野獸躺過的地方。

毫無疑問地，就動物學上而言幽微是最不可能的野獸──和據說出現在美國中西部以及其他同樣不可能的地點的長毛兩足類生物一樣，都是全然不可能的事實。如同在本書中所探討的眾多其他生物，幽微存在於神祕動物學的邊緣，在一個不可能存在的野獸總是會有目擊者看見牠們的地帶。

 神｜祕｜怪｜物｜百｜科 ●●●●●●●

約翰‧基爾 John A. Keel

　　約翰‧阿爾發‧基爾原名阿爾發‧約翰‧基海爾，一九三○年三月二十五日生於紐約裴瑞市，是研究靈異現象中讀者最多、最具影響力，也最受爭議的作家之一。

　　基爾的職業寫作生涯開始於十六歲那年，成年之後他為廣播節目和電視台寫過題材包羅萬象的作品。身為早期科幻小說的熱愛

者，基爾自小嗜讀廉價的通俗週刊《驚異故事》（*Amazing Stories*），更從中接觸到「夏弗祕密檔案」，這個來自於賓州焊接工人理查・夏弗的真實故事，記錄有關夏弗和代表善與惡的生物泰羅（tero）與狄羅（dero）、這些據說數千年前生活在地表上、如今棲息於地底大岩洞中的超文明遺族的互動（相關理論可參考《超自然之謎大破解》（好讀出版）第五章第五節〈空心地球〉篇，其中有詳盡的討論）。幼年時便遷居紐約市的基爾因此認識了不少藝術家、作家、自由派的文化人、靈媒以及其他或多或少受到諷刺作家兼靈異現象大師查爾斯・福特的作品影響的人並與他們結為好友。

儘管畢生的作品多半與幽浮有關，基爾本人卻否認他是個幽浮研究家，事實上他對幽浮現象的推測較接近神祕主義，而非以科學觀點出發。說穿了就是基爾其實是位鬼神學者。他在《幽浮：木馬屠城計畫》裡寫道：「聖經時代的擬天使成了如今的外星人。早期人類將惡魔、魔鬼和偽天使視為謊言的掠奪者，同樣地這些騙子在現代人眼中卻變成長髮的金星人。」

相較於傳統幽浮研究家相對保守的筆觸、試圖從訓練有素的觀察者獲得證詞、懸賞徵尋透過科學儀器、肉眼或多人目擊的案例，加上以懷疑的態度看待任何外星生物主張的方式，基爾熱烈地擁護從天蛾人到與外星人接觸者的一切說法。前者遭到多數幽浮研究家質疑——這隻據傳為俄亥俄河沿岸地區的民眾連續目擊長達數月的外型近似巨大鳥類的怪物——與幽浮沒有任何關聯，而後者（宣稱持續與友善的外星生命保持溝通的人）長久以來始終被他們歸類為荒謬的瘋子。然而基爾的主張是這些「超越地球以外的生命」（ultraterrestrial）——來自無法想像的其他現實空間的超自然能量所形成的超自然「變形生命」——從人類有歷史以來就一直充塞在人類世界糾纏、驚嚇、操縱，甚至從事破壞行為。

根據基爾的說法，人類與超自然界的長期互動，以及出現在歷史人物如湯瑪斯・傑佛遜生涯中及時介入的神祕陌生人，都是像居住在超領域（superspectrum）的上帝等古老神明在人間的活動從未間

斷的證據。祂們的顯現方式包括幽浮及其乘坐者、怪獸、惡魔、天使、喧鬧鬼（poltergeist）、鬼魂以及腦海裡的聲音。

隨著他繼續講述自己和其他人與超領域的居民交手的冒險事蹟，基爾對幽浮研究家的嚴厲批判也未曾間斷。他一如往常將他們稱為「邪教徒」、「騙子」和其他更不堪入耳的名號。儘管他自視為福特的繼承弟子，在個性上基爾倒是較類似蒂芬妮·賽耶這位爭議不斷、性好爭論、固執己見的「佛廷協會」（Fortean Society）的創辦人。

不過還是有幾位較年輕的幽浮研究家相當重視基爾的言論，甚至跟隨他的腳步駁斥幽浮學歷經多年研究才建立的寶貴外星生物假設。在基爾出現之前，幽浮現象的唯二解釋總是備受懷疑論者的攻擊——也就是說輿論完全將幽浮現象視為徹底的騙局或幻想。如今這種被其奉行者稱為「新幽浮學」的學說（思想），出自於基爾對那些高度不可思議（或者如同批評家口中證據不足）的目擊傳言的重視態度。

然而對多數的主流美國幽浮研究家而言，基爾依舊是他們詛咒的對象。他的推論在主流派看來是種放肆、甚至荒唐的言論，而批評者更是毫不留情地攻擊這種可疑的主張及其主張者犯下的明顯事實錯誤以及不接受批評的傲慢態度。儘管被驅逐在幽浮研究界之外，基爾終究在業界建立起他多采多姿的名聲；甚至還有部分觀察家誤認他是幽浮懷疑論者，渾然不知基爾在對外星人和幽浮言論的譴責假面具底下，還有更不可思議的個人觀點的真相。

在沉寂了好些年之後，基爾於一九八○年代中期復出，抨擊新一代的外星人假設以及對據稱官方以幽浮現象做掩蓋的傳聞復甦的興趣。在此同時，以超物理界理論為始展開研究，最終得出心理社會層面假設（主張幽浮和其他異常現象都是個別文化塑造下的幻覺）的歐洲幽浮研究家，則將基爾尊崇為業界的先驅。

目前基爾最主要公開發表言論的場所在一份月刊的專欄上：《命運》雜誌的〈你所不知道的一切〉（*Beyond the Known*）。

註①： 長度單位，一桿等於五點五碼。

註②： Sir Walter Scott（一七七一年到一八三二年，蘇格蘭歷史小說家。以《薩克遜英雄傳》此一作品聞名。

註③： 儒艮是主要分布於西太平洋與印度洋海岸的海生哺乳類動物，又稱海牛、海豬或海駱駝。

註④： Henry Hudson（一五六五年到一六一一年），一六〇九年擔任荷蘭西印度公司代表的亨利・哈德遜發現了今天的紐約地區，哈德遜灣即以他命名。

註⑤： 原文的小野子為 Springald，源自於蘇格蘭語中用來稱呼「活蹦亂跳的年輕人」。因此學者認為「小野子」是最早的稱號，之後才演變成「彈簧腿傑克」（Springheel Jack）。

註⑥： 據說是古羅馬作家佩特羅尼烏斯・阿爾比特佩（Petronius Arbiter）寫的小說。內容描述幾個飲酒的流浪漢各自誇述奇異的故事，類似英國作家喬叟（Geoffrey Chaucer）的《坎特伯里故事集》（The Canterbury Tales）。

註⑦： 此為心理學家榮格（C.G.Jung）的「原型」（archetype）論。他認為在人類的集體潛意識（collective unconsciousness）或種族記憶（racial memory）中，有一些情節、意象或人物，它們不斷在潛意識中出現，反映人類共有的基本慾望與經驗。

謎樣的事之所以被稱為「神祕」，不是因為我們簡化了它的真實性，「神祕」得以讓揭祕者變得焦躁不安、困惑、焦慮，或者產生更糟的情緒。我們渴望知識的好奇心永遠得不到滿足，因為肯定的答案不可能出現。它嘲弄著我們根深柢固的想法，總是以為只要收集的資訊夠多，神祕面紗總會被揭開。然而，就我們所知，當我們知道得愈詳盡，神祕事件將更劇烈地纏繞著我們，久久不散。

雖然如此，知道真相還是比被愚蠢所蒙蔽好一些。當我們能揭開神祕事件的真實面紗時，總是有鬆了一口氣的感覺。雖然不容易，但是有時你可以肯定地說某些人杜撰出怪象事件，某些人誤解它，以至於人類將再正常不過的事解釋為超自然現象。我們在這裡談的不是揭祕者誇張、具爭議性、簡化的論點、總是宣揚一些他們無法證實的理論，讀者們可以回頭檢視自己的閱讀經驗，就會發現有太多諸如此類的迷思。

在下列章節，我們將討論「擬似神祕學」，就是一些荒誕不經的故事。雖然這些傳說偽裝成為隱藏的事實或是深層謎樣，它們依舊無法滿足理性觀察者的胃口。當然不是說這些故事絕對造假，只不過是真是假已不是重點，你只需要將電視打開，或是看看超級八卦報紙的頭條新聞，就會知道許多事是多麼古怪、精采，值得你一生回味無窮。

4-1 科丁利精靈照片

　　一九一七年在約克夏郡布列福鎮的科丁利村這個鄉下地方，有兩位英國女孩，十歲的法蘭西絲・葛瑞菲斯和她十三歲的表姐愛兒喜・萊特在這裡生活。法蘭西絲和母親從南非的開普敦搬過來和萊特一家人同住；法蘭西斯的父親是位在一次大戰服役的英國軍人。有天法蘭西絲全身濕透的回到家，她提出的辯解是和在附近的幽谷裡交好的幾個精靈玩得太忘我了，才不慎跌進科丁利溪裡。她的母親當然不相信這種荒誕的說辭，法蘭西絲也因此遭受處罰。

　　愛兒喜替表妹感到難過，於是她想到了一個點子：她們要借她父親亞瑟・萊特的相機，去拍精靈的照片回來證明。當父母親們相信她們之後，她們會承認照片是假的；她們編造精靈的謊言，就像大人們一直騙她們有聖誕老人。這樣一來就可以為法蘭西絲目前的遭遇出一口氣。

　　愛兒喜黏著父親要借他的相機，理由是她想替表妹拍張照片，於是她父親連同相機和一張感光板交給她。兩個小女孩在一個小時後回到家裡，宣布她們現在有精靈存在的證據。原本不置

法蘭西絲・葛瑞菲斯與科丁利精靈。© Fortean Picture Library

可否的萊特先生在沖洗出照片後，竟然看見其中一張法蘭西絲面對鏡頭，還有四隻長了翅膀、穿著薄紗的縮小版女人在她前面跳舞的照片。

　　女孩們拒絕承認大人們很肯定他們做的事——拍下剪紙的精靈，或是像愛兒喜的父親特別懷疑的——他們拍的是「三明治的包裝紙」。然而一個月後，萊特先生再度勉強地出借相機和一張感光板給兩個女孩，這次她們拍了第二張照片回來：坐在地上的法蘭西絲作勢要一個小人跳到她的大腿上。認為這個玩笑已經開過頭的萊特先生禁止她們不得再借用相機。

　　隔年法蘭西絲的父親從戰場上歸來，葛瑞菲斯一家便遷至斯卡伯勒鎮，同樣在約克夏郡內。就在搬家前不久，法蘭西絲寫了封信給她一個在南非的朋友，附上兩張精靈的照片。在其中一張的背面，她寫下：「愛兒喜和我跟這些山溪裡的小精靈都是好朋友。很奇怪以前我在南非都沒有看過他們，他們一定是覺得那裡太熱了。」而在信裡她只是不經意稍微提到精靈的字眼。當這封信被發現並公開之後（《開普敦阿古斯報》，*Cape Town Argus*，一九二二年十一月二十五日），法蘭西絲的話被引用為證明兩位表姊妹的誠實以及照片真實性的證據。

軒然大波

　　這起後來成為攝影史上最離奇的爭議事件之一，始於一九二〇年，當時愛兒喜的母親波莉・萊特出席了一場民間傳說的演講，內容還包括精靈信仰。結束後萊特太太提到那些照片，演講者就跟她要了幾張，之後她將照片寄給著名的倫敦神智學者愛德華・迦納。當迦納開始與萊特家人密切通信後，他們大方出借原始感光板給這位神學教授，他再帶去給好友攝影專家哈洛・史內

林鑑定。史內林處理這些照片小心謹慎的態度以及正面評價成為往後數十年間一再被引用的證明，但是一般人不知道的是直到一九八三年他重新接觸第一張照片──已經過度曝光──後，才將它轉洗成今天我們所熟知的科丁利精靈照片的清晰版。

迦納在五月的一場公開演講出示這些照片，其中一位聽眾將這消息通知亞瑟‧柯南‧道爾爵士，這位福爾摩斯探案系列的名作者當時已是忠實的唯神靈論者。道爾力促迦納把照片送到在倫敦的柯達實驗室。根據道爾事後的記錄：「實驗室裡的兩位攝影專家找不出相片有任何瑕疵，但鑑於不想落入某種可能的後果，他們拒絕為它們的真實性背書。」（事實上其中一位參與鑑定的專家表示：「其中有某種偽造的證據在。」）到了夏天，迦納終於和萊特家人碰面。他送給愛兒喜一部最新的相機，後來她和法蘭西絲又拍了三張和精靈的合照。

一九二○年十二月，《岸邊》（The Strand）雜誌將道爾的文章和前兩張照片並列刊登，隔年三月的後續報導再刊出了後三張。這則精靈新聞一夕之間造成了全球轟動，引發的關注大多持負面看法，焦點全圍繞在偉大的福爾摩斯作者怎麼會輕信這麼一個明顯的騙局。

然而企圖揭穿事實真相的努力並沒有多大的成功。一代魔術大師哈利‧胡迪尼和一干人等認為這些精靈的形影仿造自某張廣告海報而成的主張，在這張海報被出示之後也宣告無效。這時道爾爵士已經完成了一本討論科丁利精靈事件的專書：《精靈降世》（The Coming of the Fairies，一九二二）。在這本書出版的前一年，具有透視能力的神智學者傑佛瑞‧哈德森，在這對表姊妹的陪伴下到科丁利溪一遊，據說他也看見了無數的精靈，不過在現場拍的幾張照片都沒有精靈的芳蹤。

之後再也沒有出現新的科丁利精靈照片，但是爭議卻沒有因此而中斷。在一九四五年愛德華‧迦納出版了一本書來說明整起事件的來龍去脈，這些照片也偶爾出現在報紙和雜誌上。愛兒喜和法蘭西絲似乎認同照片的真實性，或者至少可以說她們拒絕承認這是場騙局。被問到關於這個問題時，她們給的是一個含糊的回答，說那些照片是「我們想像中的一部分」。相信者將這個回答解釋為一種「念相」（出自於察覺者心靈能量的超自然實體），懷疑者則將之視為兩人承認一切都是她們編造的。然而在一九七二年愛兒喜將兩部相機，連同其他相關的資料送到蘇富比公司拍賣；其中還附帶了一封自事件爆發以來首次坦承那些照片全都是偽造的信。但是蘇富比公司退回了這封信，顯然他們不了解信的內容，因為他們只處理古董文件。

在一九七五年，愛兒喜和法蘭西絲接受《女性》（*Women*）雜誌的作家訪問，她們給人的感覺是那些照片都是真實的（儘管從沒明說過）。隔年在約克夏電視台的節目上，當法蘭西絲被問及她和愛兒喜是否偽造了這些照片時，她怒氣沖沖地回答：「當然不是！」

表姊妹倆第一次公開承認一切都是造假的聲明出現在一九八一年的《無解之謎》雜誌（*The Unexplained*）上。同一時間《英國攝影》雜誌（*British Journal Photography*）在根據編輯傑佛瑞‧克勞利的持續深入調查下，也才剛完成重新評估這起案例的準備工作。而法蘭西絲和愛兒喜則不滿喬‧古伯的作法，指出他在《無解之謎》雜誌中引用的是「未經她們認可」的聲明（在此之前古伯一直和法蘭西絲合作撰寫她從未出版的自傳）。克勞利在一九八三年初獲得兩人首度著名的正式聲明。

這篇聲明揭露了表姊妹倆一致承認事實真相——那些照片是

「沒有達到原本預期效果的惡作劇」——直到主要擁護者道爾爵士、迦納和他的兒子死後才能透露。年紀輕輕就才華洋溢的愛兒喜，從當時頗受歡迎的童書《瑪麗公主的禮物書》（*Princess Mary's Gift Book*）裡臨摹精靈的模型後自己創造了屬於她們的精靈。古伯在他的文章中提到前四張都是單純在戶外拍攝的單曝光照片，但在克勞利看來最後一張是蓄意的雙重曝光。至於拍出「樹枝上的精靈」的第五張照片，則是非蓄意的雙重曝光。但是儘管到了最後，表姊妹倆還是不肯透露她們用的是什麼偽造技巧，只允諾會在她們寫的書裡公開。但是在書寫完之前兩人就過世了。有趣的是法蘭西絲（於一九八六年過世）在她和克勞利的聯繫中，始終堅持而且一再重申她的看法：雖然照片是假的，但她的確在科丁利溪裡看過真的精靈。

　　一九九七年被遺忘多時的精靈照片事件，因為被改編成賣座電影《精靈傳奇》（*Fairy Tale: A True Story*），由彼得‧奧圖飾演柯南‧道爾爵士，因而重新喚起人們的記憶。隔年英國書商賽門‧芬奇以三萬六千英鎊的代價買下法蘭西絲的所有照片，打算用更高的價格出售給下一位競標者。

4-2 傑柯

　　一八八四年六月三十日，在加拿大英屬哥倫比亞省中南部一個叫作耶魯的小村莊附近抓到了一隻怪異的生物。疾駛而過的列車中最先發現牠的火車司機是奈特‧奧斯汀，乍看之下還以為那是個躺在鐵軌旁邊、岌岌可危的男子。當他幾乎立刻就讓火車停下來時，那個「人」突然站了起來，發出一陣吠叫似的聲音，然後倉促地爬上菲沙河沿岸的一座峭壁。隨車人員追著這個「人」，最後終於在一片亂石堆中逮到牠。車掌克雷格爬到牠頭上約五十

呎的岩壁上，用一塊石頭將牠砸昏。這時一票人才將牠捆綁好帶到鎮上，將牠拘禁在監獄裡。

根據當年七月四日的《英國殖民者日報》（*Daily British Colonist*）報導，這隻很快就被冠上「傑柯」（Jacko）稱號的野獸是「某種高約四呎七吋、約一百二十七磅重，類似猩猩的生物。牠長著濃密粗黑的長毛，全身上下都酷似人類，除了一個地方——就是牠的手（或爪）和腳掌都長滿了約一吋長的毛。牠的前臂比人類長得多，而且力大無窮。」另外在提到過去兩年來有部分當地居民傳出目擊一隻「古怪生物」的傳聞時，《英國殖民者日報》拋出這樣的一個問題：「誰能解開眼前圍繞著傑柯的一連串謎團？難道牠是某種至今在本地依舊未知的生物嗎？」

到了一九五○年代，當西北大西洋沿岸的沙斯夸奇傳聞成為社會大眾茶餘飯後的焦點話題之後，新聞工作者布萊恩・麥克威在早先的新聞歷史紀錄中找出這則傑柯的報導。他將這邊篇文章拿給約翰・葛林和芮妮・達辛頓，這兩位才剛開始他們以搜捕沙斯夸奇為終生職業不久的獵人。麥克威告訴他們這是傑柯事件目前唯一僅存的報導；其他能夠證實這則新聞的地方報紙都因為火災而付之一炬。一九五八年葛林到耶魯村拜訪一位當地的耆老奧古司都・卡斯托，他告訴葛林雖然當時父母親沒有帶他到監獄去看傑柯，但他對這起事件還有印象。

伊凡・桑德遜的《雪人：成真的傳說》是第一本提到傑柯事件的著作。桑德遜在書裡寫到：「現在不管你對報紙的報導看法為何，你都無法就這麼將你不喜歡、不相信或不想看到的任何或所有文字消除掉。」桑德遜表示這是篇「出色、根據事實、幾乎不帶任何臆測成分」的報導。從他之後幾乎每本談論沙斯夸奇的書都不會忘記提到傑柯事件。一九七三年，芮妮・達辛頓和共同

執筆者唐‧杭特寫到，根據一位曾經是一八八四年耶魯村法官的孫子表示，傑柯「被關在籠子裡以火車運到東部，準備公開展覽」之後就再也沒有傑柯的消息，耶魯村民也都認為牠死於運送過程中。

靈長類動物學家約翰‧納皮爾認為：「這段傑柯的描述符合成年黑猩猩或是未成年的雄性或成年雌性大猩猩，但除非牠是從馬戲團逃出來的，否則很難想像有一隻非洲猩猩怎麼會出現在英屬加拿大哥倫比亞省裡四處遊蕩。在當時被飼養的黑猩猩數量極為稀少。」

在此同時葛林依舊繼續追根究柢。他得知當代的英屬哥倫比亞省報紙製成的膠卷還在，只不過不在省政府檔案庫裡，因為麥克威已經去查過了，是在英屬哥倫比亞大學。葛林在新西敏市當地的《大陸衛報》（*Mainland Guardian*）、標明一八八四年六月九日那天的日報上，發現一則日期標明為發生在兩天前、由一名路過耶魯村的記者所寫的報導。「『那到底是什麼東西了』是村裡的熱門話題，」葛林寫道：「這則故事是如何開始、又是誰起的頭，無從得知。荒誕怪異是這起事件最好的形容詞。事實上根本沒有抓到這樣的一頭野獸，而《英國殖民者日報》怎麼會輕易就被這種故事欺騙愚弄，確實有點弔詭。」兩天後另一份報紙，《英屬哥倫比亞人報》（*British Columbian*）報導有兩百人因為傑柯事件而湧進監獄。裡頭「唯一看得見的野人是監獄的所長墨菲先生，他已經被這群好奇的民眾搞到耐心全失」，就為了一隻不存在的野獸。

雖然這下葛林終於接受了傑柯只是虛構生物的事實，那些依舊不願放棄這則活抓沙斯夸奇故事的調查員則有自然攝影家羅斯‧肯尼的鼓勵。肯尼的主張是那些敵對的報紙只是不想附和

《英國殖民者日報》的報導，企圖敗壞他們的名聲罷了。但是葛林也提到《英國殖民者日報》並沒有對這些批評做出反駁。而就所有跡象看來，《英國殖民者日報》和它的讀者一樣都是這樁笑話的受害者。

4-3 澤西惡魔

　　關於「澤西惡魔」的起源雖然眾說紛紜，飽受爭議則是它們的共同點。其中最受歡迎的一種版本是牠的出生地在紐澤西州的里茲角，這個大西洋濱的小海港，出生年分是一七三五年。這個版本將牠的誕生歸諸於一位里茲太太，她在得知自己懷了第十三

澤西惡魔可能是起源於紐澤西州的里茲角。© Fortean Picture Library

胎之後宣布肚子裡的孩子可能是個惡魔。結果她的預言竟然成真，產下的是一隻有蝠翼、馬頭、分趾蹄和尾巴的怪物。牠逃出里茲家的囚禁，飛到南澤西的偏僻松林荒原，之後陸續傳出牲口離奇死亡、神祕腳印、夜晚教人毛骨悚然的叫聲，以及——少數幾則罕見的——目擊事件等，都是牠至今依舊棲息在當地的證據。一開始牠是當地人口中的里茲惡魔，到了十九世紀被稱為最廣為人知的「澤西惡魔」。

澤西惡魔的傳聞聽起來比較像民間傳說，而沒有任何可信事實的成分，但這也可能是當地新聞記者或民間傳說研究者之間對這起傳說一成不變且半開玩笑似的報導，而給外人產生的誤導印象。然而澤西惡魔比起其他本書中記載的千奇百怪生物，更具有一種與生俱來、不可思議的性質；至少其他怪物或幻獸都還有具名的目擊者和調查報告的指證根據。澤西惡魔之所以出現在此，只因為——如果媒體的報導可信的話——分別在三十個不同城鎮、上百名目擊者看過牠來去於賓州東部和紐澤西州南部，因而被兩位民間傳說研究者將之稱為澤西惡魔的「黃金時期」。

第一則目擊事件據說發生在一九○九年一月十七日的凌晨二點鐘，賓州布里斯托鎮的驛站長敏寧斯特看見一隻發光的怪物飛越德拉威河。他說怪物有個公羊般的頭、捲曲的犄角，和一對讓牠飄浮在空中又長又薄的翅膀。牠的腿很短，後腿比前腿長一些，還發出一種結合鳥的嘎叫聲和口哨聲的尖聲怪叫。其他兩名目擊者，包括一位朝牠開槍的警察，也看見這隻怪物的出現。

隔天一月十八日，紐澤西州波靈頓鎮的一名警察看到一隻眼睛閃著紅光的「飛龍」，不久之後附近幾個鎮的居民也在雪地上發現神祕的腳印。第二天早上六點鐘牠又出現在波靈頓，這次牠潛行在一條小巷裡。目擊者麥克·萊恩太太說牠的腿很長，像鳥一

樣，頭部像馬，還有對短翅膀。一兩天後的下午四點鐘，住在費城的戴維斯‧懷特太太表示她在自家的後院碰見這隻怪物。這次牠有一身鱷魚般的皮膚，還開口噴火。她的尖叫引來了懷特先生，他衝出門去追趕惡魔到第十六街，還差點被一輛有軌電車撞上。當晚在紐澤西州沙崙郡，一名警察看見一隻一條腿像馬、另一條腿像騾子的「魔鳥」。牠的頭上長了根角，還有條鴕鳥的尾巴，體長約為十一呎。

　　隔天晚上同樣在紐澤西州，一名摩爾斯鎮的漁夫宣稱他看見了澤西惡魔。這回牠變成三呎高，除了有個狗頭和惡魔的分岔腳蹄外，全身的部位都和猴子一樣。一位波靈頓的摩托車騎士看見的則是像袋鼠長了翅膀似的怪東西。在一月二十一日凌晨二點鐘，格洛斯特市的尼爾森‧伊凡斯聽見有東西在他家後院的庫房屋頂上走動。探頭到外面查看的尼爾森（根據《費城公共基石報》 *Philadelphia Public Ledger* 在一月二十二日的報導）發現：

　　「牠約有三呎半高，有個牧羊犬的頭和馬的臉；頸部很長，還有約兩呎長的翅膀，後腿像鶴一樣，上面有馬蹄。牠用這雙後腿走路，舉起兩隻上面有爪子的前腳，就我們全程觀察中沒看見牠用過這雙較短的前腳。我老實告訴你，我妻子和我真的是嚇壞了，但我還是鼓起勇氣打開窗戶，對外面大喊：『噓！快滾！』牠聽見後轉過身，對我們吠叫了幾聲就飛走了。」

　　幾個小時後在賓州的雷沛維爾鎮，丹尼爾‧弗林看見澤西惡魔用小碎步沿著契斯特公路跑向契斯特市去。丹尼爾說牠大約有六呎高，全身的皮膚像鱷魚一樣。第二天早上，紐澤西州康登市的瑪麗‧索賓斯基聽見她的狗突然狂吠不止時跑出屋外查看。她看見一隻龐然大物從地面升起，倏地就飛離現場了。索賓斯基太太表示怪物從她的狗身上帶走了一大塊肉。

一九○九年一月二十二日，所有的公司和學校因為陷入一片恐慌已經停止上班上課，但這起恐怖事件在一月二十一日晚上那場至今最詭異的目擊事件後就此停止。西科林斯伍德鎮的消防隊員用水柱企圖沖下出現在屋頂上的怪物。被激怒的澤西惡魔突然俯衝到他們身上，當一群人紛紛走避後惡魔也跟著飛走了。平靜了幾天後直到二月二十四日才又發生另一起目擊案例。一名沙崙郡的農夫雷斯利‧蓋瑞森表示他看見一隻六呎長的大鳥飛過他的農地。蓋瑞森還說牠的腳和人類一樣。

在這陣短暫的連續驚魂事件中，報紙和動物園都懸賞要活捉澤西惡魔，不過他們大概從來沒預期過會有要支付這筆賞金的一天。

往後的幾年間斷斷續續傳出目擊案件，包括一則據說是兩個十歲男孩子看見的「飛天獅」，以及分別在一九三○年和一九三二年看見這隻澤西惡魔。

然而只有一九○九年那幾起可怕的目擊事件，才讓我們能將澤西惡魔視為傳說或一則反覆被傳述的玩笑話以外的任何真實事件，而即使提出如上述的各項證據，也是連一點說服力也沒有。事過境遷，數十年後的現在我們又憑什麼能去判斷在那年一月的那一個禮拜裡發生了什麼或沒有發生些什麼。然而，這場恐慌卻絕非由任何一家唯恐天下不亂的報紙所捏造出來的。一九四七年，作家傑瑞密亞‧蘇利文在《紐約民間傳說季刊》（*New York Folklore Quarterly*）中提到：「有許多尚健在的南澤西人都還記得一九○九年那場惡魔恐慌。」除了這稱不上是線索的線索之外，我們只能猜測目擊者們看見過或認為他們看見了些什麼。如果他們能指證看見的是同一個生物，而不是各式各樣光怪陸離的鬼魅或荒謬的怪東西，他們的證詞將會可信許多。蘇利文將澤西惡魔

這整起事件歸類為「少數幾則與美國歷史上的民間傳說有關，並且尚未深入探究過的集體歇斯底里事件之一。」

4-4 明尼蘇達冰人

在一九六八年的秋天，明尼蘇達大學動物系的學生泰瑞‧柯倫告訴伊凡‧桑德遜這個不可思議的故事：一具顯然是真正的大腳屍體正在全國的嘉年華會中公開展覽。

身為長久以來對未知生物以及各種懸疑異象都高度興趣的生物學家，可以想見這段話肯定會激起桑德遜的好奇心。當時造訪桑德遜家的客人，被尊為「神祕動物學之父」的比利時科學家伯納德‧霍伊維爾曼，當然也不會錯過這則精彩的故事。

兩人在最短的時間內就到達明尼蘇達州的滾石小鎮，這個傳聞中的事發地點。他們和一位名為法蘭克‧韓森的農夫見了面，在非嘉年華會的時期大腳屍體被封在一塊冰磚裡，再裝進一個冷凍的棺材中，就安放在他的農場上度過多天。韓森借給他們一輛小拖車，後來被稱為「冰人」的大腳屍體就存放在車裡。桑德遜和霍伊維爾曼接下來整整兩天都花在研究、描繪和拍攝屍體的照片上。霍伊維爾曼對牠做了底下的描述：

法蘭克‧韓森開著這輛貨車載運並展覽明尼蘇達冰人。
© Fortean Picture Library

「這具標本乍看之下像個人類，或者你也可以說是一位成年男性。比例和身高中等（六呎），但是相當多毛，全身覆蓋著約三到四吋長的深褐色毛髮。他的皮膚像蠟一樣枯乾，顏色類似沒有曬過太陽的白人屍首……標本仰躺著……左手臂曲放在頭後面，掌心向上。手臂的弧度很詭異，好像他是填充娃娃似的，但這樣的彎曲是由於腕部和手肘中間的一道開放式骨折所造成的。斷裂的尺骨在撕開的傷口中清晰可見。右上臂緊貼著體側，彎曲的右下臂放在腹部上，掌心向下貼著右腹部。在無名指和中指之間看得見他的陰莖，斜靠在鼠蹊部上，在與大腿的交接處上隱約看得出來睪丸的位置。」

疑似大腳的生物右眼似乎遭受槍擊，子彈的撞擊力道顯然把左眼從眼窩裡震了出來，整顆後腦勺被削掉了大半塊。

桑德遜和霍伊維爾曼很快就相信了這確實是個生物的屍體，而不是人造的模型。他們甚至還檢驗了他們認為是從這具逐漸腐爛的屍首中冒出的氣泡和氣味。

韓森聲稱大腳屍體是在一塊重達六千磅、漂浮在鄂霍次克海上的天然冰磚中所找到的，發現牠的是一群俄羅斯海豹獵人（在這個故事的下一個版本中，韓森又改口說發現者是日本的捕鯨者。就像一位旁觀者所說的：「韓森改變故事內容的速度像一般人換襯衫一樣快」）。最後，還是根據韓森的說詞，牠變成是加州一位匿名富翁的代理人在香港買到的。隨後富翁把牠租給了韓森，他從一九六七年五月開始全國性的巡迴展覽。

霍伊維爾曼在一九六九年二月的《比利時皇家自然科學院會刊》發表了一份報告，他在報告中給冰人取了一個學名（Homo Pongoides）。同時桑德遜也在科學期刊《屬》（*Genus*）以及通俗雜誌《阿哥斯》的文章裡為冰人的真實性背書。他在後者寫道：

「依我看來沒有人敢以類似這個案例的方式來愚弄伯納德‧霍伊維爾曼，因為誰也沒辦法『做』出一個像這樣的屍體。」

　　一九六九年二月初桑德遜聯絡了一位老友約翰‧納皮爾，史密森尼協會的靈長類動物收藏管理者，試圖促使史密森尼機構也投入研究。桑德遜還向納皮爾出示他的報告和圖表。

　　誠如納皮爾在他的《大腳》（Bigfoot，一九七三）中所寫：「在看過這隻不明生物的解剖分析後，我的第一個反應是覺得相當可疑……從牠的臉孔看來，冰人是某種瘋狂而古怪的混合體……結合了……猿猴最拙劣的特徵，而牠身上最好看的特徵，也不足以構成人和猿猴這兩種族群在各自的進化過程中演變成如今的靈長類的條件。」也就是說，冰人在動物學上並沒有太多意義。

　　不過史密森尼協會還是想盡辦法要從韓森手上取得冰人的標本，但韓森表示除非是原先那位匿名的主人來把它取走，否則他是不會交出來的。韓森說當他帶冰人出去展覽時，他會用一個「相似度極高」的模型擺在原版冰人旁邊。在經過多方而深入的調查過後，史密森尼協會做出的結論是整起故事和冰人的屍首都是椿騙局。

　　多年來韓森一直帶著他的冰人展示品巡迴全美，既不承認也不否認他的真或假。但是他在宣傳刊物上引用了幾位「科學家」（很顯然就是霍伊維爾曼和桑德遜）的看法，為冰人的真實性提供強力背書。

疑案、虛構和模型

　　一九八一年八月，羅德島《普羅維登斯報》（Providence Journal-Bulletin）的科學線記者尤金‧艾莫瑞，為當時正在普羅維登一家購物中心展覽的冰人寫了篇專文報導。不久後當艾莫瑞得

知冰人還有前述的這段故事時，他還聽說了哈沃德・波爾（已過世）這號人物，就是他替迪士尼樂園製作模型。波爾的專長是史前動物，例如在一九六四年的紐約世界博覽會上，福特汽車展區的機械恐龍就是波爾的得意作品。

「他在加州托蘭斯市的工作室裡製作了這個冰人。」波爾的遺孀海倫如此告訴艾莫瑞。「那個委託這項任務的人說他要把它封在冰裡來充當，嗯……我想想，史前人類吧。」

波爾的兒子肯尼斯曾協助父親完成這尊人像。他說它的「皮膚」是層半吋厚的橡膠。「我們以某個畫家觀念中的克羅馬儂人[①]為範本，還為它做了一隻斷手和被打凹陷進去的頭顱，加上一顆爆出來的眼珠。就我所知委託這項工作的人帶著它到墨西哥植毛。」

當波爾一家看到一九六九年五月號的《阿哥斯》雜誌上桑德遜的文章，還認出了照片上他們的作品時簡直樂翻了。波爾太太表示：「我作夢都沒想到竟然有人會相信它是真的。」肯尼斯・波爾說他還記得他們的雇主「和我們討論過它的一些有趣、棘手和困擾的地方。」

韓森向艾莫瑞坦承波爾替他做過一個人像，但他堅持「已經把它丟了」。當艾莫瑞指出波爾全家都跟他證實了那個人像和《阿哥斯》刊登出來的冰人是同一個時，韓森的回答很心虛：「他們要怎麼說都行。」

直到桑德遜在一九七三年過世時，他始終都相信那個他和霍伊維爾曼親眼見過的冰人——而非後來流行的那個生物——是真實的生物。霍伊維爾曼還寫了一本書來為他辯護（以法文出版，從未翻譯成英文），甚至到今天他還是堅決主張冰人是某種未知的人類祖先。

一九八九年國際神祕動物學協會於華盛頓州立大學舉辦年會，當時住在密爾瓦基、已經是爬蟲學家的泰瑞·柯倫在一場演講中表示，一九六〇年代末期冰人標本巡迴到當地的展覽會場時，他曾經多次親自檢視過牠的真面目。桑德遜和霍伊維爾曼看見的是冰霜已經重新結上的標本，但柯倫剛開始看見的冰人相貌還相當清楚。他說他看得見許多小特徵，讓他相信眼前的屍體肯定是生物標本而不是模型。興奮之餘，他打了通電話給在紐澤西州的桑德遜。當然，這通電話讓後續一連串的事件動了起來，因而構成了這起明尼蘇達冰人傳說。柯倫同意目前正在展覽中的冰人是模型沒錯。

如果真的有明尼蘇達冰人這種生物，看起來造物主已經成功讓幾乎所有人都不相信牠的存在。通情達理的人是不會到嘉年華會的二流表演中尋找真相，當然，在極罕見的情況下事實有時可能會出現在那種場合。但是就算我們選擇故意忽視波爾壓倒性的證詞、讓自己想像韓森想方設法要揭開動物學歷史上最大的疑案，納皮爾一針見血的言論還是不斷提醒著我們，即使在這所有興奮與狂熱開始之前就已經仔細檢驗過冰人，也都看得出來牠完全不像任何可能生存在地球上的生物。

韓森於一九九〇年代接受訪問時表示，他覺得自己並不需要因為握有當局懷疑可能是具真屍體的東西，就必須擔心吃上官司。他告訴伊恩·西蒙斯，在桑德遜和霍伊維爾曼來訪後不久他就把屍體「偷偷藏到伊利諾州事先已經決定好的地點」。當韓森到了這個祕密地點後，那位主人也把模型運來給他，然後「把屍體帶回加州」。

韓森說他還記得這具假的冰人屍體「所到之處都登上報紙的頭條，後來我遇到幾個巡迴表演的藝人，他們認為放過像我這種

好生意未免太過可惜，於是他們就開始組合模型和偽造贋品……就在我遇上兩三個這種騙子後，我認定這門生意已經變調了，全都錯了。於是我退了出來，拔掉插頭讓冰塊融化，將這具所謂的贋品帶到加州，到今天牠還在那裡。」所以，這就是韓森口中的原始眞相。

註①： Cro-Magnon ，解剖學上屬智人（Homo sapiens）。新石器時代西南歐的人種，距今約四萬年前。

名言集

《孔子名言的智慧》

　　精選 150 句論語中的名言智語，以符合現代社會的宏觀角度，深入淺出詳細解說，汲取孔子的人生智慧與積極的處世態度，讓你可以圓融處世、積極進取精進生活、增強智識。

黃雅芬◎編著 定價/220 元

《韓非子名言的智慧》

　　精選 150 句韓非子名言，透過現代人的人生觀，以符合現代社會需要的宏觀角度，深入淺出詳細解說並與西方哲學家的名言相對照，完全呈現法家思想的積極意義，為動亂的時代注入安定的力量，為平和的生命帶來豐活的生機。

陳治維◎編著 定價/250 元 特價/199 元

《老子名言的智慧》

　　選老子名言 150 句，不僅適用於職場、家庭、社會、個人，可以說是一本廣為世用的智囊寶典。也同時給予賞析說明，讀者可以從中取用他的某些原理，進而更樂意從古書中汲取生活智慧，注入帶有時代色彩的新思維，形成新的觀念、準則。

黃晨淳◎編著 定價/250 元 特價/149 元

《孟子名言的智慧》

　　精選其中名言 150 句，適用於教育、自我成長、社會和政治，可謂為現代為人處世的智囊寶典。此外，對於精選名言更是給予賞析說明，可帶來具有時代色彩的新鮮思維，形成新的觀念，使讀者溫古知新，進而修身養性、智慧處世。

江佩珍、陳籽伶◎編著 定價/260 元 特價/169 元

《莊子名言的智慧》

　　中國人向來說「得意時是儒家，失意時是道家」，亦即勸人處順境時，要以儒家義理來開拓胸襟、提升境界；處逆境時，則當以道家智慧來療傷止痛、休養生息，因此，我們希望藉由本書，讓先哲的智慧洞見能穿越時空，走入我們的心靈，跟我們現身說法。

黃晨淳◎編著 定價/260 元 特價/169 元

《荀子名言的智慧》

　　荀子的性惡說一直以來不太被人接受，傳承儒家的荀子當真對人性持此悲觀的信念？本書將讓你一了解荀子學說中人性與教育，人性與道德中的衝突與調合，讓你對人性有更正面的觀感。

賴純美、陳籽伶◎編著 定價/260 元 特價/169 元

❼

《500 句我愛你》

　　八種愛情反應——愛的憂傷、美麗的相思、蔓延的相思、愛的喜悅、痴狂的愛、愛的迷惘、無言的苦澀、愛的定義。

　　此書盡收 500 則古今中外的愛情名句，讓你看見愛情的百變風貌……。

漂流物◎著 定價/300 元 特價/199 元

---

❽

《英雄寶鏡》

　　西班牙智者葛拉西安流傳四百年的智慧之書，旁徵博引 100 個成功者的修身處世智慧，教你培養偉大的氣度，造就完美的人生價值。本書整合了《英雄》、《明慎之道》、《批評大師》、《政治家》四本書的精華，除延續巴塔沙・葛拉西安名著《智慧書》的思想，用詞見解更精練，文體更豐富，意象更為鮮明。

巴塔沙・葛拉西安◎著 定價/260 元 特價/169 元

---

❾

《世紀經典情書大賞》

　　本書收集了 60 封著名人士的情書，這些情書比任何傳記和回憶錄更有力的展現了西方文學家、藝術家、政治家、軍事家……等人的情感世界，讓我們得以窺見他們充滿激情的情感表達，以及文字背後的人物關係及情感糾葛，就好像我們正落入時光隧道一同伴隨著他們愛恨嗔痴。

王艷◎著 定價/250 元 特價/149 元

---

❿

《棒球驚嘆句》

　　球賽激情過後，你還記得多少事？在汗水淚水的感動背後，有多少言語被永遠地記憶了下來？這可能是你最難忘懷的一本棒球書。幾乎沒有棒球術語，也沒有艱深的球迷知識，你翻開書，看到的只是 39 個棒球人最動人的傳奇、 150 句你會深深牢記的經典語錄，不專屬於棒球，它們是人生的深刻感受。

曾文誠、曾瀟文◎著 定價/200 元

⓫

《天天天禪》

　　本書收錄與禪相關的經典語句和小故事，以淺顯易懂的語調評析，並配以精美插圖。「一字禪」以 30 個最精微卻具號召力的字為出發點，探索生活中隨處可見的禪思；「每日禪語」從百種禪宗公案典籍中，節錄 50 句精彩的短語佳話；「大家來說禪」收錄 49 則寓有禪思的幽默小品，在詼諧中道出另類生活智慧。

謝怡慧◎編著 定價/250 元

⓬

《俗語名言的智慧》

　　俗語是先民生活經驗的累積，從豐富的比喻與詼諧的文字中，我們能感受祖先們樸實的智慧。本書精選兩百則俗語，歸納整理，追本溯源，獨特的賞析觀點，賦予俗語新時代的思考方向。

張詠華、陳福智◎編著 定價/300 元 特價/199 元

國家圖書館出版品預行編目資料

神祕怪物大破解／傑若姆‧克拉克著；楊瑞賓譯.——
初版.——臺中市　：好讀，2007[民 96]
面：　公分，——（發現文明；29）

譯自：Unexplained! Strange Entities

ISBN 978-986-178-046-7（平裝）

1.妖怪

298.6　　　　　　　　　　　96003591

🌱 好讀出版

發現文明 29

神祕怪物大破解 Unexplained! Strange Entities

作者／傑若姆‧克拉克
譯者／楊瑞賓
總編輯／鄧茵茵
文字編輯／陳詩恬
美術編輯／賴怡君
發行所／好讀出版有限公司
台中市 407 西屯區何厝里 19 鄰大有街 13 號
TEL: 04-23157795　FAX: 04-23144188
http://howdo.morningstar.com.tw
（如對本書編輯或內容有意見，請來電或上網告訴我們）
法律顧問／甘龍強律師
印製／知文企業（股）公司　TEL: 04-23581803
總經銷／知己圖書股份有限公司
http://www.morningstar.com.tw
e-mail: service@morningstar.com.tw
郵政劃撥：15060393 知己圖書股份有限公司
台北公司：台北市 106 羅斯福路二段 95 號 4 樓之 3
TEL: 02-23672044　FAX: 02-23635741
台中公司：台中市 407 工業區 30 路 1 號
TEL: 04-23595819　FAX: 04-23597123
（如有破損或裝訂錯誤，請寄回知己圖書更換）
初版／西元 2007 年 4 月 15 日
定價：299 元

Published by How-Do Publishing Co., Ltd.
2007 Printed in Taiwan
ISBN 978-986-178-046-7

讀者回函

只要寄回本回函，就能不定時收到晨星出版集團最新電子報及相關優惠活動訊息
因此有電子信箱的讀者，千萬別吝於寫上你的信箱地址

書名：神祕怪物大破解

姓名：＿＿＿＿＿＿＿　性別：□男□女　生日：＿＿＿年＿＿＿月＿＿＿日

教育程度：＿＿＿＿＿＿＿＿＿＿＿＿

職業：□學生 □教師 □一般職員 □企業主管
　　　□家庭主婦 □自由業 □醫護 □軍警 □其他＿＿＿＿＿＿＿＿＿＿

電子郵件信箱（e-mail）：＿＿＿＿＿＿＿＿＿＿＿＿　電話：＿＿＿＿＿＿＿

聯絡地址：□□□＿＿＿＿＿＿＿＿＿＿＿＿＿＿＿＿＿＿＿＿＿＿＿＿

你怎麼發現這本書的？

□書店 □網路書店（哪一個？）＿＿＿＿＿＿＿＿□朋友推薦 □學校選書
□報章雜誌報導 □其他＿＿＿＿＿＿＿＿＿＿＿＿＿＿＿＿＿＿＿＿

買這本書的原因是：＿＿＿＿＿＿＿＿＿＿＿＿＿＿＿＿＿＿＿＿＿

□內容題材深得我心 □價格便宜 □封面與內頁設計很優 □其他＿＿＿＿＿

你對這本書還有其他意見嗎？請通通告訴我們：

＿＿＿＿＿＿＿＿＿＿＿＿＿＿＿＿＿＿＿＿＿＿＿＿＿＿＿＿＿＿＿＿

＿＿＿＿＿＿＿＿＿＿＿＿＿＿＿＿＿＿＿＿＿＿＿＿＿＿＿＿＿＿＿＿

你買過幾本好讀的書？（不包括現在這一本）

□沒買過 □1～5本 □6～10本 □11～20本 □太多了，請叫我好讀
忠實讀者

你希望能如何得到更多好讀的出版訊息？

□常寄電子報 □網站常常更新 □常在報章雜誌上看到好讀新書消息
□我有更棒的想法＿＿＿＿＿＿＿＿＿＿＿＿＿＿＿＿＿＿＿＿

你希望好讀未來能出版什麼樣的書？請盡可能詳述：

＿＿＿＿＿＿＿＿＿＿＿＿＿＿＿＿＿＿＿＿＿＿＿＿＿＿＿＿＿＿＿＿

＿＿＿＿＿＿＿＿＿＿＿＿＿＿＿＿＿＿＿＿＿＿＿＿＿＿＿＿＿＿＿＿

我們確實接收到你對好讀的心意了，再次感謝你抽空填寫這份回函
請有空時上網或來信與我們交換意見，好讀出版有限公司編輯部同仁感謝你！
好讀的部落格：http://howdo.morningstar.com.tw/

請填妥後對折黏貼，直接投郵即可，無須貼郵票。

廣告回函
臺灣中區郵政管理局
登記證第 3877 號
免貼郵票

好讀出版有限公司　編輯部收

• •

407 台中市西屯區何厝里大有街 13 號

電話： 04-23157795-6　傳眞： 04-23144188

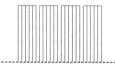

------ 沿虛線對折 ------

購買好讀出版書籍的方法：

一、先請你上晨星網路書店 http://www.morningstar.com.tw 檢索書目
　　或直接在網上購買

二、以郵政劃撥購書：帳號 15060393　戶名：知己圖書股份有限公司
　　並在通信欄中註明你想買的書名與數量

三、大量訂購者可直接以客服專線洽詢，有專人爲您服務：
　　客服專線： 04-23595819 轉 230　傳眞： 04-23597123

四、客服信箱： service@morningstar.com.tw